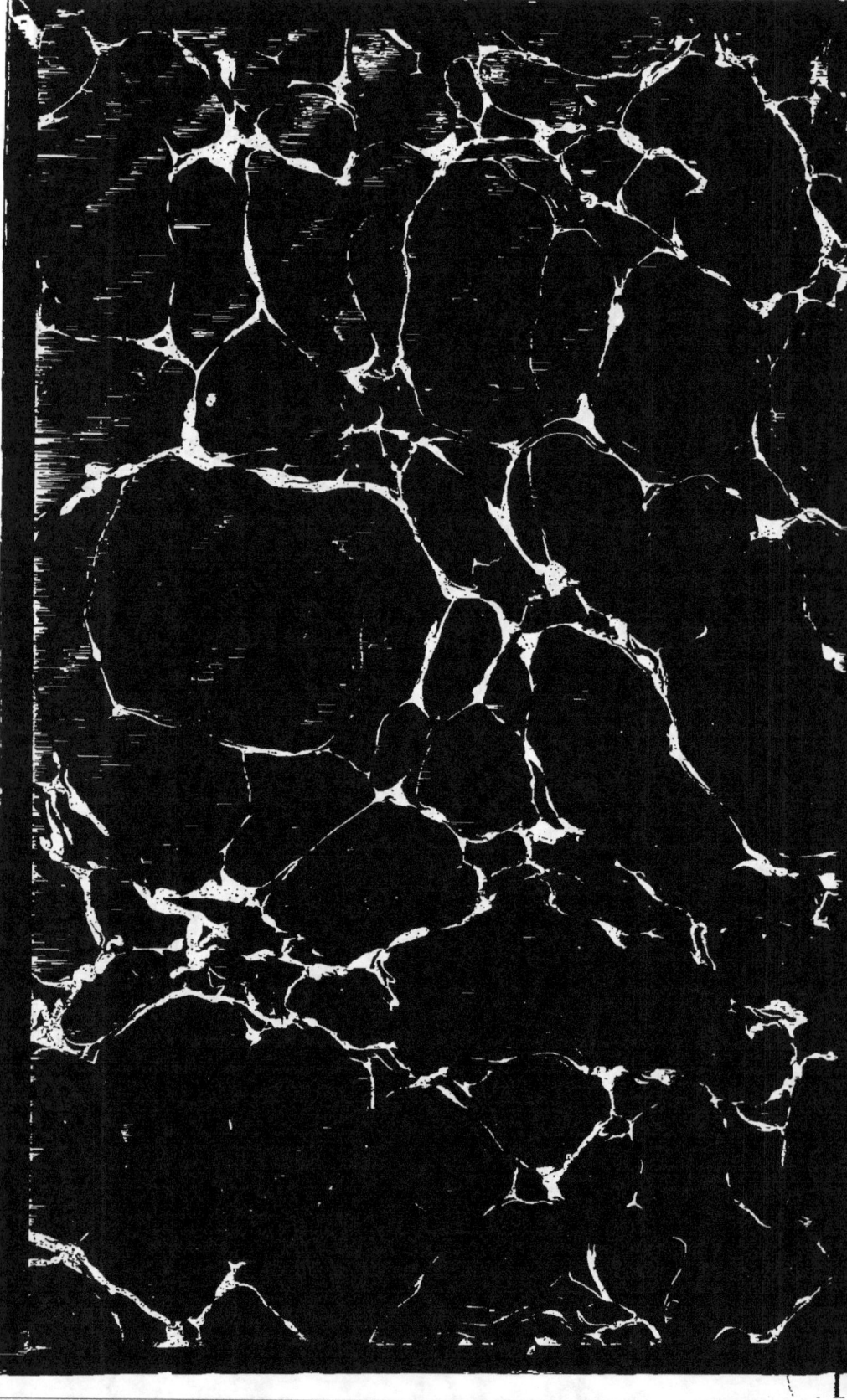

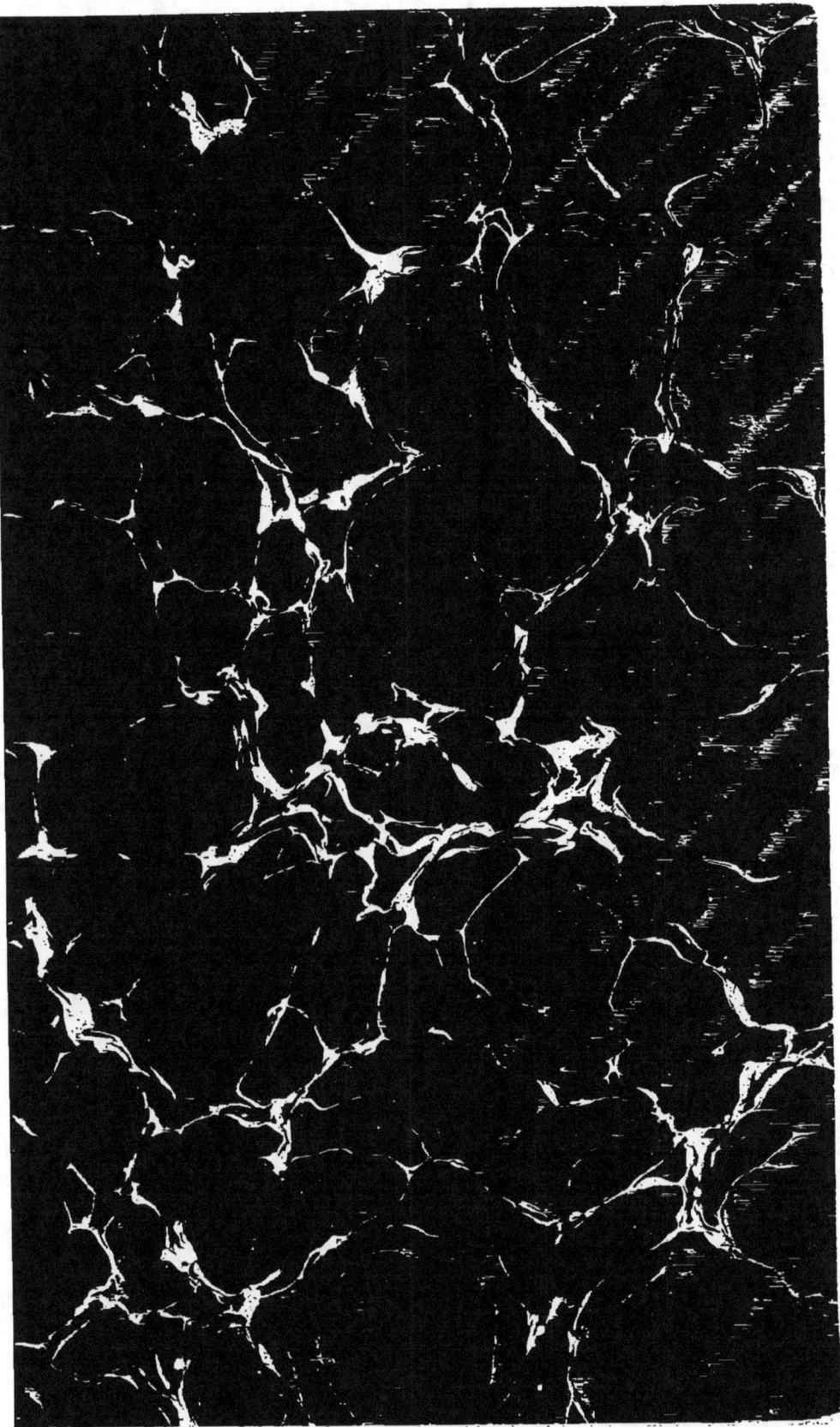

LES
SIÉGES DE PARIS

PARIS. — IMP. SIMON RAÇON ET COMP., RUE D'ERFURTH, 1.

LES SIÉGES DE PARIS

ANNALES MILITAIRES
DE LA CAPITALE

DEPUIS JULES CÉSAR JUSQU'A CE JOUR
— JUIN 1871 —

PAR

M. BOREL D'HAUTERIVE
BIBLIOTHÉCAIRE A LA BIBLIOTHÈQUE SAINTE-GENEVIÈVE

PARIS

E. DENTU	AU BUREAU
LIBRAIRE-ÉDITEUR	DE L'ANNUAIRE DE LA NOBLESSE
Palais-Royal	50, rue Richer

1871

Tous droits réservés

A

LA VILLE DE PARIS

Monimentum et pignus amoris.

Laissant à d'autres le soin de se créer de puissants protecteurs par des dédicaces serviles, c'est à la ville de Paris, à la cité en deuil, que l'auteur de ce livre veut l'offrir en hommage.

Commencé pendant le siége de la capitale par les Prussiens et conçu sous l'empire de la sympathie que le courage et la résignation de ses habitants avaient inspirée à toutes les âmes généreuses, le travail semblait terminé après la signature de l'armistice et des préliminaires de paix. Des événements déplorables ont obligé son auteur à reprendre la plume pour retracer les horribles désastres de la guerre civile, dont pendant deux mois Paris est devenu le théâtre. Loin de lui la pensée de jeter l'anathème sur cette ville, parce qu'elle a été le champ clos, où sont accourus de tous les points de la France et même de l'Europe des hordes de bandits, qui, suant l'eau-de-vie et le pétrole, ivres de vin et de sang, ont profité de nos malheurs pour y livrer bataille à la société et à la civilisation, dont ils ne rêvaient que l'anéantissement.

Il n'y a pour cela, ni à rougir du passé, ni à désespérer de l'avenir de cette cité. La *chère* Lutèce de l'empereur Julien n'est-elle pas toujours celle que Louis XI appelait sa *bien-aimée* malgré le rôle qu'elle joua dans les guerres civiles des règnes de Charles VI et Charles VII? celle que Henri IV nommait sa *mie*, sa *maîtresse*, après les sanglantes fureurs de la Ligue et les trois siéges soutenus contre lui?

Si la France, dès qu'elle a fait appel à ses enfants, a trouvé en quarante-huit heures plus de quatre milliards pour faire face à ses désastres, Paris n'a eu qu'à rouvrir ses portes pour voir le commerce et l'industrie reprendre leur essor, présage du prompt retour de son ancienne prospérité.

30 juin 1871.

LES SIÉGES DE PARIS

I

Labiénus marche sur Lutèce. — Il n'ose pas attaquer Camulogène, retranché dans les marais voisins. — Il s'empare de Melun, passe la Seine et la redescend par l'autre rive. — A son approche, les Gaulois brûlent la ville, coupent les ponts et viennent camper en face de lui pour défendre le passage du fleuve. — Labiénus, à la nouvelle des désastres de César devant Gergovie, songe à la retraite. — Il use d'un stratagème, et, favorisé par un orage, il traverse la Seine, engage le combat, triomphe de l'armée de Camulogène et va rejoindre César.

La première fois que les historiens mentionnent l'existence de Paris, c'est à l'époque du siége de cette ville par Labiénus, lieutenant de Jules César, l'an 700 de la fondation de Rome. Elle était alors connue sous le nom de Lutèce et servait de *place forte* au pays des Parisiens, comme on le voit par les *Commentaires* de César, qui l'appellent *Oppidum Parisiorum*. Il ne faudrait pas attribuer au mot de forteresse la valeur qu'il possède aujourd'hui. Les trois expressions latines : *Castrum*, *Urbs*, *Oppidum*, avaient une signification différente, que l'on doit bien se garder de confondre, et dont nous allons tâcher de donner une courte explication.

Le *castrum* n'était, dans l'origine, qu'un camp retranché, c'est-à-dire un emplacement entouré de parapets ou petits remparts, construits en terre, prise en dehors de l'enceinte, et dont l'enlèvement formait en même temps les fossés extérieurs.

On complétait ce système de défense par des palissades ou des haies, formées de branches d'arbres entrelacées. En un jour de bataille, on y ajoutait une ligne intérieure de chariots et de bagages encombrants. C'était là que les légions romaines prenaient leurs quartiers d'hiver, et qu'elles s'établissaient en toute saison pour se mettre à l'abri d'un coup de main ou d'une attaque imprévue. On n'y faisait qu'un séjour temporaire, et il n'y avait aucune population civile.

Lorsque l'empire eut créé des armées permanentes, les camps placés sur les frontières devinrent, sous le nom de *Castra stativa*, la demeure fixe de légions chargées de repousser et de contenir les barbares. Ils donnèrent naissance à des villes importantes, comme Ratisbonne (*Castra Regina*), Passau (*Batava Castra*), Coutances (*Castra Constantia*). On augmenta leurs ouvrages de défense en construisant des murs, protégés de distance en distance par des tours. Le mot *castrum* signifia alors place forte, et son diminutif *castellum* signifia château, poste fortifié. Lutèce est appelée *Castellum Parisiorum*, par Ammien Marcellin.

Urbs était le nom donné plus spécialement aux villes ouvertes, agglomérations d'habitants à demeure fixe, se livrant à l'agriculture, au commerce ou à l'industrie. Ultérieurement on les entoura quelquefois de fortifications, mais l'habitude leur fit conserver leur dénomination primitive.

C'est ainsi que l'expression *urbs* finit par s'appliquer aussi par extension à des villes fortifiées.

Le vrai nom de ces dernières, c'était *oppidum*, dont la racine est *opes*, qui veut dire richesses, ressources, parce que les Romains y renfermaient leurs biens les plus précieux, leurs magasins de vivres, d'armes et de munitions (*quod ibi homines*, dit Paul Diacre, *opes suas conferunt*). Elles étaient, comme les camps, construites, en général, soit sur des plateaux élevés d'un accès difficile, soit dans des marais ou des îles, dont les eaux tenaient lieu d'enceinte ou ajoutaient aux moyens de défense.

Appliquées à la Gaule, ces expressions avaient une bien moindre valeur. La ville n'était qu'une agglomération de maisons ou plutôt de cabanes, de huttes de forme ronde, construites en bois et en terre ou torchis, et couvertes de chaume ou de roseaux, comme nous l'apprennent Vitruve et Strabon. La forme même de ces habitations indique qu'elles étaient isolées les unes des autres, sans symétrie ni alignement.

Chacune avait, le plus souvent et comme dépendance, un jardin ou un petit champ. Elles étaient généralement situées aux bords d'une rivière ou dans une plaine fertile, dont la richesse agricole et la facilité des communications offraient de grands avantages. Si elles étaient dans une île, entourée de marécages ou sur une hauteur couverte de forêts, et qu'elles fussent protégées par des palissades, des fossés, des remparts de terre et quelquefois des murailles, elles prenaient le nom d'*oppidum* et servaient de magasins, d'entrepôts et de refuges, où pouvaient se retirer les armées et les populations chassées des campagnes. On y tenait les assemblées politiques, les marchés et les réunions commerciales.

Lutèce jouissait de ces derniers avantages, et c'est là que, vers la fin de l'automne de l'an 700 de Rome, Jules César avait ordonné de transférer le siége d'une assemblée des principaux États de la Gaule, convoquée d'abord à Chartres, chef-lieu du culte druidique. Les députés des pays de Sens, de Chartres et de Trèves ne s'étant pas rendus à cet appel, la mesure resta sans effet, et le général romain, considérant leur abstention comme une déclaration de guerre, se hâta de marcher contre les Sénonais.

Les Parisiens, habitants sur les bords de la Seine, qui servait de séparation aux deux Gaules Belgique et Celtique, ont été rangés dans la première par l'Histoire inachevée de Jules César qu'a publiée le second Bonaparte. Il y est dit qu'ils relevaient des Bellovaques, dont le territoire comprenait tout le Beauvoisis.

Mais si nous nous en rapportons à Jules César lui-même, mieux renseigné sans doute que le moderne César, les Parisiens étaient de mémoire d'homme les alliés des Sénonais, leurs voisins (*Confines erant hi Senonibus, civitatemque patrum memoriâ conjunxerant*). Le P. Sirmond les range dans la Lyonnaise des Sénonais (*provincia Lugdunensis Senonia*). Aussi, tandis que les Bellovaques avaient sans doute répondu à la convocation, et s'étaient rendus à la première assemblée, les Parisiens s'abstinrent d'y paraître, et sa translation ne put avoir lieu (*Sed ab hoc concilio abfuisse existimabantur.* Comm., livre VI, chap. III).

La résistance des Sénonais et des Carnutes (habitants des pays de Sens et de Chartres) ne fut ni vive ni longue. A l'approche des Romains, ils demandèrent à se soumettre et obtinrent leur pardon par l'entremise des Éduens et des Rémois (peuples des pays d'Autun et de Reims). Il restait encore à faire rentrer dans le devoir ceux de Liége et de Trèves, dont la prompte soumission termina la sixième campagne de la guerre des Gaules.

1.

La mauvaise saison approchait; Jules César mit ses troupes en quartier d'hiver à *Agendicum* (ville des Sénonais, que le moderne César appelle *Agedincum*, contrairement aux meilleurs textes et par une prétention à un néologisme rétrograde), et il se rendit à Rome, où la mort de Clodius, tué dans une lutte par les clients de Milon, venait d'exciter de grands troubles.

Les Gaulois, mettant à profit l'éloignement du général romain, préparèrent pour le printemps un soulèvement, dont Vercingétorix fut un des principaux organisateurs. César se hâta de franchir les Alpes et de rentrer en campagne sans attendre le retour de la belle saison. Il tomba à l'improviste sur *Genabum* (Orléans), où avait été donné le signal de la révolte et d'un massacre général des Romains. Les habitants de cette ville furent tous tués ou faits prisonniers. *Avaricum* (Bourges) se rendit.

Tandis qu'il allait assiéger lui-même Gergovie en Auvergne, Jules César envoya son lieutenant Labiénus avec quatre légions et une partie de sa cavalerie contre les Parisiens. A la nouvelle de l'approche des Romains, de nombreux renforts accoururent des pays environnants au secours de Lutèce. La direction de la défense fut confiée à Camulogène, que sa science militaire avait, malgré son grand âge, fait choisir pour chef.

Lutèce ne s'étendait pas encore au delà de l'île de la Cité, qui n'était même pas alors aussi grande qu'aujourd'hui, car le terre-plein du pont Neuf et le terrain où est la place Dauphine formaient deux îlots séparés, dont le plus avancé, vers la pointe occidentale, s'appelait au moyen âge l'Isle de Buci ou du *Pasteur* aux vaches (selon quelques écrivains : du *Passeur* aux vaches), l'autre, l'île aux Treilles, parce que, situé en face des jardins du Palais, il contenait quelques vignes dont le cru était assez estimé au moyen âge, comme celui de Suresnes. Lutèce, quoique honorée par Jules César du surnom d'*Oppidum*, n'avait d'autres défenses que celles de sa position. Née, comme le dit poétiquement l'auteur de *Notre-Dame de Paris*, dans cette vieille île de la Cité, qui a la forme d'un berceau, elle eut la grève pour première enceinte, la Seine pour premier fossé.

Camulogène voulut tirer parti de l'avantage que lui offraient les marais qui s'étendaient au midi de Lutèce et qui communiquaient avec le fleuve par la rivière de la Bièvre, aujourd'hui des Gobelins. Il vint s'y retrancher pour disputer aux Romains le passage et pour défendre les approches de la ville, au lieu d'attendre dans son sein l'attaque de l'ennemi.

A ce propos, on lit dans la *Vie de Jules César* (t. II, p. 285) une note si mal digérée qu'il est difficile de la bien comprendre. « On a cru à tort, y est-il dit, que la Bièvre était le marais où Labiénus, dans sa marche sur la rive gauche de la Seine, avait été arrêté par l'armée gauloise. Sans compter que la Bièvre, qui coule dans un terrain calcaire, n'a dû former à aucune époque un marais capable d'arrêter une armée, comment supposer que Labiénus, parvenu sur ce cours d'eau, c'est-à-dire tout près de Lutèce, eût rétrogradé jusqu'à Melun pour marcher de là vers l'*Oppidum* des Parisiens par la rive droite de la Seine, ce qui l'aurait obligé à faire un trajet de vingt-quatre lieues. La manœuvre de Labiénus ne s'explique que par son désir de tourner la forte position de Camulogène et d'arriver plus tôt que lui à Paris. Le texte des *Commentaires* dit clairement que Labiénus, arrêté par le marais qui se déverse dans la Seine, se déroba nuitamment, surprit le passage de la Seine à Melun et marcha sur Lutèce, où il arriva avant Camulogène. Pour que cette manœuvre ait réussi, le marais dont il s'agit devait nécessairement ne pas être éloigné de Melun. L'Essonne est seule dans cette condition. Le terrain qui borde cette petite rivière présente encore aujourd'hui par sa nature un obstacle très-sérieux pour une armée. Il est coupé d'innombrables tourbières, et c'est derrière la ligne de l'Essonne qu'en 1814 l'empereur Napoléon Ier établit l'armée pendant que l'ennemi occupait Paris. »

Toute la portée de cette longue dissertation se résume dans la dernière phrase. Il fallait bien aux collaborateurs du moderne César une nouvelle occasion de parler du premier Bonaparte et d'ajouter ainsi à leurs droits d'obtenir un portefeuille de l'instruction publique ou une direction d'archives; mais pour y couper court, il suffit de rappeler que, si Marmont s'arrêta derrière l'Essonne, ce n'est pas à cause de ses marais et de ses tourbières un peu problématiques, mais parce que le quartier général du prince de Schwarzenberg était de l'autre côté de cette rivière (*Hist. du Consulat et de l'Empire*, par M. Thiers, tome XVII, page 682). Beaucoup plus encaissée que la Bièvre, entre des coteaux chargés de vignes, elle n'a jamais dû offrir autant d'obstacles qu'elle par ses marécages. Gentilly, la Glacière et tous ces terrains que, six mois de l'année, inondaient les eaux de la Bièvre, donnent le meilleur des arguments en réponse à l'assertion de la *Vie de Jules César*. Il est vrai que, si l'on s'en rapporte aux conjectures rapportées par Dulaure (tome Ier, page 27), la rivière des Gobelins formait dans les premiers temps un lac qui commençait près de Corbeil et couvrait en amont de Paris les plaines de Vitry et d'Ivry, en aval celles de Grenelle et d'Issy. Dans ce cas, les deux systèmes tendent à se confondre comme les eaux de l'Essonne et de la Bièvre.

Labiénus, arrivé devant le camp de Camulogène, fit avancer les mantelets et chercha à se frayer une chaussée en comblant le marais avec des terres et des fascines. Après quelques tentatives infructueuses, il reconnut que l'entreprise était impossible. Au milieu de la nuit, il décampa, et, retournant sur ses pas, il se jeta sur Melun, dont il s'empara d'autant plus facilement que cette ville était privée de la plus grande partie de ses défenseurs, accourus au secours de Lutèce.

Ayant rétabli le pont que les Gaulois avaient détruit, il fit traverser la Seine à son armée et redescendit le long du fleuve en emmenant avec lui une flottille d'une cinquantaine de bâtiments. Il espérait cette fois arriver jusqu'à Lutèce par la rive droite et l'attaquer par le nord. Des fuyards, échappés de Melun, apportèrent aux Parisiens cette terrible nouvelle. Camulogène se conforma au plan de Vercingétorix, qui, connaissant l'habileté des Romains dans l'art des siéges, avait recommandé aux alliés de ne pas défendre les villes, mais de les brûler et de dévaster le pays pour faire le désert autour de l'ennemi et le forcer à se retirer, faute de vivres et de fourrages. Docile à ce conseil, il ordonna d'incendier Lutèce, de rompre les deux ponts de bois, et il alla se poster derrière des marais sur les bords de la Seine, en face du camp des Romains, pour leur couper la retraite ou les rejeter dans le fleuve s'ils tentaient de le passer.

Sur ces entrefaites, Labiénus apprit avec douleur que

Jules César, menacé par la défection des Éduens et par la famine, se repliait sur la province Narbonnaise. Il reconnut qu'il fallait renoncer à l'offensive et songer à ramener son armée saine et sauve à *Agendicum* (Sens), où il avait laissé les bagages et les recrues nouvellement venues d'Italie.

Mais la retraite était périlleuse. Il avait à traverser un grand fleuve en présence des troupes aguerries de Camulogène, et les Bellovaques, un des peuples les plus vaillants de la Gaule, s'avançaient et pouvaient tomber sur son arrière-garde. Dans cette situation critique, il comprit qu'il n'y avait plus de salut que dans le courage et la ruse. A la tombée de la nuit, il convoqua son conseil de guerre, exhorta ses officiers à redoubler de zèle et d'activité, fit monter sur les vaisseaux les chevaliers romains et leur ordonna de descendre le fleuve en silence, à la faveur des ténèbres, jusqu'à quatre mille pas (au pied sans doute des hauteurs de Chaillot et de Passy), où il irait les rejoindre. Il laissa à la garde du camp cinq cohortes de la légion la moins aguerrie et envoya les cinq autres, au milieu de la nuit, avec les bagages, remonter à grand bruit le long du fleuve. Il rassembla aussi des petits bateaux, dont les rameurs furent chargés de se diriger du même côté avec fracas. Lui-même sortit bientôt après, silencieusement, avec les trois autres légions et se rendit droit au lieu où les chevaliers avaient reçu l'ordre de débarquer et de l'attendre.

Malgré ces habiles manœuvres pour dissimuler retraite des Romains, il était à craindre que les Parisiens ne les arrêtassent dans leur marche et ne les missent en déroute au moment du passage du fleuve. Un violent orage vint seconder leurs mouvements et leur permit d'écraser les éclaireurs ennemis postés le long du fleuve.

Toute l'armée de Labiénus, infanterie et cavalerie, passa rapidement avec l'aide des chevaliers romains sur l'autre rive de la Seine.

Des historiens placent, dans cette circonstance, le camp de Labiénus à Créteil, et celui des Gaulois vers Ivry. Cela nous paraît peu vraisemblable. La première fois que le général romain marcha contre Lutèce, il rencontra Camulogène dans les marais de la Bièvre, au sud de Paris. Mais quand il revint, après avoir traversé la Seine, à Melun, il dut redescendre par la rive droite jusqu'en face de l'île de la Cité, qu'il trouva abandonnée. Lorsque les mauvaises nouvelles venues de Gergovie et l'approche des Bellovaques par le Nord firent craindre à Labiénus d'être cerné, les *Commentaires* de César disent formellement qu'il fit descendre la Seine (*secundo flumine*) aux chevaliers romains et à la plus grande partie de ses troupes. C'est donc en aval de Lutèce, et non pas en amont, qu'il dut effectuer le passage du fleuve. Ce dernier système, celui que nous adoptons, est aussi celui de Delamare (*Traité de la police*) et de M. Bourquelot, professeur à l'École des chartes (*Histoire de Provins*, tome Ier, p. 57 et suiv.). L'envoi d'un détachement en amont ne dut être, de la part de Labiénus, qu'une manœuvre pour tromper l'ennemi.

Au point du jour, Camulogène ayant été informé qu'un tumulte extraordinaire régnait dans le camp ennemi, que des masses considérables remontaient le fleuve, et qu'on entendait le bruit des rameurs dont les bateaux transportaient les troupes, se persuada que les légions romaines, consternées de la défection des Éduens, fuyaient en désordre sur trois points différents. Il partagea lui-même ses troupes en trois corps, en laissa un à la garde du camp, envoya l'autre vers *Metiosedum* (Corbeil ou Choisy-le-Roi), avec l'ordre de remonter la rive gauche du fleuve aussi loin que les bateaux ennemis. Il se mit en personne à la tête du gros de son armée pour surveiller la marche de Labiénus. Il arriva trop tard pour s'opposer au passage de la Seine, et, quand le soleil vint les éclairer, les deux armées se trouvaient en présence dans la plaine de Grenelle.

Le lieutenant de Jules César harangua ses troupes, leur rappela leur ancienne bravoure, leurs nombreux succès. Il les exhorta à combattre avec la même vaillance que s'ils étaient sous les yeux de ce général, qui les avait si souvent conduits à la victoire. Le signal du combat ayant été donné, dès le premier choc, la septième légion, placée à l'aile droite, enfonça les lignes de l'ennemi et le mit en déroute. La dixième, formant l'aile gauche, accabla les premiers rangs des Gaulois d'une nuée de flèches et de javelots. Mais elle rencontra une résistance opiniâtre. La lutte était sur ce point d'autant plus acharnée, que Camulogène y commandait en personne et encourageait ses guerriers par ses paroles et par son exemple.

La victoire semblait incertaine, lorsque la septième légion, revenant de la poursuite des ennemis, apparut avec ses étendards, attaqua les Gaulois par derrière et leur coupa la retraite. Ce fut un horrible carnage, et Camulogène périt lui-même les armes à la main. Les détachements des Parisiens, chargés de surveiller le camp de Labiénus, ayant appris que le combat était engagé, volèrent au secours de leurs compagnons d'armes. Ils gagnèrent les hauteurs voisines, celles sans doute de Clamart ou de Meudon.

Mais ils ne purent soutenir le choc des légions victorieuses, dont le succès redoublait l'impétuosité. Mis en déroute malgré une résistance énergique, ils grossirent le nombre des fuyards. Tous ceux qui ne purent atteindre les bois, dont étaient couronnées les collines voisines, furent exterminés par la cavalerie romaine;

Labiénus se rendit alors sans obstacle à *Agendicum*, d'où il alla rejoindre Jules César, qui de son côté avait traversé la Loire pour venir au-devant de lui.

Tel est le récit des *Commentaires de la guerre des Gaules*; mais il faut faire la part de l'exagération de tout bulletin militaire.

Ce qui semblerait plus exact, c'est que la mort de Camulogène et le passage à travers les lignes ennemies furent les plus réels avantages que retirèrent les Romains de cet épisode militaire; car, peu de temps après, Jules César nous dit que les Parisiens fournirent à l'armée de Vercingétorix un contingent de 8,000 hommes, forces très-considérables, dit Sauval, car ce n'était que l'élite de leurs troupes. Cette armée confédérée fut impuissante à faire cesser l'investissement de la célèbre *Alesia*, dont le siége fameux a été si mal étudié par les collaborateurs de l'auteur couronné de la *Vie de Jules César*, qu'ils placent cet *oppidum* à Alise-Sainte-Reine, en Bourgogne, au lieu d'Alaise, en Franche-Comté. L'issue de ce fait militaire aurait dû servir d'enseignement à l'avenir sur les dangers de concentrer une armée dans une place forte. 100,000 Romains avaient forcé une garnison aussi nombreuse qu'eux à se rendre à discrétion, malgré les efforts de plus de 200,000 Gaulois, accourus au secours de cette ville pour la dégager.

L'*Histoire de Jules César*, par Bury (Paris, 1758,

2 vol. in-12), compare ce siége d'Alésia à celui de Belgrade, où le prince Eugène se couvrit de gloire, en 1717, et força la garnison turque à capituler, malgré une armée d'Ottomans quatre fois plus puissante que la sienne, accourue pour débloquer cette place de guerre. Combien les siéges récents de Metz et de Paris n'offraient-ils pas un rapprochement plus naturel, un enseignement plus terrible, une preuve plus évidente qu'une place investie est dans l'impossibilité presque complète de se dégager, si elle n'est pas secourue par des armées extérieures !

Quoique la lutte de Labiénus contre les Parisiens ne soit pas, à proprement parler, un véritable siége, puisque les habitants de Lutèce incendièrent leur ville, au lieu de la défendre, et marchèrent au-devant de l'ennemi, Saint-Foix et la plupart des historiens l'appellent le « siége de Paris par Labiénus. » Cet épisode, en tout cas, appartient, à coup sûr, aux annales militaires de la capitale de la France.

Quelques auteurs, comme Piganiol de la Force, ajoutent que César fit rebâtir une cité sur les ruines de l'ancienne, qu'il l'embellit par de nouveaux édifices, et qu'il la fortifia par une enceinte et par deux tours de bois placées à la tête des ponts qui donnaient accès à la ville. Ce sont le Petit-Pont et le Pont-au-Change, que protégeaient encore au siècle dernier le Grand et le Petit-Châtelet. Mais ces auteurs s'appuient sur un passage de Boëce, qui n'a rien écrit de semblable. Dans leur citation erronée, ils ont voulu sans doute faire allusion à un texte de Scott, historien de peu d'autorité. Cette assertion n'offre aucune vraisemblance, si l'on songe que Jules César, après le siége et la prise d'Alésia, ne tarda pas à quitter les Gaules, et qu'il n'eut certainement point le temps de s'occuper de la reconstruction et de l'embellissement de Lutèce, une fois qu'il eut franchi le Rubicon.

N'est-il pas beaucoup plus croyable que les Parisiens, échappés aux désastres de la guerre, revinrent dans leurs foyers avec empressement, et que les Romains, frappés de l'heureuse situation de cette ville, entre les deux bras de la Seine, au centre de provinces fertiles, avec le confluent de la Marne en amont, et celui de l'Oise en aval, se fixèrent à Lutèce, et en firent un de leurs principaux établissements? Cette conjecture semble confirmée par un monument découvert, au commencement du siècle dernier, en faisant des fouilles dans le chœur de l'église cathédrale de Notre-Dame. Ce sont deux autels et un piédestal, chargé de bas-reliefs représentant des divinités romaines et gauloises. L'inscription porte que ce monument avait été dressé sous Tibère par la corporation des mariniers (*nautæ*) parisiens.

Une assertion encore plus erronée est celle d'une vie de Jules César, qui est attribuée à Julius Celsius, mais que plusieurs savants pensent être l'œuvre de Pétrarque. Lutèce, y est-il dit, fut, à ce que l'on croit, fondée par César (*Ab ipso Cæsare tunc fundata creditur*). Il suffit de lire le passage des *Commentaires*, où il est question de l'expédition de Labiénus, pour se convaincre que ce n'est pas soutenable, puisque, à son approche, Camulogène fit rompre les ponts et brûler la ville.

II

Lutèce est lente à se relever de sa ruine. — Julien l'Apostat y est proclamé empereur. — Gratien est battu sous ses murs par Maxime. — Invasion d'Attila. — Clovis s'empare de Lutèce et y établit sa résidence. — Les fils de Clotaire se disputent sa possession. — Chilpéric et Frédégonde s'en rendent maîtres. — Le jeune Childebert s'échappe de ses murs. — Baptême de Clotaire II à Rueil.

Lutèce, que ses habitants et ses défenseurs avaient incendiée avant d'aller à la rencontre de Labiénus, occupait, en aval du confluent de la Seine et de la Marne, une position trop avantageuse pour que ceux des Parisiens qui avaient survécu à la défaite de Camulogène ne fussent pas empressés d'y revenir après la prise d'Alésia et la pacification des Gaules par Jules César. Mais elle fut sans doute longue à se relever de ses cendres et à voir cicatriser ses plaies, car elle resta près de quatre cents ans sous la domination romaine, sans que l'histoire en fît la moindre mention.

Julien l'Apostat, vainqueur des peuples de la Germanie, vint se reposer des fatigues d'une longue et glorieuse campagne à Lutèce, où il passa plusieurs hivers, et qu'il appelle, dans le *Misopogon*, sa ville bien-aimée, *caram Lutetiam*. C'est là qu'en l'an 360, il fut proclamé Auguste par ses légions gauloises. L'empereur Constance les mandait près de lui au fond de l'Asie, où il soutenait une lutte désastreuse contre Sapor, roi de Perse. Mais, rebelles à ces ordres, les soldats de Julien, que ce prince voulait empêcher d'entrer dans la ville, de peur que leur passage donnât un prétexte à la sédition, refusèrent d'abandonner leur patrie, leurs parents et leurs amis pour cette expédition lointaine. Ils assiégèrent leur général dans son palais, et le forcèrent, malgré une résistance, un peu simulée sans doute, à accepter la pourpre impériale. Cette révolte eût été le signal d'une guerre civile, si la mort de Constance ne fût survenue.

Vingt ans plus tard, Lutèce devint le théâtre d'une lutte sanglante. Maximus, général romain, proclamé empereur par les légions de la Grande-Bretagne, débarqua dans la Belgique, et fit soulever tout le nord de la Gaule. Gratien, pour s'opposer à la marche des rebelles, rassembla ses troupes autour de Lutèce, où il fut bientôt rejoint par l'usurpateur. Au lieu de lui livrer immédiatement bataille, il temporisa, et cinq jours se passèrent en petits combats, dont le succès était indécis. Ses troupes, mal soldées, se laissèrent séduire par les promesses de Maximus. Lorsque, le sixième jour, il résolut de tenter une attaque générale, la cavalerie maure donna le signal de la trahison, et passa à l'ennemi. Les légions romaines imitèrent cet exemple. Gratien, trahi par son armée, fut obligé de fuir avec un détachement de 300 cavaliers, qui, seuls, lui étaient restés fidèles, et il se réfugia à Lyon, où il fut massacré. Lutèce ouvrit ses portes à Maximus.

Après avoir joui d'un calme profond sous les règnes de Théodose et d'Honorius, Lutèce se vit en 451 menacée des horreurs d'un siége. Le farouche Attila était entré dans les Gaules à la tête des hordes sauvages qu'il amenait des contrées au delà du Rhin. Parti des pieds des monts Oural, il avait entraîné sur ses pas toutes les tribus errantes de la Germanie. La terreur précédait cette inondation de barbares, dont le chef se faisait gloire d'être appelé le *fléau de Dieu*. Déjà pour justifier le nom qu'il s'était donné lui-même, il avait commencé le cours de ses exploits par l'incendie de Strasbourg et de Metz, et par la dévastation des pays qu'il traversait. Il colorait son ambition et sa barbarie de dehors fatalistes, de teintes religieuses, se disant chargé de la mission céleste d'exterminer les peuples. C'est ce qui sauva Lutèce de la destruction.

Déjà les Parisiens fuyaient en emportant leurs biens les plus précieux. La panique était si générale que rien ne pouvait la calmer, ni les exhortations de quelques chefs, ni les assurances et l'intervention de sainte Geneviève, dont la voix fut même un instant méconnue. Accusée d'imposture par ses compatriotes, la vierge de Nanterre n'échappa à la conspiration formée contre ses jours que par la protection de l'archidiacre de l'évêque d'Auxerre. Cependant fidèle à son programme hypocrite, le fléau de Dieu, nous raconte la pieuse légende, se laissa fléchir et s'éloigna de Lutèce devant la houlette de la bergère, comme il s'était retiré des environs de Troyes devant la crosse de saint Loup et comme il s'arrêta plus tard dans sa marche contre Rome devant la divine majesté du pape saint Léon. Retenu longtemps sous les murs d'Orléans par l'énergique défense de ses habitants, Attila leva le siége à l'approche d'Aétius et se replia sur les plaines de la Champagne, où il espérait tirer un parti plus avantageux de sa redoutable cavalerie, et où il essuya une sanglante défaite.

Lutèce fut moins heureuse avec les rois des Francs. Elle avait été, dit-on, forcée de se racheter du pillage sous Clodion, vers 445. Mérovée, ou, selon d'autres historiens, Childéric, vint assiéger cette ville où les Romains tenaient une forte garnison et où la résistance fut opiniâtre. Mais l'on manque de détails sur ce siége long et sanglant, dont plusieurs auteurs révoquent la durée et même l'existence. Ce fut, disent-ils, Clovis qui s'empara de Lutèce et qui en fit la capitale de son royaume. Cette dernière opinion paraît d'autant mieux fondée que Syagrius, gouverneur romain, possédait tout le centre des Gaules jusqu'à Reims et Soissons. Sa défaite près de cette dernière ville, en 486, rendit Clovis maître des pays situés au nord de la Seine et de la Marne, et Melun reçut alors pour commandant le Gaulois Aurélien. Disons-le néanmoins, la *Vie de sainte Geneviève*, monument authentique d'un haut intérêt, composé dix-huit ans après sa mort, mentionne le passage de Childéric, roi des Francs, à Paris.

La chute de l'empire d'Occident avait laissé les Gallo-Romains abandonnés à eux-mêmes, et leur pays était devenu une proie facile pour les conquérants. Ayant établi le siége de sa monarchie ou plutôt son quartier général à Soissons en 487, Clovis (ou Hlodowig, comme veulent l'appeler les historiens modernes se piquant d'une exactitude prétentieuse), transporta sur les bords de la Seine le théâtre de la guerre. Durant plusieurs années, il concentra tous ses efforts autour de Paris, dont il voulait s'emparer à tout prix. Cette lutte dura de cinq à dix ans suivant les variantes des différents textes du manuscrit de la *Vie de sainte Geneviève*. Après avoir hiverné dans le Soissonnais, les Francs, au retour du printemps, revenaient dans la belle vallée de la Seine et la ravageaient chaque année avec une nouvelle fureur. Mais les Parisiens, secourus par les autres cités voisines, résistaient avec une vaillance opiniâtre. Ils étaient encouragés par la pieuse vierge de Nanterre, cette druidesse chrétienne, comme quelques écrivains l'appellent, qui jouait un rôle important dans toutes les affaires du pays. Peut-être même que Clovis n'aurait pu triompher de ses vaillants adversaires, si la reine Clotilde ne lui avait concilié les esprits et n'avait avec saint Remi, évêque de Reims, préparé sa conversion au christianisme.

Le biographe anonyme de sainte Geneviève raconte que les environs de Paris ayant été complétement ruinés par un siége aussi désastreux, la reddition de cette ville fut suivie de la plus horrible famine. Non moins admirable par sa charité que par son énergie, la Jeanne d'Arc du cinquième siècle, dont l'unique arme était la prière, n'abandonna pas dans sa détresse la cité, qui, par reconnaissance, l'a adoptée pour patronne. Elle s'embarqua sur la Seine, alla de village en village, remonta jusqu'à Corbeil, Melun, Nogent, Troyes et Arcis-sur-Aube, et rassembla onze grands bateaux de blé pour le ravitaillement des Parisiens. Elle surveilla elle-même le partage de ces vivres, dont elle distribua gratuitement une partie aux pauvres. Jamais secours ne fut plus opportun, car, selon le chroniqueur, plusieurs milliers d'habitants avaient déjà succombé à la faim. (*Acta sanctorum*; tome Ier, p. 146.)

La prédilection de Julien l'Apostat et de plusieurs de ses successeurs pour Lutèce, l'heureuse situation de cette ville, le développement qu'avait pris la communauté de la *marchandise d'eau* et des mariniers parisiens avaient donné à la nouvelle conquête de Clovis une telle importance, que ce prince la choisit pour capitale et que sa possession devint une espèce de titre de prééminence en faveur de Clotaire Ier, celui de ses quatre enfants auquel elle échut par le sort, quand ils partagèrent ses États. A la mort de ce dernier roi, en 561, elle excita la convoitise de Chilpéric, le plus jeune de ses fils. Ayant pillé à Braine les trésors de son père, il s'en servit pour corrompre par des largesses les principaux leudes, et il s'empara de la ville de Paris sans attendre un nouveau tirage au sort. Il y fut assiégé par ses trois frères et obligé de se rendre, nous disent les chroniqueurs contemporains sans nous transmettre plus de détails. On procéda alors à un partage régulier. Caribert, l'aîné, devenu roi de Paris, étant mort à Blaye, en 572, sa succession souleva de nouveau l'ambition et l'envie de ses trois frères. La ville de Paris était trop riche et trop populeuse pour ne pas rendre inégal le lot dont elle ferait partie. Pour mettre fin à toutes contestations, ils convinrent qu'elle resterait indivise entre eux. Par le traité qu'ils conclurent chacun s'engagea sous la foi du serment prêté sur la châsse de saint Martin et sur plusieurs autres reliquaires, à ne jamais entrer dans Paris sans le consentement des deux autres. En cas d'infraction, le parjure était déchu de tous ses droits à la part qu'il pouvait y prétendre.

L'ambition de Chilpéric et de Frédégonde ramena bientôt la discorde et la guerre. Sigebert, à la tête d'une armée d'Allemands, de Saxons et de Bavarois, vint camper sur les bords de la Seine. Malgré tous ses efforts, il ne put empêcher les hordes barbares qu'il traînait à sa suite de dévaster les environs de Paris, dont la plupart des villages furent pillés ou incendiés. La capitale l'accueillit-elle ou lui opposa-t-elle quelque résistance? c'est ce que les chroniqueurs ne nous racontent pas. Chilpéric, forcé d'accepter une paix, qui, par sa durée, ne mérite que le nom d'armistice, reprit bientôt les armes. Sigebert s'avança cette fois encore jusqu'aux portes de Paris, et fit de si grands dégâts, que saint Germain, évêque de cette ville, écrivit une lettre touchante à Brunehaut, que l'on soupçonnait d'entretenir son mari dans ses sentiments belliqueux. Il lui retraçait tous les maux, toutes les horreurs d'une guerre civile, et lui rappelait l'exemple d'Esther, qui avait sauvé son peuple par son intercession auprès de son époux.

Sourd à la voix du prélat, Sigebert s'éloigna de Paris pour aller assiéger dans Tournai Chilpéric et Frédégonde. Il fut assassiné à leur instigation, en arrivant à Vitry-sur-la-Scarpe, près de Douai, en 575 ; et son fils Childebert II, encore en bas âge, fut à son tour investi dans Paris avec quelques leudes restés fidèles. Le silence des historiens nous laisse dans une complète ignorance sur les détails des événements militaires contemporains. Grégoire de Tours et Frédégaire se contentent de dire que, profitant de la consternation des Austrasiens, auxquels elle avait fait annoncer la mort de Sigebert, la reine Frédégonde se rendit maîtresse de Paris, où Brunehaut avait apporté ses trésors, et où était enfermé Childebert. Elle désirait s'emparer de ce jeune prince. Mais Gondebaud, un des comtes restés fidèles au fils de Sigebert, gagna ou trompa les sentinelles. A la faveur des ténèbres, l'enfant, placé dans une corbeille d'osier, fut descendu par une corde le long des remparts. Gondebaud, qui, caché au fond des fossés, attendait le précieux fardeau, l'emporta dans ses bras, et, à travers mille dangers, il le conduisit à Metz, où il le fit proclamer roi d'Austrasie. C'était dans son propre palais, celui des Thermes sans doute, que, selon quelques autres auteurs, on le tenait prisonnier. D'après cette version, ce fut par une fenêtre de cette résidence royale, et non du haut des murs de la ville, qu'eut lieu l'évasion de Childebert. Il est facile de concilier les deux opinions, en admettant que la demeure royale touchait à l'enceinte urbaine.

Aussi superstitieux que dévoré d'ambition, Chilpéric professait le culte le plus aveugle pour les reliques des saints. Il avait tenu fidèlement depuis vingt-deux ans le serment de ne pas entrer dans Paris sans le consentement de ses frères. Il ne se considérait même pas comme relevé de sa foi jurée par la conduite de Sigebert, qui avait envahi cette ville avant de partir pour le siége de Tournai. Cependant Chilpéric brûlait du désir de faire baptiser en l'église Notre-Dame son fils Clotaire, qu'il venait d'avoir de Frédégonde. Pour détourner la colère de saint Martin de Tours, de saint Polyeucte et de saint Hilaire de Poitiers, dont les reliques avaient servi à la prestation de son serment, il se fit précéder par leurs châsses, et entra processionnellement dans Paris la veille du jour de Pâques de l'an 583. Quelque temps après, il fut assassiné à Chelles, où il avait une maison de plaisance; et l'on ne manqua pas d'établir un rapprochement entre sa mort et son parjure, et de rappeler l'impiété de son stratagème.

Si l'on veut se rendre compte des ténèbres qui règnent sur l'histoire de cette époque, et des contradictions qui se présentent dans un même auteur, il suffit de remarquer que Grégoire de Tours, auquel nous avons emprunté le récit de cette entrée dans Paris, avait déjà, dans un passage antérieur, fait venir Chilpéric dans cette ville huit ans auparavant, quelques jours après la mort de Sigebert. Il avait même, à diverses reprises, mentionné la présence de ce roi à

Paris, et avait dit qu'en l'an 577 il y avait fait construire un cirque au pied de la montagne Sainte-Geneviève. On croit que ce fut sur l'emplacement des anciennes arènes gallo-romaines, dont on a découvert les fondations au commencement de l'année 1870. Quelque superstitieux que fût Chilpéric, il serait ridicule de prétendre qu'après avoir violé déjà plusieurs fois son serment, il eût pris tant de précautions pour y revenir.

Frédégonde, accusée du meurtre de son époux, et menacée par son neveu Childebert, se réfugia avec une partie de ses trésors dans l'église de Notre-Dame, dont le droit d'asile était sacré, et où elle fut bien reçue par l'évêque Ragnemode. Elle envoya des députés au roi Gontran, pour implorer son secours en faveur de son jeune fils Clotaire. Mais ce prince, irrité de la mort de son frère, et poussé sans doute par ses projets ambitieux, rassembla une armée, et marcha sur Paris, qui, dit-on, lui ouvrit ses portes sans coup férir. Childebert, de son côté, s'avança dans l'espoir d'obtenir un semblable accueil. Mais les Parisiens le repoussèrent. Gontran, auquel il adressa des plaintes à ce sujet, lui répondit que Sigebert et Chilpéric, étant tous deux entrés dans la ville au mépris de leur traité, avaient perdu tous droits sur elle, et qu'il en était lui-même l'unique possesseur légitime. Il se laissa fléchir par les manières séduisantes de son artificieuse belle-sœur, et refusa de tirer vengeance de ses crimes. Frédégonde, en quittant son asile, se réfugia dans un autre aux environs de Rouen pour se soustraire aux haines générales encore profondes contre elle.

Le baptême de Clotaire II, dont Gontran, son oncle, avait accepté d'être le parrain, fut différé d'année en année jusqu'en 591. Frédégonde osa enfin reparaître à Paris, et la cérémonie eut lieu dans l'église de Sainte-Geneviève de Nanterre, dont, comme paroisse, dépendait le palais de Rueil, où s'étaient réunis Gontran et la veuve de Chilpéric. On appelait alors palais, maisons de plaisance de nos rois, de grandes fermes ou métairies du domaine royal. Cette solennité fut célébrée avec grande pompe en présence de plusieurs évêques et des principaux comtes ou leudes de Neustrie.

La mort de Gontran, survenue quelque temps après, ralluma la guerre entre le roi de Bourgogne et d'Austrasie et le fils de Chilpéric, devenu roi de Neustrie sous le nom de Clotaire II et sous la tutelle de sa mère. Quoique Childebert se fût aussitôt rendu maître de Paris, le sort des armes fut favorable à Frédégonde. Elle remporta près de Soissons une grande victoire à l'aide d'un stratagème que rapporte la chronique d'Aimoin. Les cavaliers et les fantassins de l'armée de Clotaire se seraient avancés portant des branches d'arbre, et ils auraient ainsi surpris à l'improviste les Austrasiens, frappés de stupeur à la vue de cette forêt, qui marchait comme celle de Macbeth. Childebert ne survécut que quelques mois à sa défaite, et Frédégonde, accusée par plusieurs historiens de l'avoir fait empoisonner, profita de cette mort pour poursuivre ses succès. Elle marcha sur Paris en saccageant tout ce qui s'opposait à son passage, et s'étant emparée de la ville, elle s'y établit et ne tarda pas à y trouver son propre tombeau dans l'église de Saint-Vincent, aujourd'hui Saint-Germain des Prés.

La guerre continua plus ardente que jamais. Clotaire II, vaincu près d'Étampes en l'an 604, vit les Bourguignons, sous la conduite des rois Théodebert et Thierry, s'emparer de sa capitale, qu'ils avaient déjà menacée d'un siége quatre ans auparavant, lorsque, après la victoire de Moret, ils s'étaient avancés en conquérants jusqu'aux environs de Corbeil.

Voici comment les *Chroniques de Saint-Denis* racontent ces événements. « Fu celle bataille (en la chastellenie de Moret) sur une rivière qui est appelée Araune (Essonne?). Là ot (il y eut) si grant occision de gent d'une part et d'autre et meismement des gens le roy Clothaire que le chenal de la rivière fu si plain de la charoigne des occis, que elle ne povoit parfaire son droit cours. Li lius (le lieu) où la plus grant desconfiture fu est encore aujourd'hui appelé

Mort-Champs (Morsang), selon la renommée des anciens du pays. Quand li rois Clothaires vit l'occision de sa gent, qui si grant estoit, il s'enfuy, aucung avec lui, à ung moult noble chastel, qui siet en une isle de Sainne (Seine) qui est apelée Melun, et de illec (de là) à Paris. »

III

Les fils de Louis le Débonnaire se disputent la possession de Paris. — Lothaire s'en empare. — La ville rentre dans le devoir et ouvre ses portes à Charles le Chauve. — Invasions des Normands. — Mœurs et caractères de ces peuples. — Une de leurs flottes attaque Paris en 845. — Charles le Chauve achète leur retraite. — Nouvelles invasions en 856 et 861. — Les Normands, forcés de capituler, prennent leur revanche en 868. — Robert le Fort, bisaïeul de Hugues Capet, et premier auteur de la maison de France, est tué à Brissarthe en les poursuivant avec trop d'ardeur.

La ville de Paris, ainsi prise et reprise pendant les guerres intestines des héritiers et des premiers successeurs de Clovis, eut à subir bien des ravages. Mais elle ne joua qu'un rôle secondaire et passif dans ces luttes continuelles, dont elle fut un des principaux théâtres et dont l'histoire ne nous transmet souvent qu'un léger souvenir. La réunion des diverses parties de la monarchie française sous le sceptre de Clotaire II et de Dagobert mit fin à ces dissensions civiles, et Lutèce, dans un repos de plus de deux siècles, vit sa prospérité s'accroître. « Près de l'église cathédrale (*Mémoires du peuple français*, par A. Challamel, tome II, p. 178), une vaste place, située près du pont qui joint les deux rives du bras méridional de la Seine, est destinée au commerce. Elle est bordée de comptoirs et de magasins où l'on entasse des marchandises de toute sorte, et plus spécialement elle présente aux regards des ateliers et des boutiques d'orfévrerie. Là s'étend le *vicus cavateriæ* (plus tard, la chevaterie ou cavaterie), habité par les ouvriers ciseleurs en métaux et les graveurs en pierres précieuses. A Saint-Denis, Dagobert a établi des foires franches. » Cette prospérité se fût développée avec encore bien plus de rapidité, si, sous les rois fainéants et le règne des maires de leur palais ou plutôt de leur maison (*major domus*, majordome), son séjour n'avait été délaissé, et si Charlemagne n'avait choisi Aix-la-Chapelle pour la capitale de ses vastes États. Dans son testament, où ce prince fit des legs à chacune des vingt et une principales villes de son empire, il ne compte même point Paris au nombre de ces cités métropolitaines (Éginhard, *Vie de Karl-le-Grand*).

A la mort de Louis le Débonnaire, en 840, se rouvrit pour Paris une période désastreuse. Cette ville eut d'abord sa part des malheurs que suscita l'ambition des trois fils de ce prince, acharnés à se disputer la succession paternelle et à se partager l'empire. Il leur fallait, suivant l'expression d'un grand poëte, se tailler des pourpoints dans le manteau de Charlemagne. Lothaire, l'aîné, déjà associé par son père à la couronne, prétendit exercer sur ses frères une sorte de suzeraineté. Pour faire valoir ses droits, il marcha sur Paris, dont le gouverneur, le comte Gérard, lui était dévoué. Hilduin, abbé de Saint-Denis, qui avait déjà embrassé son parti dans la lutte contre son père, se déclara aussi en sa faveur. L'historien Nithard dit qu'il entra dans la capitale sans rencontrer de résistance sérieuse. L'année suivante (841), Charles le Chauve, soutenu par son frère Louis le Germanique, roi de Bavière, reprit l'offensive, et il passa la Seine, près de Rouen, à l'aide d'une flottille de vingt-huit bateaux, dont il s'était emparé. Il publia une amnistie en faveur de ceux qui l'avaient trahi pour embrasser la cause de Lothaire, et il prit la route de Paris, où le comte Adelard, ayant fait rentrer la ville dans le devoir, le sollicitait vivement de revenir.

Lothaire, vaincu par ses deux frères à la célèbre bataille de Fontenay ou Fontanet, leva de nouvelles troupes, et furieux de sa défaite, il revint, en 842, ravager la Neustrie, à la tête de forces considérables, dont les Saxons et les Allemands formaient le corps le plus redoutable. Il s'avança jusqu'à Saint-Denis, où il saisit une vingtaine de bateaux, avec lesquels il fit mine de vouloir tenter le passage pour aller tirer vengeance de la défection de Paris. Charles le Chauve, trop faible pour oser risquer une bataille, laissa dans la ville une forte garnison. Il alla camper dans les environs de Saint-Cloud et il posta des troupes à tous les gués en leur donnant des signaux d'avertissement, afin d'être prévenu des mouvements de l'ennemi. Malgré ces précautions, les Parisiens n'étaient pas sans inquiétude et ils s'apprêtaient à soutenir toutes les horreurs d'un siége. Une grande inondation de la Seine et la retraite de Charles le Chauve vers le Mans firent changer le plan de campagne de l'empereur Lothaire, qui se mit à la poursuite de son adversaire.

Paris, délivré de ce danger, était menacé par une autre espèce de périls plus redoutables encore. Dès les premières années du neuvième siècle, les peuples de l'Europe septentrionale, connus sous le nom générique de Normands (hommes du Nord), avaient commencé à infester les côtes de la Manche et les rivières de l'empire des Francs. Ces hordes d'envahisseurs étaient formées d'éléments divers. Les débris des Saxons et des autres populations de la Germanie, que Charlemagne avait voulu contraindre par le fer et le feu à se soumettre et à embrasser la religion chrétienne, s'étaient retirés derrière l'Elbe et sur les bords de la mer Baltique, où Witikind lui-même avait été forcé deux fois de chercher un asile. Ils avaient été bien accueillis par des nations ayant avec eux une grande conformité de mœurs, de langage et de religion, vouées au culte des divinités scandinaves. Ces réfugiés, animés de l'esprit de vengeance et du regret de leur patrie, gémissaient dans l'exil. Ils poussèrent leurs hôtes à se jeter sur l'empire de Charlemagne, comme sur une riche proie, et alors commença cette période de dévastations, connues sous le nom d'invasions des Normands.

Il ne faudrait pas s'en rapporter cependant au récit des moines, seuls historiens de l'époque, pour se former une idée des mœurs et des actes de brigandage de ces aventuriers du Nord. Dans leurs incursions, ils pillaient, il est vrai, ceux qui leur résistaient, levaient des tributs ou imposaient des réquisitions dans les pays qu'ils avaient envahis sans éprouver de résistance, exigeaient des indemnités pour le meurtre de leurs soldats. Mais ce sont des faits de guerre, dont se rendaient également coupables les armées des successeurs de Clovis et de Charlemagne, lorsqu'ils se disputaient entre frères l'héritage de ces grands princes. Si les religieux chroniqueurs contemporains les accusent sans cesse de pillage, d'incendie, de viol et de rapt, il faut faire la part de l'exagération et celle des temps. Il faut se rappeler que ces hommes du Nord, étant païens, ne respectaient ni les couvents, ni les églises ; que les moines écrivains, étant les dispensateurs de la bonne et de la mauvaise renommée, ils avaient comme le Dante un enfer pour leurs ennemis et un paradis pour ceux qui leur faisaient des largesses, fussent-ils souillés de crimes. La fameuse

Brunehaut et Zuentibold, roi de Lorraine, ne devinrent-ils pas sous leur plume, celui-ci un saint, celle-là une bienheureuse ? Les historiens les plus impartiaux se contentent pourtant de faire l'éloge du prince lorrain en disant : « Il se conduisait avec beaucoup de déréglement et peu de justice, n'ayant pour principal exercice que le divertissement des femmes et pour conseil que de petits compagnons » (Mézeray, tome III, p. 458). L'étonnement cessera si l'on se rappelle qu'il avait enrichi les établissements religieux du produit de ses rapines. D'ailleurs, après mille ans de progrès, de civilisation, d'adoucissement des mœurs, nous n'avons pas besoin de jeter les yeux bien loin de nous pour voir de quoi sont capables dans une invasion les troupes les mieux disciplinées.

Si nous voulons rester dans le vrai, disons que ces aventuriers étaient de hardis et vaillants marins, qui bravaient la fureur des flots et narguaient les tempêtes du haut de leurs frêles esquifs à carène aplatie et justement surnommés les *dragons de mer*. Plus d'une fois les armées des rois francs et celles notamment de l'empereur Charlemagne étaient allées les attaquer au fond de leurs retraites malgré les rigueurs de leur âpre climat. Leurs invasions étaient une revanche, une conséquence très-naturelle du mouvement des populations barbares, qui depuis l'ère des Césars s'avançaient sans cesse, comme les flots d'une marée toujours montante, du nord au midi, de l'orient à l'occident. Aux Kymris avaient succédé les Cimbres, puis les Alains, les Suèves, les Goths, les Francs, les Allemands. Les Saxons, les Scandinaves ne devaient-ils pas à leur tour suivre la même marche? Chaque fois, il est vrai que les hordes de la Germanie, ayant chassé devant elles les envahisseurs qui les avaient précédés, réussissaient à asseoir leurs conquêtes et à y fixer leur établissement, elles repoussaient les nouveaux venus qui suivaient leurs traces et qui souvent leur étaient supérieurs en civilisation. Elles les appelaient des *barbares;* mais ce mot voulait dire *étrangers*, suivant l'expression du poëte Ovide qui, exilé chez les Scythes, exhalait sa douleur en disant : « Ici, je suis barbare, car ils ne comprennent pas ma langue. »

Barbarus hic ego sum quia non intelligor illis.

Accusera-t-on ces Normands de ne pas tenir leurs engagements? Mais, comme nous le verrons au commencement du chapitre qui suit, les leçons de mauvaise foi, les exemples de trahison, ils les avaient reçus de leurs adversaires. Souvent enfin, en venant, ils ne firent que répondre à l'appel des princes carlovingiens qui, dans l'acharnement de leurs guerres domestiques, recherchaient et se disputaient leur alliance. C'est ainsi qu'ils furent attirés et introduits dans l'Armorique par Noménoé, duc des Bretons, et que Pépin, roi d'Aquitaine, neveu de Charles le Chauve, les invoqua comme auxiliaires. Un dernier argument à l'appui de notre opinion, c'est Rollon, duc de Normandie, qui nous le fournira. Ce chef terrible de si farouches barbares, que demande-t-il une fois vainqueur, une fois installé sur les côtes de la Manche? L'amitié de Francon, archevêque de Rouen, avant même d'avoir embrassé le christianisme; la main de Giselle, fille de Charles le Simple; l'investiture de la province qu'il avait conquise. S'il se permit une petite vengeance lors de la cérémonie de l'hommage, formalité bien humiliante pour l'esprit fier et indépendant d'un prince scandinave, elle fut en tout cas peu cruelle. Lorsqu'il s'agit de baiser le pied du roi, il se contenta de le lui faire lever si haut par son mandataire, que le suzerain tomba, dit-on, à la renverse.

Quant à son gouvernement, tous les historiens affirment qu'il fut sage, doux, équitable, et ils se répandent en éloges sur sa bonté, sa modération et son esprit de justice. Comparez sa conduite avec celle de Clovis, placé dans des circonstances analogues, et souvenez-vous du vase de Soissons, des cruautés exercées par ce roi mérovingien sur ses propres parents, sur Sigebert, roi de Cologne, et son fils Clodoric, sur Cararic, chef des Morins, sur Regnacaire de Cambrai, et enfin sur Regnomer du Mans, qu'il décapita lui-même d'un coup de sa francisque. Il est bien entendu que nous ne parlons ici que des races scandinaves et non des peuples d'origine germaine, dont les instincts et les appétits se retrouvent encore aujourd'hui chez les habitants de la plupart des États de la confédération du nord de l'Allemagne.

Les objets de luxe, nous disent Schœning, chroniqueur norwégien, et Depping, auteur de l'*Histoire des expéditions maritimes des Normands*, l'or, l'argent le vin, la soie, manquaient au Nord, les pirates les enlevaient aux pays qui en étaient pourvus. Ils vendaient ces objets dans les ports où se retiraient leurs flottes, et de là ces marchandises se répandaient par la voie du commerce dans l'intérieur de la Scandinavie. Les pirates étaient en quelque sorte les facteurs ou les pourvoyeurs des marchands du Nord. Nous n'avons pas besoin de remonter bien haut pour trouver des exemples d'une pareille conduite, et des officiers saxons ne se sont point gênés pour justifier devant nous leurs déprédations en disant : « L'Allemagne est pauvre, la France est riche, il faut recourir au système des compensations. »

Nous ne saurions mieux continuer cette digression qu'en citant deux fragments des poésies scandinaves, où se reflètent les mœurs guerrières de ces peuples, et se présentent d'avance les *caractères de la chevalerie*, suivant l'expression de Depping (tome Ier, p. 18). Le premier est un passage d'un poëme en vingt-quatre chants contenant des préceptes remarquables :

Dors sur ton bouclier et le glaive à la main; que le ciel bleu te serve de tente.

Quand le vent souffle avec fureur, hisse ta voile au haut du mât. Les vagues écumantes réjouissent l'homme de mer. Laisse aller, laisse aller; qui amène sa voile est un lâche; mieux vaut la mort.

La femme est reléguée à terre, fût-elle Frida elle-même ; car la ossette de ses joues est plus perfide que le gouffre ; les boucles de sa chevelure flottante sont les mailles du plus dangereux filet.

Le vin est la liqueur d'Odin, et l'ivresse t'est permise, si tu ne la portes pas jusqu'à l'oubli. Qui chancelle à terre peut se relever, qui chancelle à bord tombe dans le sein de Ran l'endormeuse.

Si le marchand passe, protége son navire; mais qu'il acquitte le tribut : tu es le roi des flots, il est esclave de ton gain; ton fer vaut bien son or.

L'autre est emprunté au poëme du Vickingr de Geyer, dont M. Marmier, membre de l'Académie française et conservateur de la bibliothèque Sainte-Geneviève, nous a donné une excellente traduction dans son livre si érudit sur la littérature scandinave. Quoique de composition récente, cette œuvre n'est que la fidèle reproduction rajeunie des anciens chants runiques (chapitre VI, page 52).

J'avais quinze ans : la cabane que j'habitais avec ma mère me parut étroite. Je gardais mes chèvres tout le jour. Le temps me parut long. Mon esprit changea, et mes idées aussi. Je rêvais, je pensais à je ne sais quoi, mais je n'étais plus, comme autrefois, joyeux dans la forêt.

Je m'élançais avec impétuosité au sommet des montagnes. Je regardais vers le vaste Océan, et il me semblait entendre les vagues chanter un chant si doux ! Les vagues qui se précipitent dans la mer écumante viennent d'une terre lointaine ; aucune chaîne ne les retient ; elles ne connaissent aucun lien.

Un matin, debout sur la rive, j'aperçus un vaisseau. Il s'élança dans la baie, comme une flèche. Mon âme tressaillit, ma pensée s'enflamma. Je savais d'où venait ma fatigue. Je quittai ma mère et mes chèvres et le Vickingr m'emporta sur un vaisseau à travers l'Océan.

Le vent soufflait avec force dans les voiles, et nous fuyons sur le dos des vagues. La pointe des montagnes s'efface dans une teinte bleuâtre. Moi, je me sens le cœur si joyeux, si ferme ! je porte dans ma main l'épée rouillée de mon père, et je jure de conquérir un royaume sur la mer.

Les incursions des Normands, unis aux Saxons, (Depping, tome Ier, page 100), avaient commencé dès le règne de Charlemagne, qui voyant des fenêtres de son palais une de leurs bandes, versa des larmes en songeant aux maux dont ces barbares accableraient la France sous ses pusillanimes successeurs ; récit du moine de Saint-Gall, qui impliquerait le don de prophétie chez le grand empereur, s'il n'avait été composé postérieurement aux événements. Cependant Paris, situé dans l'intérieur des terres ; sur les bords d'un fleuve, il est vrai, mais à plus de cent dix lieues par eau de son embouchure (voyez *la Seine et ses bords* par MM. Charles Nodier et Borel d'Hauterive), protégé en outre par les villes de Rouen et de Pontoise, qui défendaient le passage de la rivière, fut encore pendant près d'un demi-siècle à l'abri des ravages des Normands.

De 840 à 842, profitant des discordes civiles des trois fils de Louis le Débonnaire, ces guerriers du Nord avaient multiplié leurs expéditions. Nantes, Bordeaux, Angoulême, Saintes, Noirmoutiers, Bazas, avaient été saccagés ou rançonnés. De nouvelles bandes, encouragées par le succès et le butin de leurs précurseurs, apparurent à l'embouchure de la Seine sous les ordres du duc Regnier et d'un nommé Hasting, qui, selon le chroniqueur de Glaber, étant originaire des environs de Troyes et d'un caractère trop aventureux pour rester attaché à la glèbe, s'était réfugié chez les peuples du Nord. Ayant pénétré dans la Seine avec six vingts bateaux, et ayant massacré les troupes qui en défendaient l'entrée, les Normands pillèrent Rouen, et, ne rencontrant plus d'obstacles, ils remontèrent le fleuve jusqu'à Charlevanne, où Charles Martel avait établi une pêcherie en face de la Malmaison (mauvaise maison, *mala domus*), qui doit son nom à l'établissement qu'ils y firent.

Les seigneurs francs, qui s'étaient réservé le droit de porter des armes, se jetaient avec fureur dans les guerres intestines des successeurs de Charlemagne ou se renfermaient dans leurs châteaux fortifiés, abandonnant les campagnes riveraines du fleuve aux dévastations des barbares. Les monastères et les églises excitaient surtout la cupidité de ces pirates, qui les respectaient d'autant moins qu'ils étaient païens et avaient dans leurs rangs des Saxons ennemis du christianisme. S'étant arrêtés à Charlevanne, les Normands repoussèrent une attaque des troupes du roi, firent de là des excursions à Rueil et à Saint-Germain-en-Laye et se préparèrent à reprendre haleine pour remonter encore le fleuve.

A la nouvelle de l'approche des pirates, les Parisiens se hâtèrent d'emporter au loin dans les terres leurs biens les plus précieux. Les monastères furent évacués, les religieux s'enfuirent avec les reliques de saint Germain et de sainte Geneviève, les prêtres avec leurs ornements d'église et leurs vases sacrés. Les mariniers gagnèrent en amont la Marne ou l'Yonne et cherchèrent une petite rivière, une crique pour abriter en sûreté leurs bateaux. Nul ne songe à attendre l'ennemi et à combattre pour ses foyers dans une ville ouverte, n'ayant d'autres défenses que son fleuve, faible rempart contre une invasion de marins habiles, montés sur une flotte nombreuse. On ne peut espérer un secours efficace du roi Charles le Chauve. Ce prince pusillanime ne sait lutter qu'avec de l'argent, et pour apaiser l'ennemi, il a poussé la faiblesse jusqu'à régler officiellement à l'assemblée de Chiersy, par un capitulaire, le tarif des contributions que chaque ville du royaume devra payer pour satisfaire l'avidité des Normands. L'indigne petit-fils de Charlemagne est à la tête d'une armée. Si elle n'est pas assez nombreuse pour qu'il soit sûr de vaincre, il doit au moins combattre et succomber avec honneur. Charles le Chauve, retranché devant Saint-Denis, n'osa tenter le sort des armes, et se borna à protéger la riche abbaye, que défendaient quelques fortifications et des fossés inondés par les eaux de plusieurs ruisseaux, dont un porte le nom fastueux de Rhône (Rhodanus).

Les Normands, s'étant avancés jusqu'à Argenteuil, hésitent à passer outre et à braver, en franchissant l'île Saint-Denis, les forces du roi de France. Enhardis par l'inaction de leurs adversaires, ils se dirigent vers Saint-Cloud et arrivent, le samedi saint, 28 mars 845 (nouveau style)[1], aux portes de Paris. La ville, sans défense, devient la proie des barbares, qui la noient dans le sang des vieillards, des femmes et des enfants. Tel est le récit des *Annales de Saint-Bertin*. Mais, suivant d'autres historiens, dont Mézerai a adopté l'opinion, beaucoup plus honorable pour les Parisiens et pour Charles le Chauve, les pirates, n'ayant pu se rendre maîtres de la Cité, ruinèrent les faubourgs

---

[1] Le vieux style plaçait à Pâques le commencement de l'année, que Charles IX a fixé définitivement au premier janvier. D'après cet ancien système de supputer le millésime, l'arrivée des Normands à Paris aurait eu lieu le dernier jour de l'an 844.

qui s'étendaient hors de l'île, pillèrent, dans les faubourgs de la rive gauche, l'abbaye de Saint-Germain des Prés et celle de Sainte-Geneviève, que le roi Clovis avait fondée sous le titre de Saint-Pierre du Mont. Le même sort atteignit aussi les maisons rustiques élevées sur la rive droite, autour de Saint-Germain l'Auxerrois, et sur la lisière de la forêt des Charbonniers, qui allait rejoindre celle de Rouvre (aujourd'hui le bois de Boulogne).

Regnier, surchargé de butin, prêta l'oreille aux propositions que lui fit Charles le Chauve et marchanda sa retraite. Moyennant une rançon de 7,000 livres pesant d'argent, il jura par Odin de ne plus rentrer en France, à moins d'y être rappelé comme auxiliaire. En regagnant le Danemark, il conquit une partie de la Frise et s'empara de Hambourg. Il rapportait une poutre de l'église abbatiale de Saint-Germain et un clou des portes de Paris. Il mourut, quelque temps après, de l'épidémie qui régnait parmi ses troupes, et les moines ne manquèrent pas de raconter qu'il avait succombé aux plus horribles souffrances, juste châtiment de ses impies déprédations.

Acheter ainsi la paix, c'était encourager d'autres barbares à tenter à leur tour une expédition. Au mois de décembre 856, une nouvelle flotte de Normands ravagea les rives de la Seine, établit une garnison à Oissel, en amont de Rouen, et navigua à pleines voiles vers Paris. Cette fois, les pirates ne furent même pas inquiétés et purent se livrer à leur aise aux plus grands excès. « Quelle affliction ! s'écrie Aimoin, le moine de Saint-Germain des Prés et le témoin de ces horribles scènes. Les Français furent mis en fuite sans combattre ; ils lâchèrent pied avant que le premier trait de flèche fût lancé, avant que les boucliers eussent été choqués. Les Normands savaient (nous l'avouons avec une profonde douleur) que les seigneurs francs n'avaient plus de courage. » Les *Annales de Saint-Bertin* disent que c'est à l'instigation de Pépin que vinrent les Normands, ses alliés, qui ruinèrent les environs de Paris, incendièrent Saint-Denis, Sainte-Geneviève et Saint-Germain des Prés. Sans doute, l'amertume des plaintes d'Aimoin contre la lâcheté des seigneurs était injuste, et se ressentait de l'irritation de voir l'abandon où ils laissaient les établissements religieux pour ne songer qu'à leurs propres querelles. La victoire de Fontenay, si chèrement achetée par les vainqueurs, si courageusement disputée par les vaincus, prouve assez que la bravoure n'avait pas fui du cœur des Francs.

En 861, tandis que Charles le Chauve avait à soutenir une lutte contre son frère Louis le Germanique, contre son propre fils Louis le Bègue et contre Herispoux, duc des Bretons, les Normands de la basse Seine s'étaient fortifiés dans l'île d'Oissel. Une flotte, partie de là, remonta le fleuve jusqu'auprès de Paris, dont les environs furent saccagés. Quelques historiens disent que la ville elle-même devint leur proie; mais on n'a sur cet épisode rien de précis ni d'authentique. Le roi, n'ayant pas de troupes à opposer aux barbares, fit alliance avec Weeland, qui commandait une armée de Normands et de Saxons, venus par la Marne et campés à Saint-Maur-des-Fossés, d'où il menaçait de son côté la capitale. Il lui permit de se retirer avec le butin qu'il avait fait à Meaux et dans plusieurs autres villes. Il lui versa même, à titre de subvention, une forte somme pour qu'il allât combattre les pirates d'Oissel, et qu'il les forçât à regagner leurs retraites du Nord.

S'il était difficile de compter sur les serments de ces aventuriers, c'était surtout en pareille circonstance. Au lieu de combattre et de chasser leurs compatriotes, les troupes de Weeland, après quelques jours de blocus employés à négocier, fraternisèrent avec eux, moyennant la cession d'une partie de leur butin, que l'on évalue à 5,000 livres d'or et 5,000 livres d'argent, somme énorme pour l'époque. Ils revinrent ensuite hiverner à Saint-Maur. Charles le Chauve, irrité, tenta cette fois un courageux effort pour dégager Paris. Il partit de Compiègne, d'autres disent de Senlis, où il avait convoqué une assemblée de comtes et de seigneurs, et il s'avança, à la tête de troupes considérables, pour s'emparer des principaux postes de la Marne et couper à l'ennemi la retraite. Les Normands, menacés d'être enveloppés et écrasés, capitulèrent, rendirent leurs prisonniers, évacuèrent le pays, et même quelques-uns s'enrôlèrent sous l'étendard royal. Weeland reçut le baptême avec la loi du vainqueur. Cet exploit valut aux Parisiens trois ou quatre années de paix. En 864 ou 866, les pirates reparurent dans les parages de l'embouchure de la Seine. Un détachement de 200 hommes remonta audacieusement de Pistres jusqu'aux environs de Paris, dans l'intention de faire une réquisition de vin et de vivres. Ils revinrent sans butin, dit l'histoire qui n'explique pas s'ils trouvèrent la ville dénuée de tout, ou s'ils éprouvèrent un échec.

Au printemps suivant, une flotte plus considérable s'avança jusqu'à Saint-Denis, où, ne trouvant pas de résistance, ils s'installèrent pendant plusieurs semaines pour piller le pays à loisir. On croit qu'ils n'osèrent attaquer Paris, parce que les travaux du grand pont commençaient à barrer le fleuve. Ils ne furent point, en tout cas, dérangés dans leurs déprédations. Une maladie, fruit de l'intempérance, délivra seule le pays de ces hôtes dangereux. Trois ans après, si l'on en croit un chroniqueur, les Normands revinrent, et Charles le Chauve eut recours aux négociations pour sauver Paris du pillage et obtenir qu'ils se retirassent.

Il leur paya une forte somme, et montra tant de faiblesse qu'ils eurent l'insolence de réclamer des prisonniers qui s'étaient échappés. Quelques-uns des leurs ayant été tués pendant l'armistice, ils exigèrent une indemnité considérable.

Paris, sorti de ces cruelles épreuves, jouit de quelques années de repos. La Cité, protégée par les deux bras du fleuve, qui lui servaient d'enceinte, n'avait pas eu besoin d'autres fortifications jusqu'à l'arrivée des Normands. Leur habileté comme marins et leur flotte nombreuse avaient forcé de changer le système de défense. C'est alors sans doute que furent élevés ou augmentés les ouvrages, remplacés plus tard par le Grand et le Petit-Châtelet, à la tête des deux seuls ponts de communication. En outre, Charles le Chauve fit construire à Pistres, près de Pont-de-l'Arche, un château fort qui défendait le passage du fleuve et couvrait les approches de Paris en aval. Il confia à Robert le Fort, bisaïeul de Hugues Capet, le gouvernement du duché de France, qui comprenait le pays entre la Seine et la Loire. Ce brave seigneur, digne souche d'une vaillante race, justifia ce choix, en remportant de nombreux avantages sur les Normands, dont il arrêta les progrès dans le Maine et dans l'Anjou. Quand il périt à Brissarthe, en poursuivant avec trop d'ardeur les troupes d'Hasting, sa mort ranima l'esprit de vengeance des Neustriens et des Bretons. Les Normands, assiégés dans Angers, et réduits à la dernière extrémité, arrachèrent à la faiblesse de Charles le Chauve un traité que ce prince célébra comme un triomphe (*Mémoire sur les invasions des Northmans*, par Paillard de Saint-Aiglan, préfet du Puy-de-Dôme, et ensuite du Pas-de-Calais, sous le second Empire, 1864-1870; *Bibl. de l'École des Chartes*, t. Ier, p. 343). Cet échec et les expéditions des Scandinaves en Angleterre laissèrent un moment de répit aux riverains de la Seine, qui en profitèrent pour achever de se fortifier.

On semblait alors n'avoir plus rien à craindre du côté de la Manche. Mais le péril ne fit que changer de direction. Malgré les victoires de Louis III et Carloman, l'invasion continua par l'Est et le Nord, et c'est de là que vinrent les armées de barbares contre lesquelles Paris eut à soutenir le siége mémorable de 885.

IV

Godefroi, chef des Normands et gendre du duc de Lorraine, est assassiné par trahison. — Sa mort exaspère ses compatriotes. — Ils viennent par terre mettre le siége devant la ville de Paris. — Après deux assauts infructueux, ils le transforment en blocus. — Inondation et destruction de la tour du Petit-Pont. — Henri de Bavière amène des renforts. — Il périt dans une embûche.— Charles le Gros, à la tête d'une forte armée, vient au secours de Paris. — Il campe à Montmartre et n'ose livrer bataille. — Il conclut un traité honteux, qui prépare sa déchéance. — Le comte de Paris écrase les Normands dans leur retraite par les défilés de l'Argonne.

On a souvent regardé comme étant le premier siége de Paris celui qu'il eut à soutenir, en 885, sous le règne de l'empereur Charles le Gros. C'est, en effet, le plus ancien qui ait complétement mérité ce titre par sa durée, par l'opiniâtreté de la défense, par la vaillance des assiégés, et par l'abondance des détails que nous en ont transmis les historiens. Il a même été chanté par le versificateur Abbon, moine de Saint-Germain des Prés, qui y avait assisté, et qui lui a consacré un poëme latin en deux chants, de plus de douze cents vers (*Historiens de France*, t. VIII, p. 4).

Tout le monde connaît l'existence de ce glorieux

épisode de notre histoire; mais peu de personnes en ont étudié les circonstances. De là se sont accréditées plusieurs erreurs, qui empêcheraient, au premier abord, d'apercevoir et de signaler la ressemblance entre la position de Paris en 1870, et celle de Paris il y a mille ans.

On se figure généralement, à cause des mots Normands et Normandie, que ce furent seulement des guerriers débarqués à l'embouchure de la Seine ou sur les côtes de la Manche, qui vinrent mettre le siége devant la capitale. Quelques mots suffiront pour rectifier cette croyance, pour éclairer ce point de l'histoire, et pour faire ressortir l'analogie entre les événements contemporains et ceux du siége de Paris, en 885.

Dès le règne de Charlemagne, les Danois, renforcés par les Saxons fugitifs, avaient attaqué et vaincu les Frisons, les Obotrites et quelques autres peuplades habitant le Hanovre, la Prusse et le Mecklembourg. A la faveur des guerres civiles des successeurs de ce prince, les barbares du Nord, contenus et même refoulés par ses armes, avaient repris l'offensive, et s'étaient jetés sur les provinces septentrionales de l'empire (Montesquieu, *Grandeur et décadence des Romains*, ch. XVI). L'Austrasie avait été longtemps à l'abri des incursions des Normands, qui dirigeaient leurs principaux efforts du côté du littoral de la Manche et de l'Océan. Mais, en 880, Godefroi et Sigefroi (Godefrid et Sigefrid), deux de leurs plus puissants chefs, s'étant emparés de la Frise et d'une grande partie des pays situés entre le Rhin et l'Elbe, avaient établi leur quartier général à Haslou-sur-Meuse, près Maëstricht, d'où ils avaient ravagé Cologne, Mayence, Bonn, Trèves et Metz. Le palais de Charlemagne, à Aix-la-Chapelle, avait été souillé par leurs grossières injures, et Charles le Gros s'était vu forcé de négocier.

Godefroi avait épousé Giselle, fille de Lothaire, roi de Lorraine, et de Valdrade, nièce de l'archevêque de Trèves, et sœur de l'archevêque de Cologne. Elle avait pour aïeul paternel l'empereur Lothaire, frère aîné de Charles le Chauve. Cette brillante alliance donnait à son mari des droits sur le royaume de Lorraine, dont il enviait d'autant plus la possession, que ce pays était limitrophe de ses États. Il avait pour compétiteur, ou pour mieux dire pour co-intéressé, Hugues, son beau-frère, qui, par les deux Lothaire, descendait de Louis le Débonnaire, son bisaïeul, et se trouvait ainsi, par ordre de primogéniture, chef de la famille de Charlemagne.

On prétendait, il est vrai, que le mariage de Valdrade était nul, parce que, pour l'épouser, Lothaire avait répudié sa première femme sous prétexte d'adultère et d'inceste. Mais ces causes de divorce étaient alors admises et les deux archevêques, l'un frère, l'autre oncle de Valdrade, avaient approuvé son union. Hugues et Godefroi, déjà maîtres d'une partie du royaume de Lorraine, revendiquaient donc d'un commun accord celle dont le roi Charles le Chauve et son frère Louis le Germanique s'étaient saisis après la mort de l'empereur Lothaire. Ils s'apprêtaient à faire valoir par les armes leurs réclamations. Charles le Gros feignit de vouloir traiter avec eux. Henri, duc de Saxe, conseiller de l'Empereur et chargé de négocier, attira Godefroi dans l'île de Bétau, sur le Rhin, indiquée comme lieu des conférences. Le chef normand s'y rendit sans défiance et avec une faible escorte. Il fut lâchement assassiné et les gens de sa suite subirent le même sort. Hugues, arrêté à Joinville ou à Gondreville, eut les yeux crevés et alla finir ses jours dans le monastère de Saint-Gall.

Une telle perfidie souleva les sujets de Godefroi et ralluma la fureur des Normands. Sigefroi, compatriote et parent de la victime de cette trahison, envahit par terre le pays des Francs (Depping, tome Ier, p. 261). Il s'avança à la tête de quarante mille hommes par les provinces Rhénanes, le Brabant et la Picardie. Il entra par les villes de la Somme et de l'Oise dans l'Ile-de-France, et sur sa route il vengea cruellement les mânes de Sigefroi. Il s'empara de Pontoise, où vint le rejoindre une flotte de sept cents bateaux chargés de machines et assez grands pour tenir la mer, quoique assez peu profonds pour remonter la Seine. Il demanda le passage libre aux Parisiens. Mais Gozlin, leur évêque, répondit qu'il ne pouvait lui livrer une capitale dont dépendait le sort du royaume. « Vous m'en refusez l'entrée? répondit Sigefroi. Mon épée me frayera le chemin. Nous verrons si vos tours sont à l'épreuve de mes machines et de la vaillance de mes soldats. » Aussitôt il fit les préparatifs du siége.

Paris, de son côté, se hâta de se mettre en état de défense. On acheva le grand Châtelet, qui n'était encore qu'en construction, et l'on y établit une garnison, ainsi que dans la tour qui gardait les abords du petit Pont de bois. Eudes ou Odon, fils de Robert le Fort et depuis roi de France, était alors comte de Paris. Il rallia autour de lui Robert, son frère, aïeul de Hugues Capet, le comte Ragenaire qui venait de soutenir dans Pontoise une longue lutte contre les Normands, Hascherie, frère du comte de Meaux, Hugues l'Abbé, marquis d'Anjou, et un grand nombre de vaillants seigneurs du duché de France et de la Neustrie.

Le 25 novembre 885, Sigefroi et Roll ou Rollon, celui qui devint plus tard duc de Normandie, arrivèrent devant Paris avec une armée considérable. Dès le lendemain, on mit en position les balistes ou mangonneaux pour jeter dans la place des pierres, des javelots et des matières incendiaires, on dressa des galeries couvertes ou mantelets (appelés aussi vignes, en latin *vineæ*) pour protéger les assiégeants et leur permettre d'avancer jusqu'aux pieds des murs et des tours qu'on voulait saper ou livrer aux flammes. Des brûlots furent lancés sur le fleuve, contre les ponts et les maisons que baignait la Seine, et derrière eux des bateaux étaient chargés de soldats armés de frondes, de flèches et de javelots pour empêcher les assiégés de voler au secours des endroits menacés et d'éteindre les incendies.

Ce premier assaut fut terrible et meurtrier. Une tour roulante, haute de trois étages, s'approcha de celle du grand Pont et abaissa sur elle un pont-levis. On combattit corps à corps, et, malgré leur bravoure et leur intrépidité, les assaillants furent repoussés. Mais ce ne fut pas sans grandes pertes, et l'évêque Gozlin lui-même fut légèrement blessé d'une flèche. A la fin de la journée, la tour du grand Pont était en mauvais état; les parapets avaient été ruinés, la plate-forme éboulée, et l'on ne pouvait plus lancer des traits sur l'ennemi que par quelques fenêtres. On répara pendant la nuit tous ces dégâts, et l'on construisit une solide charpente de poutres et de soliveaux, qui releva la tour aussi haute qu'elle était auparavant.

Le lendemain, quelle ne fut pas la surprise des assiégeants, quand ils virent que les Parisiens avaient rétabli tous les ouvrages détruits la veille. Il fallut recommencer l'assaut. Sigefroi, pour battre la muraille avec le bélier, fit avancer des galeries couvertes, dont le bois était revêtu de peaux d'animaux fraîches et garnies de poils. Mais les Normands avaient à peine atteint le pied de la tour, que ses défenseurs se servirent de lourdes solives, pointues et ferrées par un bout, pour défoncer les galeries, en les laissant tomber avec violence sur leur toiture. De larges brèches y furent bientôt faites, et les Parisiens jetèrent alors par ces ouvertures de la poix fondue, de l'huile bouillante et d'autres matières enflammées. Les premiers rangs des assaillants furent brûlés vifs ou se jetèrent dans la Seine pour éteindre le feu qui les consumait. Les autres, malgré les sarcasmes et les imprécations de leurs femmes, battirent en retraite, laissant derrière eux des monceaux de cadavres.

Sigefroi, renonçant à l'espoir de s'emparer de la ville par surprise, transforma le siége en une espèce de blocus, et la cavalerie se répandit dans les environs pour fourrager et faire des vivres.

Le comte Eudes profita de ce repos pour établir dans la ville un ordre et une discipline qui valaient les meilleurs remparts. L'évêque Gozlin ne se contentait pas d'animer le peuple par ses exhortations : on le voyait, le casque en tête, l'arc à la main, la hache à la ceinture, planter une croix sur les ouvrages les plus avancés. Ebles, son neveu, doué d'une force extraordinaire, combattait à ses côtés, provoquait les ennemis au combat et les poursuivait jusque dans leurs retranchements.

La cavalerie scandinave étant revenue et l'approche d'une armée de secours étant toujours à craindre, le chef normand résolut de donner un assaut général. Cette tentative fut encore moins heureuse que les précédentes. Il commanda de fausses attaques contre la ville et les ponts, mais ce fut surtout vers la Grande Tour qu'il dirigea ses efforts. Le comte Eudes partagea ses troupes en trois corps. Deux furent chargés de défendre les ponts, et avec le troisième, dont il conserva le commandement, il s'enferma dans la Grande Tour, où il soutint avec vigueur l'assaut de l'ennemi. Sigefroi, voyant qu'il ne pouvait se rendre maître de cette tour de vive force, fit entasser à ses pieds du bois, de la paille et d'autres combustibles. Mais le vent poussa la flamme sur les assaillants, et ce furent leurs galeries et leurs ouvrages qui furent incendiés. Les assiégés profitèrent de la confusion et de la terreur de leurs ennemis pour faire une sortie et répandre le carnage jusqu'aux portes de leur camp.

Le siége traînait en longueur. Chaque jour avaient lieu des escarmouches, des combats singuliers, dans lesquels les défenseurs ne le cédaient ni en vigueur ni en bravoure à leurs adversaires, qu'ils surpassaient en habileté dans le maniement des armes. Généralement, l'avantage leur restait dans ces luttes journalières. Un événement terrible vint jeter parmi les assiégés le deuil et la consternation.

Au mois de février, les grandes pluies grossirent la Seine et amenèrent une inondation. Les Parisiens se félicitaient de ce débordement, qui semblait devoir leur être favorable et les abriter des attaques de l'ennemi. Les Normands, en cherchant à combler le petit bras du fleuve, au sud de la ville, avaient encombré son lit de fascines, de terres, de cadavres de chevaux et de bœufs, et même, dit-on, de corps des soldats tués et des captifs qu'ils avaient égorgés. Les eaux, gênées dans leur cours, se ruèrent avec violence contre les piles du petit pont de bois qui communiquait avec la rive gauche. Elles les entraînèrent, et, par leur chute, la tour du petit Châtelet se trouva isolée de la ville et cernée, d'un côté par la Seine, de l'autre par les assiégeants qui occupaient le bas de la montagne Sainte-Geneviève.

A la vue de ce désastre, il s'éleva de Paris un immense cri de douleur et de consternation, que couvrirent les chansons joyeuses des hommes du Nord. Les défenseurs de la tour furent sommés de se rendre, mais ils rejetèrent cette proposition avec hauteur. Ils n'étaient qu'au nombre de douze, ces vaillants guerriers dont, par un glorieux hommage, l'histoire nous a conservé les noms. C'étaient Ermenfride, Hervé, Eriland, Odoacre, Erwig, Arnold, Soliès, Gozbert, Guy, Ardrade, Eynard et Goswin. Ils soutinrent pendant plusieurs heures tous les efforts des assiégeants, qui, ne pouvant pénétrer par la brèche, entassèrent des monceaux de paille, de bois et de résine, au pied de la tour, et y mirent le feu. Les douze braves, absorbés par les soins de la défense, ne purent arrêter les progrès de la flamme. Ils se retirèrent sur le pont, dont la première arche était restée debout, et continuèrent la lutte.

Sur l'autre rive, les Parisiens les encourageaient du geste et de la voix, et ils se voyaient, avec désespoir, dans l'impossibilité de les secourir. Cette poignée d'hommes devait finir par succomber sous le nombre de ses adversaires. Onze périrent. Hervé, que les chroniqueurs nous peignent comme un homme beau, bien fait de sa personne, rehaussant par ses avantages personnels l'éclat de son costume et de ses armes, fut fait prisonnier par les Normands, qui, le prenant pour un grand seigneur, espéraient en tirer une rançon. Mais il s'échappa de leurs mains, sauta sur une épée et vendit chèrement sa vie. La tour fut complétement rasée, et sa destruction n'offrit qu'une légère compensation des pertes que les Normands firent dans cette journée.

Plus le siége se prolongeait et plus les forces des Normands étaient décimées par les sorties des Parisiens, par les maladies et par les échecs qu'ils subissaient dans leurs excursions et leurs tentatives de ravitaillement. Les assiégés de leur côté avaient beaucoup à souffrir de la famine et des épidémies. L'évêque Gozlin et Hugues l'Abbé succombèrent à la fatigue et aux privations. Que faisait l'empereur Charles le Gros pendant qu'une de ses capitales était réduite par l'ennemi à la dernière extrémité? Il se prélassait au delà du Rhin, du côté de Francfort ou de Cassel, occupé de quelques intrigues de cour et de quelques affaires religieuses, et s'apprêtait à aller à Rome, où il passa en effet plusieurs mois.

Les historiens racontent que les Parisiens attendaient de jour en jour que l'armée impériale vînt enfin à leurs secours. « On apprend, dit l'un d'eux, que le comte Eudes est parti secrètement pour Metz. A cette nouvelle les bourgeois se croient abandonnés, la seule porte de Paris est gardée par les Normands de manière à ce qu'on ne puisse y pénétrer, et Eudes sera arrêté par cet obstacle s'il tente de rentrer dans la ville. » On tremble d'être obligé de négocier, lorsque reparaît le comte de Paris annonçant la prochaine arrivée d'un secours qu'il a obtenu de l'Empereur à force d'insistances. C'est Henri, duc de Bavière, qui l'amène. On profite d'un jour où une partie des troupes assiégeantes s'est répandue pour butiner dans les campagnes, l'on tente une sortie, qui permet aux renforts et aux convois de vivres d'entrer dans la place. Les Parisiens reprirent courage et les Normands, après plus de six mois de siége, ne furent pas plus avancés que le premier jour. Sigefroi découragé demanda à traiter. C'est dans une entrevue entre lui et Eudes comte de Paris que ce dernier craignit d'être victime d'une trahison. Il était convenu que chacun d'eux s'avancerait sans aucune escorte jusqu'à un tertre également distant des premiers postes de l'un et l'autre parti. Pendant la conférence, Eudes s'aperçut ou crut s'apercevoir que des soldats ennemis se glissaient à la faveur des fossés et des plis de terrain et qu'il allait être enveloppé. Il rompit les négociations. Ce fut sur l'abbé de Saint-Germain des Prés que Sigefroi se dédommagea, et il conclut avec lui un traité par lequel, moyennant une forte rançon, il promit de se retirer. Un refus eût entraîné le pillage de l'abbaye, qui, étant située hors de la ville, et n'ayant qu'une faible garnison, se trouvait à la merci des assiégeants.

Sigefroi tint parole et regagna avec une partie de ses troupes la Lorraine et la Frise. Mais plusieurs autres chefs normands continuèrent le siége. Henri de Bavière, qui avait déjà jeté des renforts dans Paris, revint à la tête d'un nouveau corps de troupes. Il se précipita vaillamment à travers le camp ennemi, passa sur le ventre de ceux qui cherchaient à lui fermer le passage et il était sur le point d'atteindre la tour du grand Pont, lorsque son cheval s'abattit dans une de ces fosses, recouvertes de branchages et de gazon, dont les assiégeants avaient semé les approches de la ville. Avant qu'il eût eu le temps de se relever, les Normands se précipitèrent sur lui et le massacrèrent. Ce fut sans doute, disent les chroniqueurs, une juste punition du ciel pour avoir occis traîtreusement jadis Godefroi et son escorte.

Sa mort jeta un peu de découragement parmi les Parisiens. Les assiégeants voulurent en profiter pour tenter encore un assaut général. Leur élan fut tel, qu'ils parvinrent avec leurs échelles à atteindre le haut d'une muraille. La ville allait être emportée. Un vaillant Parisien, nommé Gerbold ou Gerbauld, « petit de taille, mais grand de courage, » accourut avec cinq de ses compagnons, culbuta les premiers arrivés sur la plate-forme, renversa les échelles et mit en déroute les assaillants. Vaincus dans la lutte corps à corps, les Normands eurent recours à l'incendie et entassèrent du bois et de la paille devant l'entrée de la tour. Mais, tandis qu'un prêtre plante une croix sur les créneaux, les assiégés firent une sortie et se précipitèrent sur les ennemis avec une telle furie, qu'ils les mirent en fuite et leur infligèrent des pertes considérables. Deux de leurs chefs périrent et un grand nombre de soldats furent noyés dans la Seine ou passés au fil de l'épée.

Ce fut le dernier assaut. Les Normands découragés en revinrent au blocus.

L'empereur Charles le Gros, ayant appris la mort du duc Henri, son conseiller, se détermina enfin à marcher en personne au secours de Paris, à la tête d'une armée considérable. Ce prince, qui devait sa couronne à l'élection et à la confiance aveugle que les Français avaient eue dans cet indigne héritier du nom de Charlemagne, apparut sur les hauteurs de Montmartre (*Mons martyrum*, Mont des martyrs, qu'Abbon appelle Mont de Mars, Mons Martis). Campé dans cette position avantageuse, il eût pu attendre l'occasion d'écraser l'armée des assiégeants. Il croyait sans doute que la nouvelle de son approche suffirait pour les effrayer. Mais voyant qu'ils continuaient à faire bonne contenance, ce prince pusillanime aima mieux traiter avec eux que de tenter le sort des armes. Il consentit par une concession honteuse à leur verser une somme considérable et à leur laisser occuper la Bourgogne et la Champagne jusqu'à l'entier payement de cette espèce de tribut.

Les Parisiens, abandonnés à eux-mêmes, n'ouvrirent point leurs portes. Ils refusèrent d'acquiescer au traité de Charles le Gros, inquiétèrent les ennemis dans leur retraite et les obligèrent à transporter par terre leurs bateaux jusque dans la Marne, pour regagner la Champagne. Les Français ne tardèrent pas à prendre une revanche éclatante. L'année suivante, le comte Eudes marcha contre les Normands pour les expulser de cette province. Il les atteignit entre Verdun, Stenay et Montmédy et les écrasa dans les bois de Montfaucon à l'entrée des défilés de l'Argonne. Emporté par son ardeur, il faillit périr dans la mêlée ; un Normand lui asséna un coup de hache dont la solidité de son armure amortit la violence, et l'agresseur moins heureux fut terrassé par la masse d'armes de son adversaire. La déroute des ennemis fut telle, qu'à peine quelques débris de leur armée purent-ils, à la faveur de la forêt des Ardennes, regagner l'Allemagne du Nord.

Par cette longue et glorieuse défense, dont la durée varie, suivant les auteurs, de huit ou dix mois à trois ans, la ville de Paris avait inauguré ses grandes destinées et conquis le rang de capitale de ce nouveau royaume de France, dont la couronne allait être conférée à un chef national, le comte Eudes, premier roi de la dynastie capétienne.

Charles le Gros, chargé de haine et de mépris, honteux lui-même de sa lâcheté, alla cacher son déshonneur à Tribur, sur les bords du Rhin. Déclaré indigne de tenir une épée et solennellement déposé par le vœu unanime de ses sujets, il mourut le 12 janvier 888 dans un couvent situé sur les rives du lac de Constance, non loin d'Arenenberg.

Cet épisode mémorable des annales militaires de Paris fut la première phase de la décadence des Carlovingiens et de l'élévation de la race de Robert le Fort et de Hugues Capet au trône de France.

V

Siéges de Paris par Rollon, en 911. — Le chef scandinave négocie et obtient de Charles le Simple la cession de la Normandie. — Othon II, empereur d'Allemagne, vient camper à Montmartre en 978. — Il est forcé d'abandonner le siége. — Guillaume le Conquérant menace Paris en 1087.

Paris ne mérite pas, il est vrai, le surnom de *la Pucelle*, que l'on a donné à plusieurs autres villes de France, car il a vu plusieurs fois l'étranger dans ses murs. Mais, en toute justice, il peut réclamer celui d'*imprenable*; car, depuis qu'il a été fortifié par Charles le Chauve, il n'a jamais été pris d'assaut; et s'il a été vaincu, c'est à la famine qu'il a succombé, sort inévitable de toute place forte qui n'est pas secourue par des armées extérieures.

Les portes de la ville se sont quelquefois ouvertes comme pour Chilpéric, le mari de Frédégonde, après la mort de Sigebert; pour Gontran, après celle de Chilpéric; et pour le dauphin, pendant la captivité du roi Jean. Mais ils y entrèrent, sans coup férir, en légitimes possesseurs et non pas en ennemis. D'autres fois, comme sous le règne de l'infortuné Charles VI, et pendant les guerres civiles de religion, Paris reçut dans ses murs l'Anglais ou l'Espagnol. Mais alors, par suite des dissensions intestines, il s'était formé dans son sein plusieurs partis, dont un avait appelé l'étranger comme allié, comme auxiliaire.

Depuis le glorieux siége de 885, tandis que Rouen, Nantes, Bordeaux, Amiens, Arras et la plupart des grandes villes de France succombaient à leurs attaques, Paris, protégé par son fleuve, par quelques fortifications, et surtout par son patriotisme, opposait une résistance qui arrêtait les barbares. En 911, il eut à soutenir contre le célèbre Rollon un siége, pour lequel ce vaillant guerrier se reprit à deux fois sans pouvoir triompher du courage des Parisiens. Il est à remarquer que les invasions de barbares n'avaient plus alors, en général, le même caractère qu'aux temps gallo-romains et mérovingiens. Elles n'étaient point des tentatives de conquêtes, des essais d'établissement définitif. C'étaient plutôt de simples expéditions militaires pour rançonner l'ennemi et rapporter dans les pays septentrionaux, si froids et si pauvres, le butin fait dans des contrées mieux favorisées de la nature. Ils se conduisaient en cela bien différemment des Goths, des Vandales, des Francs, des Bourguignons, qui faisaient par terre leurs incursions sur l'empire romain. Ceux-ci étaient obligés, comme le remarque David Hume, d'emmener avec eux leurs femmes et leurs enfants, qui, sans cela, n'ayant pas l'espoir de les revoir promptement, auraient pu périr de misère en attendant un butin, dont ils avaient besoin pour subsister. Les Normands, vivant de la pêche, dans des pays incultes, s'étaient adonnés à la navigation. Ils faisaient des descentes par petites troupes avec leurs vaisseaux, ou pour mieux dire leurs bateaux ; ils ravageaient les côtes maritimes et les bords des rivières, et rapportaient promptement de riches dépouilles à leurs familles, dont ils n'auraient pu se faire accompagner dans des entreprises si hasardeuses.

Cette fois, c'est en conquérants que les Normands vont se présenter à nous. Un de leurs principaux chefs, nommé Rhou ou, si l'on veut, Rollon, dépouillé en Danemark de ses États, avait envahi l'Angleterre, et y avait soutenu une guerre acharnée contre Alfred le Grand. Un jour, dit un chroniqueur contemporain, que, victorieux et harassé de fatigue, il s'était endormi sur les bords de la Tamise, il eut un rêve, dont le sujet et l'interprétation rappellent celui de Joseph. Il se crut appelé par ce songe, que lui avait envoyé Odin ou Friga, à conquérir une partie de la France. Après avoir conclu une paix avantageuse avec le monarque anglais, il s'embarqua pour les côtes de la Neustrie. Jeté par la tempête dans les parages de la mer du Nord, il ravagea la Frise, la Flandre, le Haihaut, et gagna l'embouchure de la Seine. Il établit à Rouen (Versailles n'existait pas encore) son quartier général, et de là il envahit Clermont, Beauvais, Évreux, Mantes et Bayeux, sans éprouver de résistance sérieuse. Il n'est arrêté que sous les murs de Chartres, où il essuie un sanglant échec. Il se replie alors vers les rives de la Seine, et se dirige sur Paris. Le duc de Bourgogne et quelques autres puissants vassaux de Charles le Simple tentent d'arrêter la marche des guerriers normands ; ils éprouvent une grande défaite au confluent de l'Eure et de la Seine.

Le roi de France renonce à défendre sa capitale. Mais la ville de Paris, abandonnée à ses propres forces, oppose une si vive résistance, que Rollon commence à douter du succès, et que, profitant d'un prétexte honorable, il lève son camp, et il s'éloigne pour aller venger, du côté de Bayeux, l'échec d'un de ses lieutenants. Il revient bientôt victorieux et animé d'une nouvelle ardeur. Les malheureux Parisiens, quoique déjà épuisés par la première tentative des Normands, ne désespèrent pas pour cela du salut de leur cité, et ils réorganisent la défense.

Rollon, fatigué des lenteurs du siége, dont l'issue est encore incertaine, brûle du désir de retourner à Rouen, où il songe à établir sa domination définitive. Les riches vallées de la Seine, de l'Eure, de la Rille, de la Touques, la fertilité du sol, la douceur du climat, l'ont depuis longtemps séduit. Il a épousé la belle Pope, fille de Bérenger, comte de Bayeux; il n'a rien épargné pour se concilier l'amitié de l'archevêque de Rouen, auquel il a fait espérer sa conversion prochaine au christianisme. Il consent à négocier, par l'entremise du prélat, avec Charles le Simple. Ce prince, pour délivrer Paris et pour couvrir ses frontières maritimes le long de la Manche, consent à lui donner la main de sa fille Giselle. Comme dot, il lui cède toute la partie de la Neustrie, qui prit alors le nom de Normandie. Il ne lui impose d'autres conditions que d'embrasser la religion chrétienne et de le reconnaître pour son suzerain, en lui faisant, comme vassal, acte de foi et hommage.

Rollon se hâta d'accepter de si brillantes propositions, et ce honteux traité, monument de la pusillanimité de Charles le Simple, fut conclu à Saint-Clair-sur-Epte. Quelques jours après, il recevait l'investiture de son duché et chargeait un de ses principaux officiers de rendre le fameux hommage qui fit tomber le roi à la renverse. N'osant pas s'en fâcher, Charles prit le parti d'en rire et de tourner la chose en plaisanterie. Le nouveau duc de Normandie, dont tous les historiens célèbrent les excellentes qualités, gouverna avec un tel esprit d'équité, que l'on donne son nom pour étymologie à l'expression judiciaire : clameur de *haro*, soit parce qu'il s'appela quelquefois Harold, soit que le cri fût : à Rol ou à Rou ! Quant à Paris, quoique décimé par la guerre, la famine et les maladies, il ne tarda point à recouvrer sa prospérité ; et, cette fois encore, il sortit de la lutte sans la moindre souillure à sa couronne murale.

Cette cité prit alors une telle renommée de bravoure, que son nom seul produisait une impression profonde, un effet magique, et que plus d'une fois l'ennemi, en s'approchant de ses murs, s'est senti troublé, et quelque brave qu'il fût, il s'est retiré sans oser affronter le péril de la lutte. C'est ce qui arriva en 978. Le roi Lothaire, dont les États possédés en propre se bornaient au comté de Laon, avait pour frère cadet Charles de Lorraine, ainsi surnommé parce que l'empereur Othon II, ayant fait deux parts de la Lorraine, lui en donna une, à la condition qu'il lui en rendrait foi et hommage. Le roi, irrité de cet acte de soumission envers un ennemi de la France, et jaloux aussi peut-être de voir son frère puîné devenir plus riche et plus puissant que lui-même, partit subitement de Laon à la tête de l'élite de ses chevaliers, et arriva devant Aix-la-Chapelle avant que l'Empereur eût été averti de son approche. Othon, qui était à table avec l'impératrice, n'eut que le temps de s'enfuir, et Lothaire entra triomphalement dans le palais des empereurs d'Allemagne, où il acheva le repas commencé par son rival. Il y resta plusieurs jours à fêter son succès. Un héraut de son rival vint troubler sa joie en lui apportant un défi, et lui déclarant qu'Othon lui rendrait bientôt sa visite dans les murs de la capitale.

L'Empereur réalisa sa menace. Ayant publié le ban de guerre, il se mit en marche avec un cortége de 60,000 combattants, et, après avoir ravagé les diocèses de Reims, de Laon et de Soissons, il vint camper, le 1er octobre, sur les hauteurs de Montmartre, où, pour rendre bravade à bravade, il avait promis de faire chanter un *Alleluia*.

Il tint fidèlement parole. Des milliers de clercs entonnèrent le cantique pascal, et à chaque verset toute l'armée répétait en chœur l'*Alleluia*, dont les Parisiens purent entendre les échos, au point, dit le chroniqueur Baudry de Cambrai, qu'ils en furent assourdis. Mais rien n'ébranla le courage des braves habitants de la capitale. Au bout de trois jours, l'empereur Othon, dans la crainte d'une résistance désespérée, reprit la route de la Lorraine, sans oser, dit-on, assiéger la ville. Des historiens prétendent, au contraire, qu'il investit Paris, mais que des sorties vigoureuses, dirigées par Hugues Capet, alors simple duc de France, le forcèrent à lever le siége. Suivant le récit de Sithieu, Othon, s'étant un jour avancé au galop jusqu'aux fossés de la ville, darda sa lance contre la porte. Les Parisiens se précipitèrent au-devant de lui, à travers les flammes qui consumaient les faubourgs. Ils le mirent en fuite avec toute son escorte, dont faisait partie son neveu, qui périt dans l'action.

Toujours est-il qu'il battit en retraite, et qu'arrivé sur les bords de l'Aisne, il y trouva une armée que Lothaire s'était empressé de rassembler, et qui lui disputa le passage. On le poursuivit à travers la forêt des Ardennes, en l'attaquant surtout dans les défilés des montagnes et sur les rives des fleuves. Moins heureux au retour qu'en venant, il subit de telles pertes, qu'il ne ramena pas à Aix-la-Chapelle le sixième de son armée.

Dans cette campagne, Geoffroi, comte d'Anjou, surnommé Grisegonelle, parce qu'il portait une casaque grise, se signala par de si brillants faits d'armes, qu'il reçut en récompense la charge de grand sénéchal héréditaire de France. Une paix que Lothaire, vainqueur, accorda généreusement à l'empereur d'Allemagne, permit à la ville de Paris de réparer les désastres de la guerre.

Une raillerie et une bravade du même genre que celles de Lothaire et d'Othon fut sur le point d'attirer sous les murs de Paris les horreurs de la guerre et d'un siége en 1087. Car trop souvent les peuples portent la peine des fautes et des légèretés des princes. Le roi Philippe Ier, jaloux des exploits de Guillaume le Conquérant, laissa échapper devant ses courtisans un sarcasme contre son rival. Le monarque anglais avait beaucoup d'embonpoint. Philippe, dont l'esprit était caustique, ayant appris un jour qu'il était alité et à la diète, dit en plaisantant : « Quand donc accouchera-t-il ? » Rien ne se perd à la cour. Ce bon mot rapporté à Guillaume, dont il eût dû exciter seulement le rire, alluma une guerre cruelle. « Quand je serai accouché, dit-il avec emportement, j'irai faire mes relevailles à Sainte-Geneviève de Paris avec dix mille lances en guise de cierges. » Il tint parole ; à peine rétabli, pouvant difficilement monter à cheval, il part de Rouen, se met à la tête de son armée et ravage le Vexin, dont les vignes sont arrachées, les moissons foulées aux pieds des chevaux, les chaumières incendiées. Mantes, ayant été emporté d'assaut, fut réduit en cendres. Mais, en galopant à travers les décombres ardents, le cheval de Guillaume s'abattit et le blessa grièvement. Rapporté à Rouen avec une fièvre violente, le roi fut obligé de se faire conduire en litière hors de la ville, dont le bruit redoublait ses douleurs de tête. Il mourut au monastère de Saint-Gervais, le 9 septembre 1087, après six semaines de souffrances.

Paris avait préparé ses moyens de défense ; il était déterminé à opposer à l'ennemi la plus vive résistance, quand la nouvelle de la mort du roi d'Angleterre vint rassurer ses habitants et raffermir cette prospérité dont elle n'a cessé de jouir depuis Hugues Capet jusqu'à l'avénement de la première branche de Valois.

VI

Saint Louis, sur le point de tomber au pouvoir des seigneurs mécontents, est sauvé par les Parisiens en 1227. — Édouard III, roi d'Angleterre, menace Paris, en 1346. — Après la bataille de Crécy, au lieu de venir l'attaquer, il va mettre le siége devant Calais. — Vainqueur à Poitiers, en 1356, il reste trois ans avant de marcher sur Paris. — Il dévaste les environs de la capitale, mais il est obligé de négocier. — Traité de Brétigny. — Expédition de Robert Knolles en 1370.

Au treizième et au quatorzième siècle, Paris fortifié par Philippe Auguste, entouré d'une enceinte bastionnée et de fossés profonds communiquant avec la Seine, et, ce qui valait mieux encore, habité par une population belliqueuse qui avait fait ses preuves de patriotisme, était devenu si redoutable, que seul, sans secours extérieur, il suffisait pour maintenir l'ennemi en respect.

Lorsqu'en 1227, pendant la minorité de saint Louis, les grands seigneurs, ayant pour chefs le duc de Bretagne, le comte de Dreux, son frère, et Philippe Hurepel, le propre oncle du roi, se révoltèrent contre la régente et lui tendirent une embûche pour s'emparer de sa personne et de celle de son fils, ce fut à la fidélité et à la bravoure des Parisiens qu'elle fit un appel. Elle se hâtait de ramener le jeune prince dans la capitale et avait déjà atteint Montlhéry. Là, elle fut avertie par Thibaut, comte de Champagne, que l'armée des mécontents était campée à Corbeil et s'y trouvait bien supérieure en forces à sa faible escorte. Elle s'arrêta et envoya un message aux bourgeois de Paris pour les informer du danger qu'elle courait. Leur émotion fut grande, et tout ce qui était en état de porter les armes se leva en masse pour aller dégager le roi. Joinville, dans son style naïf, nous retrace ainsi cet épisode. « Et me compta le saint roy que il ne sa mère qui estoyent à Mont-le-Héry, ne ozèrent revenir à Paris, jusques à tant que ceulx de la ville les vindrent querre en armes, en moult grant quantité. Et me dist que dès le Mont-le-Héry estoit le chemin plein de gens en armes et sanz armes jusques à Paris, et que tous crioient à Nostre Seigneur que, il li donnast bonne vie et longue et le voulsist défendre et garder contre tous ses ennemis. » Malgré le nombre considérable des chevaliers réunis à Corbeil, la contenance des Parisiens leur inspira une si vive crainte, qu'ils n'osèrent tenter aucune entreprise contre le cortége royal, et saint Louis arriva sain et sauf dans sa capitale.

Cette réputation de bravoure et de patriotisme était telle, que, lors des guerres de la rivalité entre la France et l'Angleterre, maintes fois les armées ennemies victorieuses reculèrent devant la pensée de faire le siége régulier de Paris. C'est une des raisons qui peuvent servir à expliquer la conduite des Anglais lors de chacune des trois grandes batailles de Crécy, de Poitiers et d'Azincourt, qui mirent le royaume à deux doigts de sa perte.

Dans ces diverses journées si désastreuses, notre armée ayant été vaincue, ou, pour mieux dire, anéantie, nos adversaires auraient dû, ce semble, tenter de nous porter un dernier coup en marchant sur la capitale et faire au moins quelques efforts pour s'en emparer. L'entreprise paraissait d'autant plus naturelle et plus facile, qu'il ne restait à la France aucun corps de troupes à lui opposer. Telle ne fut point cependant la conduite des Anglais.

Ainsi en 1346, lorsque la guerre était dans une des périodes de sa plus grande intensité et que la lutte de Charles de Blois et du comte de Montfort, qui se disputaient le duché de Bretagne, avait partagé la noblesse française en deux camps, Édouard III, roi d'Angleterre, embrassa la cause du comte, qui avait invoqué sa protection et dont les partisans purent alors être considérés comme traîtres et alliés d'un ennemi de la France. C'est à ce titre qu'Olivier de Clisson, père du célèbre connétable, et quatorze autres seigneurs bretons, venus à Paris pour assister à un tournoi, avaient été arrêtés et condamnés à perdre la tête sur l'échafaud. Geoffroi d'Harcourt, chevalier normand, qui, soupçonné aussi de trahison, était tombé dans la disgrâce de Philippe de Valois, s'était réfugié en Angleterre.

Édouard, ayant préparé un grand armement, s'embarqua pour la Guyenne, dont une partie lui avait été enlevée par le roi de France. Mais les vents contraires le retinrent dans la Manche et, à l'instigation de Geoffroi d'Harcourt, il changea ses plans et se détermina à faire une descente sur les côtes de la Normandie. Le 12 juillet 1346, il débarqua à la Hogue dans le Cotentin, avec 20,000 hommes. En touchant au rivage, il tomba si rudement que le sang lui sortit par le nez. Plusieurs de ses officiers croyant y voir un mauvais présage, il leur dit avec assurance : « C'est fort bon signe pour moi, car cette terre me désire. » Ce trait n'est rapporté que par Froissart et peut très-bien ne lui avoir été attribué qu'en souvenir de l'aventure de Jules César débarquant en Afrique. C'était pour l'historien un moyen de grandir son héros, dont il est un admirateur passionné, et de le rapprocher du vainqueur de Pompée.

Cette invasion imprévue jeta la consternation dans Paris, et Philippe de Valois se hâta d'envoyer le connétable et le comte de Tancarville avec un corps de troupes dans la ville de Caen pour arrêter la marche des Anglais. Mais cette place fut emportée d'assaut à la première attaque.

Édouard III, après avoir ravagé la basse Normandie, mit à feu et à sang Louviers, Pont-de-l'Arche, Vernon, Mantes et Meulan. Le roi de France était venu à sa rencontre et surveillait sa marche en côtoyant la rive droite de la Seine. Quand Édouard arriva à Poissy, son adversaire se replia sur Saint-Denis pour couvrir la capitale. Il était temps, car déjà des détachements anglais pillaient et brûlaient Saint-Germain-en-Laye, Nanterre, Rueil, Saint-Cloud, Neuilly et la tour de Montjoie, nouvellement restaurée.

Paris s'était hérissé de défenses. On avait commencé à démolir dans les environs un certain nombre de maisons qui gênaient les travaux militaires ou dont les matériaux étaient nécessaires pour construire les fortifications. Les propriétaires ameutèrent le peuple, et leur opposition obligea de suspendre cette destruction, dont les événements démontrèrent l'inutilité.

Édouard s'arrêta devant la formidable majesté de cette capitale, et par ses lenteurs et ses hésitations il se laissa contraindre à battre en retraite devant les nombreux renforts qui arrivaient au roi de France. Il passa la Seine à Poissy le jour de l'Assomption, et, de peur d'être cerné, il gagna la Picardie, tandis que Philippe de Valois, trompé par de faux avis, concentrait ses troupes aux environs de Sceaux et d'Antony, croyant que l'ennemi se dirigeait de ce côté-là par les bois de Versailles, de Clamart et du Plessis-Piquet.

Quelques jours après, Édouard, vainqueur à la bataille de Crécy, qui servit de tombeau à l'élite de la noblesse française, n'avait plus qu'à revenir sur ses pas ; il aurait trouvé la capitale réduite à ses propres ressources. Cependant il n'osa pas. Au lieu de mettre le siége devant Paris, il alla faire celui de Calais, devenu si célèbre, et, après la reddition de cette place, il s'empressa de conclure une trêve et de retourner en Angleterre.

En 1356, à la bataille de Poitiers, où le roi Jean fut fait prisonnier et où périt notre armée entière, la déroute commença par la panique de Landas et de Saint-Venant, gentilshommes auxquels était confiée la garde du jeune fils du roi, et qui, « trop occupés, dit David Hume, des fonctions de leur charge, ou de leur propre sûreté, le retirèrent de la mêlée, l'emmenèrent précipitamment à Chauvigny, et donnèrent ainsi l'exemple de la fuite, qui fut bientôt imité par le reste de l'armée. » La nouvelle de ce désastre jeta la consternation dans toute la France, qui restait sans roi et sans défenseurs. Il fallut, afin de pourvoir au salut du pays, convoquer les états généraux.

Étienne Marcel, prévôt des marchands, répara les fortifications de Paris, plaça du canon sur les remparts, barricada les rues, fit, sur la rive droite, commencer une enceinte qui comprenait les quartiers Saint-Antoine et Saint-Paul, restés jusqu'alors simples faubourgs. On songeait déjà à remplacer la porte Saint-Antoine par une Bastille. Mais les travaux de ce monument célèbre ne furent commencés qu'en 1369, sous Aubriot, prévôt des marchands. Malgré les désastres de la France, au lieu de s'occuper à les réparer, l'assemblée des états réclamait des réformes politiques et présentait un énorme cahier de doléances. Cette démarche, en face des Anglais victorieux, était un grand péril. La capitale tomba dans une profonde anarchie ; on formula des plaintes ; on dressa des listes de proscrits ; on accueillit avec mépris les chevaliers et les gentilshommes échappés au désastre de Poitiers ou mis en liberté sur parole. On les accusa de trahison ou de lâcheté. Bientôt on massacra les maréchaux de France Robert de Clermont et Jean de Conflans.

Pendant deux ans, Paris, dominé par les mutins, fut le théâtre de la sédition et de la guerre civile. Charles le Mauvais, roi de Navarre, que les factieux avaient tiré de la prison de Crèvecœur, en Cambrésis, où il était détenu par ordre de Jean le Bon, se mit à la tête des mécontents de la capitale. Le dauphin, déclaré régent par le parlement, se retira à Sens, où il vit accourir et se ranger autour de lui une foule de seigneurs fidèles. Il vint camper à Chelles, puis entre Vincennes et Charenton. Les bourgeois se hâtèrent d'achever les murs d'enceinte, qui commençaient à la Bastille et finissaient à la tour de bois du Louvre. Ils fermèrent toutes les portes du côté de l'Université, sauf celle de la rue Saint-Jacques, et l'on creusa des fossés en dehors des murs, depuis le quai des Tournelles jusqu'aux pieds de la tour de Nesle. Ils continuaient d'affirmer en même temps qu'ils n'avaient pas pris les armes contre leur seigneur légitime, sans renoncer toutefois à se défendre dans le cas où ils seraient attaqués.

Le régent, pour éviter l'effusion du sang et faire rentrer néanmoins les Parisiens dans le devoir, s'avança à la tête de 30,000 hommes, dont 7,000 lances, et les assiégea, dit Froissart, « par devers Sainct-Antoine, contre val la rivière de Seine. Et estoit logé à Sainct-Maur et ses gens là environ, qui couroient tous les jours jusques à Paris. Et se tenoit ledict duque de Normandie (c'est ainsi que le chroniqueur appelle toujours le dauphin) une fois au pont de Charenton, aultre fois à Sainct-Maur, et ne venoit rien ni entroit à Paris de ce costé, ni par terre, ni par eau ; car le duque avait pris les deux rivières de Marne et de Seine. » Cette sorte de blocus vers la haute Seine, par laquelle surtout s'approvisionnait la capitale, ne tarda pas à faire sentir ses effets aux bourgeois, qui commencèrent à murmurer contre le prévôt des marchands. Il y eut aussi quelques escarmouches, dont la plus importante fut livrée hors la porte Saint-Antoine, près de la Grange-aux-Merciers, où les troupes du régent eurent l'avantage.

Le roi de Navarre, voyant se relever le parti du dauphin, se retira avec ses troupes dans la plaine Saint-Denis ; « le plus cortoisement qu'il put, et là tenoit-il aussy gran foison de gens d'armes aux sols et aux gages des Parisiens. En ce point furent-ils bien six semaines, » le duc de Normandie et le roi de Navarre, sans rien faire l'un contre l'autre. Une députation des bourgeois de Paris alla supplier le régent de revenir dans leurs murs et de rétablir le calme par sa présence. Le dauphin avait alors trop peu de confiance dans la sincérité de leur repentir pour accueillir leur demande. Le roi de Navarre continuait, de son côté, à négocier ; mais ce prince, qui ne reculait devant aucun méfait, aucune perfidie, avait fait entrer dans Paris quelques troupes anglaises. Leurs désordres excitèrent une telle irritation, qu'une partie de cette soldatesque étrangère fut massacrée ; l'autre se sauva à Saint-Denis, auprès du roi de Navarre, d'où ils commencèrent à harceler avec acharnement les Parisiens, qui n'osaient plus « issir, ni vider des portes, tant les tenoient les Anglois en grande doubtance. »

Fatigués de ce triste état de choses, les bourgeois de Paris obligèrent, le 22 juillet, jour de la Madeleine, le prévôt des marchands à marcher avec eux contre les ennemis campés à Saint-Cloud et à Saint-Denis.

Ils sortirent au nombre de 1,600 cavaliers et 8,000 fantassins, et se partagèrent en deux corps d'armée. L'un, sous la conduite d'Étienne Marcel, se dirigea, par la porte Saint-Denis, vers Montmartre, où, soit inhabileté, soit trahison, il resta toute la journée sans combattre. « Or advint, dit Froissart, que le prevost des marchands, ennuyé d'estre sur les champs et de n'y avoir rien faict, » rentra à Paris vers le soir. L'autre division, dirigée du côté de Saint-Cloud, rencontra une poignée d'Anglais à l'entrée du bois de Boulogne. Les Parisiens, croyant n'avoir affaire qu'à cette petite troupe, s'avancèrent avec confiance. La lutte était à peine engagée, qu'une nuée d'ennemis, embusqués derrière les massifs, fit irruption. Les bourgeois lâchèrent pied, et dans leur retraite ils perdirent plus de 600 hommes.

Froissart dit que quand ils furent surpris, « ils s'en revenoient par troupiaux, ainsui que tous lassez, hodez (fatigués) et ennuyez. Et portoit l'ung son bacinet en sa main, l'aultre à son col, les aultres par lascheté (lassitude) et ennuy traisnoient leurs espées ou les portoient en escharpe; et tout ainsui se maintenoient et avoient pris le chemyn pour entrer à Paris par la porte Sainct-Honoré. Si trouvèrent de rencontre ces Angloys au fond d'un chemyn, quy estoient bien quatre cenz, tous d'une sorte et d'un accord, quy tantost escrièrent les Françoys et se férirent contre eulx de grant volonté et les reboutèrent moult durement ; et en y eust de première venue abattus plus de deux cenz.

« Ces Françoys quy furent souldainement pris et quy nulle garde ne s'en donnoient, furent tous ébahis et ne tindrent point de conroy (ordre) ; ains se misrent en fuite et se laissièrent occire et decouper ainsuy que bestes ; et refuioient quy mieulx povoient devers Paris ; et en y eust de mort en ceste chasse plus de sept cenz ; et furent tous chassiés jusques dedans les barrières de Paris. De ceste advenue fust moult blasmé le prevost des marchands de la communaulté de Paris ; et disoient que il les avoit trahis.

« Encores a lendemain au matin, advint que les prouchains et les amys de ceulx quy mors estoient, issirent de la ville pour eulx aller querre à chars et à charrettes, et les corps ensevelir. Ains les Angloys avoient mis une embusche sur les champs ; si en tuèrent et meshaignèrent (blessèrent) de rechief plus de six vingts. »

Les Parisiens ne savaient plus à qui se fier. Le roi de Navarre, Étienne Marcel, leur étaient également suspects. Un événement imprévu précipita le dénoûment de la situation. Le prévôt des marchands s'apprêtait à livrer aux Anglais les clefs de la porte Saint-Antoine dans la nuit du 31 juillet 1358, lorsqu'il tomba sous les coups de Jean et Simon Maillard, l'un échevin, l'autre bourgeois de Paris. Si l'on s'en rapporte au texte de plusieurs manuscrits de Froissart, il semblerait que ce fut aux chevaliers Pépin des Essarts et Jean de Charny que reviendrait tout le mérite de cet acte. Mais, malgré les contradictions apparentes des différentes chroniques, il est facile de les concilier; car il paraît que Josseran de Mâcon, trésorier du roi de Navarre et complice d'Étienne Marcel, fut tué en même temps que lui dans son hôtel, situé près de l'église Saint-Eustache. Il y avait donc eu à la fois besogne pour les deux Maillard et pour les deux chevaliers.

Trois jours après, le dauphin, régent, rentra dans Paris au milieu des acclamations universelles. Le roi de Navarre, plus furieux que jamais, appela comme auxiliaires le captal de Buch et Robert Knolles, célèbre capitaine anglais. Il envoya provoquer le prince et les Parisiens à livrer bataille. Voyant que son défi n'était pas accepté, il dévasta Saint-Denis et Montmorency avant de se retirer vers Melun, où il mit garnison.

Il s'empara également de Mantes, de Meulan, et de Creil. Alors maître de la Marne, de la Seine et de l'Oise, il étendit ses ravages dans toute l'Ile-de-France, et tint Paris bloqué par terre et par eau. La famine réduisit la capitale à une extrême détresse. « On vendoit ung tonnelet de harengs trente escus et toutes aultres choses à l'advenant; et mouroient les petites gens de faim, dont c'estoit grant pitié. »

Pour sortir de cette horrible situation, les Parisiens réclamèrent une expédition contre la ville de Melun. Le régent se mit à leur tête, convoqua une assemblée de chevaliers et d'écuyers au nombre d'environ 3,000 lances, et se munit de pierriers et de toutes les espèces d'engins de siége. Ces déploiements de force, bien plus sans doute que les prières de la reine douairière, veuve de Philippe de Valois, amenèrent le roi de Navarre à négocier; et plusieurs assauts meurtriers ayant réduit la ville de Melun à la dernière extrémité, il s'empressa de conclure la paix avec le dauphin.

Il n'eût tenu qu'au prince de Galles de profiter de ces dissensions intestines. Il lui eût été d'autant plus facile, sans doute, de triompher des Parisiens, que les fauteurs de désordre et de sédition sont les premiers à se dérober au moment du danger. Il craignit peut-être de ramener l'union parmi ses adversaires. Quoi qu'il en soit, après la bataille de Poitiers, il s'était hâté de conclure une trêve de deux ans, et d'aller faire à Londres son entrée triomphale, escorté du roi prisonnier.

Ce fut seulement au mois d'octobre 1359 qu'Édouard vint débarquer à Calais, avec son fils le prince Noir, pour se venger du refus que fit le dauphin de ratifier le traité de paix consenti par le roi Jean.

A la première nouvelle de ce projet, une foule d'aventuriers étaient venus se ranger sous ses étendards, « car chacung pensoit tant avoir à gaigner en France que jamais ne seroient pauvres; et par espécial les Allemands, qui sont plus convoiteux que aultres gens. » Mais le roi d'Angleterre ayant été retardé par les grands préparatifs de cette expédition, tous ces seigneurs allemands mercenaires tombèrent dans un profond dénûment, et beaucoup d'entre eux furent obligés de vendre jusqu'à leurs chevaux et leurs équipements.

Le dauphin, en attendant qu'il eût à opposer à l'ennemi des forces suffisantes pour tenir la campagne, se hâta de mettre les villes en état de défense, de les pourvoir de vivres et de munitions, d'y faire concentrer les denrées et les bestiaux et abandonna à l'ennemi les pays plats, qui ne pouvaient plus servir à son ravitaillement. Les Anglais traversèrent l'Artois et la Picardie, entrèrent en Champagne et se présentèrent devant Reims, où Édouard III voulait, dit-on, se faire sacrer et couronner roi de France. La résistance qu'il rencontra sous les murs de cette ville détermina ce prince à se diriger par la Bourgogne et le Nivernois du côté d'Orléans et d'Étampes. Il comptait, dit-on, en se rapprochant de Paris, sur la réussite d'une conspiration qui s'y tramait en sa faveur.

Il ravagea sur sa route la Beauce et le Gâtinais. L'armée campa aux environs de Longjumeau, et le roi d'Angleterre s'établit au château de Chanteloup, entre Montlhéry et le village de Châtres (aujourd'hui Arpajon). Quelques négociations et propositions d'armistice étant restées sans résultat, Édouard III rapprocha de Paris son quartier général et il vint loger au Bourg-la-Reine, d'où il envoya au régent de France un héraut chargé de le défier à la bataille. Cette bravade resta sans réponse. Les Anglais espéraient, en portant l'incendie et la dévastation dans les environs de Paris, contraindre leurs adversaires à livrer le combat. Les faubourgs Saint-Marcel, Saint-Germain et Notre-Dame-des-Champs furent incendiés. Le dauphin, des fenêtres de son hôtel Saint-Pol[1], pouvait apercevoir la lueur des flammes ; mais il disait sans s'émouvoir : « Laissons-les se fatiguer, ces enragés, nous en aurons bientôt meilleur marché. » Campés à Châtillon, à Montrouge, à Vanves, à Cachan, à Vaugirard, les ennemis venaient chaque jour provoquer les Parisiens jusque sous leurs murailles. Messire Gauthier de Mauny, à la tête d'une troupe de chevaliers anglais, fit une chevauchée à la barrière Saint-Jac-

---

[1] M. Duruy dans une de ses histoires de France (Hachette, 1861) place par erreur ces événements en 1369 sous le roi Charles-le-Sage. Il est en contradiction avec David Hume, le continuateur de Nangis, Froissart, les chroniqueurs de France et tous les autres historiens.

ques, d'où il fut vigoureusement repoussé, « adoncques se retraist (retira) le sire de Mauny et en ramena ses gents à leur logis. »

Ne pouvant réussir par la force, les Anglais eurent recours à la ruse. « Si se misrent en embusche bien deux cents armures de fer, toutes gens d'eslite Angloys ou Gascons en une maison vuide, à trois lieues de Paris. » Le captal de Buch commandait l'entreprise. Quelques jeunes et vaillants chevaliers de la garnison de Paris, tels que Raoul de Coucy, les sires de Waziers et de Waurin, le châtelain de Beauvais, Raoul de Rayneval, messires de Vaudreuil, le Haze de Chambly, Pierre de Sermaise, Philippe de Savoisy, sortirent secrètement de Paris pour inquiéter la retraite des Anglais. Ils tombèrent dans le piége ; mais, sans se déconcerter, ils soutinrent cette attaque imprévue avec tant d'énergie, que Froissart lui-même n'ose affirmer qu'ils furent vaincus et dit qu'il y eut de part et d'autre « maintes belles appertises d'armes. »

On raconte aussi que 1,200 habitants du village de Châtres et des hameaux voisins s'étaient réfugiés dans le monastère de Saint-Maur des Fossés, dont l'église avait été transformée en une véritable forteresse. La petite garnison, pressée par l'ennemi, se retira dans une tour contiguë à l'église ; mais tout fut la proie des flammes. A Toury, entre Étampes et Orléans, les paysans se cantonnèrent dans des baraques de bois, construites au pied d'un château fortifié. Mais un Anglais ayant mis le feu à une maison abandonnée, le vent qui soufflait avec violence fit voler des étincelles sur les toits de ces cabanes. L'incendie se communiqua avec une telle rapidité que tous les malheureux périrent au milieu des flammes. Leurs cris attendrissaient l'ennemi lui-même ; mais il ne fut pas possible de les secourir. Dans Paris, la famine commençait à se faire sentir. Les gens des campagnes environnantes, qui y étaient venus chercher un refuge, erraient par les rues sans pain et sans asile : le setier de blé valait 48 livres parisis.

Les assiégeants, de leur côté, souffraient beaucoup de la famine et des maladies. Mais Édouard III s'opiniâtrait à ne vouloir traiter que dans Paris. Le duc de Lancastre lui représenta, dit David Hume, que, malgré ses succès inattendus, le but de la guerre, fût-il la conquête de la France, n'était pas plus rapproché qu'au moment où l'on avait pris les armes ; qu'au contraire les victoires mêmes l'avaient rendu plus éloigné ; que la continuation des hostilités n'inspirait aux Français qu'un sentiment unanime de haine et de vengeance implacable ; que, quoique des discussions intestines eussent agité le pays, elles tendaient à se dissiper et à se calmer de jour en jour ; que, de deux choses l'une, ou les troubles actuels de la France continueraient à la désoler, et alors ses dépouilles ne vaudraient pas la peine d'être disputées, ou le calme se raffermirait, et dans ce cas le sort de la guerre pourrait tourner en sa faveur ; qu'enfin il valait mieux accepter des mains de la paix ce qu'une guerre heureuse et brillante, mais très-ruineuse, n'avait encore pu procurer; qu'après avoir porté si haut la gloire de ses armes, Édouard ne devait plus aspirer qu'à l'honneur d'une modération d'autant plus précieux et durable qu'il assure des avantages plus réels. (Changez les noms et les dates, et vous croirez en être à l'histoire contemporaine.)

Ces raisons persuadèrent le roi, qui consentit à négocier, et signa quelque temps après le traité de Brétigny, le 8 mai 1360.

Mais, pour donner à sa conduite une apparence plus merveilleuse, il feignit d'avoir fait, à l'occasion d'un violent ouragan qui détruisit hommes et chevaux, le vœu à Notre-Dame de Chartres de sacrifier son ressentiment, ses prétentions et son amour de la gloire, au bien de l'humanité. Froissart assure, en tous cas, qu'ayant eu l'honneur de voir Édouard III et de lui parler, ce prince lui avoua l'impression que l'orage avait faite sur lui.

La paix, signée à Brétigny, fut aussi avantageuse que les Français pouvaient l'espérer en pareille occurrence, et Paris eut droit de se flatter d'avoir fortement contribué à sa conclusion.

Par ce traité, le roi d'Angleterre avait promis de renoncer à ses prétentions sur la couronne de France, et on devait lui céder en toute suzeraineté la Guyenne, qu'Éléonore, après son divorce, en 1152, avait apportée en dot à Henri II, père de Richard Cœur de lion. Ces deux clauses, restées sans exécution, devinrent un motif de rupture entre les deux royaumes. En 1370, Édouard III, cité à comparoir devant la cour des pairs, dit la chronique de Froissart, avait répondu au roi de France, son suzerain : « Nous irons volontiers à Paris, mais le bassinet en tête et avec 60,000 hommes. » La vieillesse du monarque anglais et la maladie de langueur dont était atteint son fils, le prince Noir, qui ne pouvait plus se tenir en selle, les empêchèrent de réaliser cette menaçante promesse.

Cependant, un corps d'armée de 30 à 35,000 hommes, sous les ordres de Robert Knolles, débarqua à Calais, traversa la Picardie et entra dans l'Ile-de-France. Mais si ces troupes se présentèrent aux portes de la capitale, ce ne fut que dans l'espoir d'attirer les habitants hors de leurs murs et de les forcer à livrer bataille.

L'ennemi « brûla, dit Mézeray, les environs de Paris, fit entendre ses trompettes jusqu'aux portes du Louvre, sans que néanmoins la fumée de ces incendies ni le bruit de ces fanfares pussent émouvoir le sage roi à rien hasarder, ni à laisser sortir un seul de ses gens de guerre en campagne. » Selon d'autres chroniqueurs, les Anglais offrirent la bataille entre Villejuif et Châtillon. Mais, n'ayant pu réussir à engager une action générale, ils se répandirent dans les villages environnants et poussèrent leurs incursions jusque dans le faubourg Saint-Marcel, où ils se mirent à *s'esbaudir* et à se donner grand *soulas*.

Dans une de ces orgies, quelques soldats de Robert Knolles, des Gascons sans doute, proposèrent un genre d'attaque, digne de la défense, dirent-ils. S'étant avancés jusqu'à une portée de trait de l'enceinte de Paris, en guise de flèches, ils décochèrent des espèces de quenouilles. Une troupe de Bretons gardait de ce côté les remparts. Exaspérés par cette insulte, les braves compagnons d'armes de Du Guesclin ne purent se modérer plus longtemps. Malgré les ordres du roi, ils firent une sortie, et, tandis qu'une partie des leurs attaquait de front par la porte Saint-Marcel, l'autre s'avançait par le faubourg Saint-Jacques et, tournant vers la gauche, coupait la retraite de l'ennemi. Sur les 700 Anglais qui s'étaient répandus de ce côté, quelques-uns à peine purent regagner leur campement.

Cet échec et l'inutilité de leurs efforts pour faire accepter la bataille générale découragèrent les troupes de Robert Knolles. Elles n'étaient point, de beaucoup, assez nombreuses pour oser tenter le siège régulier d'une place qui comptait tant et de si vaillants défenseurs. D'ailleurs, la disette commençait à se faire sentir, et les campagnes dévastées offraient peu de ressources de ravitaillement. Robert Knolles s'éloigna de Paris, traversa la Beauce et alla camper dans le Maine, où il fut poursuivi et atteint par Olivier de Clisson et le connétable Du Guesclin. Taillés en pièces à diverses reprises, les Anglais ne parvinrent qu'en petit nombre à gagner la Guyenne, où ils prirent leurs quartiers d'hiver.

Quelques bourgeois de Paris, qui s'étaient mêlés aux rangs des Bretons et qui avaient pris part à l'action du faubourg Saint-Marcel, avaient eu l'occasion de signaler leur valeur, dans ce fait d'armes, qu'on ne saurait, à la rigueur, décorer du nom de siége. Ils eurent encore l'honneur de verser leur sang pour la bonne cause dans cette glorieuse campagne du Maine.

On voudrait pouvoir ne point parler du siége de 1429, dont le récit ternit une page des annales parisiennes, que l'on serait heureux au moins de déchirer. Mais il ne nous sera pas possible de passer sous silence cet événement militaire, rendu trop célèbre par la blessure que reçut Jeanne d'Arc en attaquant cette ville, alors rebelle à son roi.

VII

Troubles de la minorité de Charles VI. — Révolte des Maillotins. — Factions des Bourguignons et des Armagnacs. — Paris est au pouvoir des cabochiens. — Le duc de Bourgogne s'allie aux Anglais. — Siége de Paris par le duc d'Orléans, en 1411. — Traité de Troyes. — Jeanne d'Arc assiége Paris en 1429. — Elle est blessée sur les remparts. — Les assiégeants se retirent. — Le traité d'Arras rouvre à Charles VII les portes de Paris.

Nous aurions voulu pouvoir présenter comme les derniers siéges de Paris ceux que cette ville avait soutenus si glorieusement contre Édouard III en 1359 et en 1370, lorsque la destruction de l'armée française à la bataille de Poitiers, la captivité du roi Jean et les discordes civiles soulevées à la suite de ce désastre, mirent le royaume à deux doigts de sa ruine complète. La vaillante résistance de la capitale avait été le salut de la France et avait fait arracher à l'ennemi le traité de Brétigny, qui, malgré des clauses onéreuses, était un véritable bienfait pour la nation. Paris pouvait donc, avec une fierté bien légitime, rappeler cet épisode si honorable de ses annales.

Malheureusement, ce fut la dernière fois que, dans les siècles passés, il fit un noble usage de ses forces pour repousser les assauts de l'étranger envahisseur. Sans cesser d'être braves, si ses habitants vont lutter encore avec succès, ce ne sera plus par dévouement pour la plus sainte cause, celle de la défense de la patrie. Paris ne combattra, du haut de ses remparts, qu'à l'état de ville rebelle, ayant plus d'une fois accueilli dans son sein l'Anglais ou l'Espagnol.

Dès les premiers mois du règne de Charles VI, les Parisiens s'étaient révoltés contre le régent, le duc d'Anjou, qui, pour les apaiser, leur promit d'abolir les impôts aussitôt après le sacre du roi. L'inexécution de cette promesse ramena de nouveaux troubles. Les marchands des Halles s'opposèrent à la perception des subsides. L'émeute grandit ; on enfonça les portes de la Maison de Ville, aux cris de : « Liberté ! liberté ! » et l'on pilla l'Arsenal, où se trouvaient un grand nombre de massues ou maillets, dont le nom fit donner aux séditieux le nom de Maillotins. Il fut question d'aller rompre le pont de Charenton pour fermer le passage aux troupes du roi ; mais l'on craignit de ne point arriver avant elles.

Hugues Aubriot, l'ancien prévôt des marchands, qui avait fait construire le Petit-Châtelet, la Bastille, le pont Saint-Michel, gémissait alors dans les prisons de l'Évêché ; on l'en arracha ainsi que plusieurs autres détenus, et on voulut le choisir pour capitaine, honneur auquel il se déroba, en prenant la fuite la nuit suivante, et se retirant à Dijon, sa ville natale. Le roi, qui venait de faire rentrer Rouen dans le devoir, se rapprocha de Paris, et frappa d'une contribution toutes les fermes et les maisons de campagne des environs. A la suite d'une conférence dans l'abbaye de Saint-Denis, on conclut un accommodement, par lequel une pleine et entière amnistie fut accordée aux Parisiens, moyennant une somme de 100,000 francs, à titre de présent. Ce don servit à l'expédition de Flandre de 1382, illustrée par la victoire de Rosebecque. A son retour, au lieu de faire une entrée triomphale, le roi fut forcé de se présenter devant Paris, comme s'il marchait au combat. Les barrières furent brisées à coups de hache. On enleva les chaînes des rues; on occupa militairement les principales places de la ville, car les habitants s'étaient révoltés de nouveau pendant l'absence du roi, et avaient voulu abattre la maison royale de Beauté-sur-Marne, où résida plus tard Agnès Sorel. Quelques exécutions capitales et quelques condamnations commuées en amende achevèrent de pacifier la ville.

La maladie du roi, frappé d'aliénation, et la rivalité des ducs d'Orléans et de Bourgogne amenèrent de nouveaux troubles en 1405. De véritables hostilités ne commencèrent cependant que cinq ans plus tard, lorsque, après la mort de Philippe le Hardi, oncle du roi, son fils, Jean sans Peur, se rendit maître de Paris.

Le duc de Berri, son adversaire, vint camper à Vincestre, que, par corruption, l'on appelle aujourd'hui Bicêtre, et où il possédait un magnifique château. Le duc d'Orléans, dont le père avait été assassiné rue Barbette, se logea à Gentilly, et avec leurs forces réunies ils poussèrent leurs reconnaissances jusqu'aux faubourgs Saint-Marceau et Saint-Jacques.

Les Parisiens levèrent à leurs frais des milices pour faire la garde de la ville et la défendre contre les princes, ce qui ne les empêcha pas d'être obligés de fournir des logements aux gendarmes bourguignons. Les hôtels des présidents et conseillers au parlement eux-mêmes ne furent point exonérés de cette charge. Toutes les nuits, pour éviter une surprise, on allumait des feux sur les remparts et dans les rues, et la garnison du pont de Charenton fut renforcée de 200 hommes.

Saint-Cloud fut dévasté par l'armée des deux princes, tandis que celle d'Antoine, duc de Brabant, frère de Jean sans Peur, entra dans Saint-Denis, où elle vécut à discrétion, menaçant chaque jour de piller l'abbaye royale. Il se livrait sous les murs de Paris, du côté surtout de l'Université, de fréquentes escarmouches. Ces petits combats partiels n'amenaient aucun résultat décisif, et la guerre civile menaçait de traîner en longueur, si le manque de fourrages et la mauvaise saison n'avaient engagé les deux partis à conclure un accommodement, proposé par le roi de Navarre. Ce traité fut nommé la paix de Bicêtre.

Le calme ne fut pas de longue durée. L'année suivante, les factions des Bourguignons et des Armagnacs déchirèrent le royaume. Paris, au pouvoir des cabochiens, se couvrit de meurtres, et un grand nombre de bourgeois, entre autres le prévôt des marchands, Charles Culdoc, s'enfuirent de la ville, préférant abandonner leurs maisons au pillage que de rester témoins de ces scènes sanglantes. Le duc d'Orléans, dont l'armée était en Picardie, traversa l'Oise et assiégea Saint-Denis, qui fut obligé de capituler. Cette nouvelle et la perte du pont de Saint-Cloud, enlevé par surprise jetèrent la consternation parmi les Parisiens. Ils demandaient à grands cris au comte de Saint-Pol d'être menés au combat. Quatre cents bourgeois, malgré les ordres de ce connétable, firent une sortie et tombèrent dans une embuscade, où ils furent taillés en pièces. On cria alors à la trahison. L'étendard du comte de Saint-Pol flottait sur la porte Saint-Denis; le peuple l'arracha et le mit en pièces.

Le duc de Bourgogne n'avait pas eu honte de conclure une alliance avec les Anglais et de les introduire dans le royaume. Craignant le mauvais effet d'une telle conduite sur l'esprit patriotique des Parisiens, il partit de Ham, dont il venait de s'emparer, et marcha sur Pontoise avec deux mille archers et six cents hommes d'armes. Tandis que, trompés par cette manœuvre, les Armagnacs venaient à sa rencontre pour lui barrer le passage, il tourna à l'ouest, traversa la Seine au pont de Meulan, et trois mille hommes de milice de Paris étant venus au-devant de lui par les bois de Clamart et de Versailles, il entra dans la ville sans avoir rencontré d'obstacle. Dès le lendemain, il attaqua les postes de Montmartre et de la Chapelle. Les Bretons, à la garde desquels ils étaient confiés, les défendirent avec courage; mais ils furent vaincus par le nombre, et les Parisiens victorieux rentrèrent par la porte Saint-Denis, traînant avec eux plusieurs prisonniers.

Ce succès avait exalté l'orgueil et la confiance des milices. Pour en profiter, le duc de Bourgogne voulut tenter de reprendre la position de Saint-Cloud, que les ennemis avaient fortifiée et avaient confiée à la garde de quinze cents gentilshommes de Bretagne et d'Auvergne. On prépara secrètement des bateaux qu'on remplit d'artifices pour faire sauter le pont, pendant qu'on donnerait l'assaut à la place. Au milieu de la nuit, le duc de Bourgogne sortit par la porte Saint-Honoré et traversa la forêt de Rouvre (aujourd'hui le bois de Boulogne). Les brûlots, entraînés par le courant, descendirent le fleuve avec tant de rapidité, qu'ils arrivèrent avant les troupes et ne produisirent que peu d'effets. L'attaque par terre fut si brusque et si vigoureuse, que les retranchements furent emportés d'assaut et la garnison fut prise ou mise en fuite. Cet échec découragea le duc d'Orléans, qui leva le siége de Paris et se retira du côté de Pithiviers.

Deux ans plus tard, en 1416, la faction des cabochiens recommença ses violences. Ils investirent la Bastille, où s'était réfugié Pierre des Essarts, le prévôt des marchands, qu'on soupçonnait d'être dévoué aux Armagnacs. Le duc de Bourgogne lui persuada de se rendre, et il fut conduit au Châtelet, où l'on instruisit son procès. On l'accusa de concussion et de trahison. Il fut condamné à avoir la tête tranchée et son corps fut pendu au gibet. La pacification de Paris eut lieu quelques jours après.

La guerre ayant éclaté entre la France et l'Angleterre, les dissensions civiles s'apaisèrent. La désastreuse bataille d'Azincourt plongea la capitale dans une nouvelle consternation. Les vainqueurs n'étaient qu'à quelques journées de distance. On s'empressa de jeter les débris de l'armée française dans Melun, Corbeil, Saint-Denis et les autres places fortes des environs. Malgré la défense qui avait été faite aux princes du sang d'entrer dans Paris pour éviter les dissensions intestines, le duc de Bourgogne voulut s'y présenter; mais il ne s'avança pas au delà de Lagny, qu'il saccagea et d'où il fut obligé de s'éloigner. C'est au sobriquet que les Parisiens donnèrent à Jean sans Peur en cette circonstance, que l'on attribue l'origine du dicton : « Jean de Lagny, qui n'a point de hâte. »

En 1417, le duc de Bourgogne, qui n'avait pas cessé d'entretenir des intelligences secrètes avec plusieurs bourgeois de la capitale, fut sur le point d'y entrer par surprise. Il s'était avancé à la tête de six mille hommes jusqu'aux portes du faubourg Saint-Marceau, qui devaient lui être ouvertes. Mais le prévôt Tanneguy du Chastel en fut averti, et lorsqu'à l'heure convenue, Hector de Saveuse, conduisant l'avant-garde, se présenta à la barrière, il fut reçu par une nuée de flèches et obligé de se replier sur Montrouge, où campait l'armée bourguignonne. Les sorties et les escarmouches se succédèrent pendant toute une semaine. Jean sans Peur, renonçant à l'espoir de s'emparer de la capitale, tourna ses armes contre Marcoussis, Dourdan, Palaiseau, et plusieurs autres châteaux des environs, qui tombèrent en son pouvoir. L'année suivante, il fit une nouvelle tentative contre Paris. Le 28 mai 1418, Perrinet le Clerc, fils d'un quartenier, déroba à son père les clefs de la porte Saint-Germain, qu'il ouvrit au seigneur de l'Isle-Adam, gouverneur de Pontoise pour le duc de Bourgogne. Une fois maîtres de la ville, les Bourguignons commirent les plus grands excès contre les Armagnacs. Les archevêques de Tours, de Reims et cinq autres prélats furent jetés en prison. Beaucoup de gentilshommes furent massacrés. Tanneguy du Chastel essaya quelques jours après de prendre sa revanche. Comme son parti était resté en possession de la Bastille, il entra sans obstacle par la porte Saint-Antoine. Mais, arrivé à la place Baudoyer, il se vit assailli par le peuple et par les troupes du maréchal de l'Isle-Adam. Obligé de battre en retraite, laissant sur le terrain trois ou quatre cents des siens tués ou blessés, il se réfugia dans la Bastille, qui, n'espérant plus être secourue, capitula deux jours après. Les cabochiens célébrèrent leur victoire par d'horribles massacres, dont le chancelier Henri de Marle, le connétable d'Armagnac, le comte de Grand-Pré et tous les prélats récemment arrêtés furent les principales victimes. Le meurtre de Jean sans Peur au pont de Montereau donna un nouvel aliment à la fureur des partis, et le nouveau duc de Bourgogne, son fils, n'hésita plus à traiter avec les Anglais et à entraîner le roi dans cette alliance.

Après vingt ans de séditions, de révoltes et de guerres civiles dans les murs de la capitale, la reine Isabeau, cette princesse allemande, mauvaise épouse et mère dénaturée, dont la Bavière dota la France, avait, par le traité de Troyes du 21 mai 1420, au préjudice du dauphin, son fils, cédé la ville de Paris, et même l'expectative de la couronne de son mari, avec la main de Catherine, sa fille, au roi d'Angleterre Henri V.

Déchirée par les factions, la capitale avait ouvert ses portes sans résistance à l'étranger.

Charles VII, retiré, soit à Chinon, soit à Bourges, s'y plongeait dans l'indolence et les plaisirs, malgré les viriles exhortations de sa femme Marie d'Anjou, si vertueuse et si dévouée. Le jeune roi perdait on ne peut plus gaiement son royaume. Le ciel, pour sauver la France, suscita Jeanne d'Arc. Orléans n'avait pas tardé à être arraché aux étreintes des Anglais. Meung, Janville, Toury, Marchenoir, étaient rentrés en notre possession, et, guidée par l'étendard de la vierge de Domremy, l'armée française, à travers soixante lieues de pays occupés par l'ennemi, avait conduit le roi à Reims, où il fut sacré le 17 juillet 1429.

Jeanne, dont la mission était terminée, aspirait au bonheur de regagner son humble chaumière. Charles VII fit tant d'instances, qu'elle consentit à rester à la tête de notre armée. « A Paris ! à Paris ! » s'écriat-elle alors. Mais les vainqueurs d'Orléans, de Jargeau et de Patay, qui n'avaient pas reculé devant la téméraire expédition de Reims, hésitèrent à marcher sur la capitale. Ils se dirigent sur Soissons, Laon, Creil, Compiègne et Beauvais, dont ils délogent les garnisons anglaises. Enfin, après s'être emparé de Saint-Denis et de la Chapelle, ils arrivèrent, le 26 août, sous les murs de la capitale. On avait mis trente-neuf jours pour venir de Reims à Paris. Cette perte d'un temps précieux ne permettait plus au roi d'espérer de prendre par surprise la ville revenue de sa première stupeur. Charles VII établit son quartier général à Montmartre et perdit encore deux semaines à faire ses préparatifs de siége.

Il n'existait alors sur la rive gauche de la Seine que des faubourgs, protégés par les fortifications et surtout par le pieux respect dont les abbayes de Sainte-Geneviève et de Saint-Germain des Prés étaient entourées. D'ailleurs, la ville, de ce côté, avait pour défense la Seine, qui reliait entre elles les forteresses de la Tournelle, du Petit-Châtelet et de la porte de Nesle. Sur la rive droite, où s'étendaient les quartiers Saint-Paul, Saint-Martin, Saint-Denis et Saint-Honoré, la partie à l'orient et au nord était sous la protection de la Bastille, du Temple et du Châtelet. Le côté le plus faible était celui de la porte Saint-Honoré, située alors à l'endroit où est aujourd'hui la place du Théâtre-Français. Ce fut donc vers ce point qu'on résolut de diriger l'attaque.

Jeanne d'Arc, toujours animée d'une ardeur impatiente, pressait vivement le roi d'ordonner l'assaut. « Gentil dauphin, lui disait-elle, il n'est plus temps de délibérer, mais d'agir. » Son désir fut enfin satisfait.

Le 8 septembre, un corps d'armée, sous les ordres du duc d'Alençon, se présenta au nord de la ville, à la barrière Saint-Denis, afin d'opérer une diversion, tandis que Jeanne d'Arc, avec une troupe de chevaliers, dirigerait l'assaut du côté de la porte Saint-Honoré. Armée de pied en cap, tenant à la main son étendard fleurdelisé, elle franchit un boulevard, premier retranchement, construit en avant du marché aux Pourceaux, où s'élève aujourd'hui le quartier de la butte Saint-Roch. Elle fait placer les coulevrines sur cette hauteur pour battre les murailles, et, à la tête d'une troupe de gens de pied, elle marche vers la brèche, chasse devant elle les Anglais, que sa vue frappe d'épouvante. La lutte était acharnée, « chascung faisoit de son mieulx et par espescial le seigneur de Sainct-Vallier, Dalphinois, fist tant que luy et ses gens alèrent bouter le feu au boulevart et à la barrière Sainct-Honoré. » C'est en ce moment que la Pucelle, suivant un de ses interrogatoires, dut désarmer un chevalier anglais et lui enleva sa riche épée. Il y avait à craindre que les Parisiens ne fissent une sortie. Le duc d'Alençon et le comte de Clermont s'embusquèrent derrière la butte Saint-Roch; mais leur précaution fut inutile. Les assiégés étaient serrés de trop près et trop vivement battus en brèche pour songer à prendre l'offensive. La Pucelle arrive à la seconde ligne de fossés, dont les eaux baignent le rempart, et dont elle sonde la profondeur avec la hampe de sa bannière.

« Des fagots ! des fascines ! » demande-t-elle à grands

cris, pour faire un pont et pour atteindre les murailles. Elle se hasarde sur ce passage périlleux. Elle appelle à la rescousse son gentil dauphin ; mais le roi ne paraît point, et ses compagnons d'armes ne la soutiennent que mollement. Elle crie aux Parisiens : « Rendez-vous! car se ne vous rendez avant qu'il soict la nuict; nous y entrerons par force, veuillez ou non ; et tous serez mis à mort sans mercy. » (*Journal d'un bourgeois de Paris.*) A cette injonction, les assiégés répondent par de grossières injures. Un trait d'arbalète lui perce la cuisse et la renverse baignée de sang, sur le talus, à l'endroit où ont été bâties depuis les maisons, aujourd'hui démolies, entre la rue des Frondeurs et la rue du Rempart, en face de l'entrée du Théâtre-Français.

Malgré sa douloureuse blessure, qui l'empêche de se tenir debout, elle agite son étendard et cherche à rallier les siens. Mais les chefs eux-mêmes, jaloux peut-être de sa gloire, restent sourds à sa voix. Abandonnée, disent quelques chroniqueurs, elle demeure étendue par terre, et c'est vers le soir seulement que le duc d'Alençon vient la relever et la ramener à Saint-Denis, où elle déposa son armure sur la châsse du saint patron. Une autre version plus vraisemblable dit que, loin de l'abandonner, La Hire, Dunois, Xaintrailles et l'élite des chevaliers luttèrent avec acharnement pour l'empêcher de tomber aux mains des Anglais. Mais

Jeanne ne voulut pas quitter le champ de bataille avant que la nuit eût ôté tout espoir d'emporter la place d'assaut. Elle se montra moins sensible à la souffrance de sa blessure qu'à la perte de sa bonne épée de Notre-Dame de Fierbois, dont la lame s'était brisée dans le combat.

Cet échec répandit la consternation et le découragement parmi les assiégeants. Paris était une ville trop grande et trop forte pour qu'on pût espérer s'en emparer par un coup de main. Elle s'était trop compromise et jetée avec trop d'ardeur dans la rébellion et dans le parti des Bourguignons et des Anglais, pour ne pas résister jusqu'à la dernière extrémité. Les environs, dépouillés de leurs récoltes, qu'on s'était empressé de rentrer dans les magasins d'approvisionnement, rendaient difficile le ravitaillement de l'armée. Enfin, il importait alors à Charles VII de conquérir l'affection de son peuple par la douceur, plutôt que de le subjuguer par les rigueurs d'une guerre à outrance.

Quatre jours après l'assaut de la porte Saint-Honoré on leva le siége et l'on se dirigea vers Saint-Denis par la Grange-des-Mathurins et les Porcherons, qui furent dévastés. Le lendemain, on prit la route de Meaux et l'on traversa Chelles et Lagny-sur-Marne, dont les habitants avaient député au roi quelques notables pour l'assurer qu'ils étaient prêts à faire leur soumission.

Après avoir résisté avec succès, en 1429, à l'armée

de Charles VII, conduite par Jeanne d'Arc, la ville de Paris, loin de voir son sort s'améliorer, avait été cruellement punie de sa persévérance dans la rébellion et le désordre. En levant le siége, les troupes avaient conservé une partie de leurs positions dans l'Ile-de-France. Lagny, défendu par Chabannes de la Palice, Xaintrailles et la Pucelle d'Orléans, avait repoussé deux fois les attaques de l'ennemi. Cette place continuait à empêcher l'arrivage des vivres par la Marne ; l'occupation de la Brie et de la Champagne troyenne, arrosées par la Seine en amont de Paris, celle de l'Ile-de-France, du Vexin et de la haute Normandie en aval, celle de la Beauce et de l'Orléanais au midi et à l'ouest, rendaient très-difficile le ravitaillement de la capitale. Les courses des divers partis français, anglais, bourguignons, achevaient de ravager le pays et interceptaient les convois. La disette permanente, qui régnait depuis trente ans dans Paris, au point, nous dit-on, que les marchés publics restaient fermés, dégénéra bientôt en véritable famine.

Il serait difficile de préciser avec détail toutes les péripéties de cette guerre d'invasion compliquée d'une guerre civile. On retrouve difficilement son chemin au milieu des marches et des contre-marches. Telle ville, telle place forte, comme Saint-Denis, Pontoise, Crespy et Saint-Valery, furent prises et reprises, assiégées et réassiégées jusqu'à quatre et cinq fois. Monstrelet, les *Chroniques de France* et les autres historiens contemporains, beaucoup plus sobres de récits que nos écrivains modernes, ne relatent que les faits principaux et souvent encore ils se contredisent. Ils ne s'accordent que pour représenter sous les couleurs les plus sombres le tableau de nos campagnes. La dévastation était telle, que l'auteur des *Chroniques de France*, avec un peu d'exagération sans doute, rapporte « qu'il ne demoura en tout le païs de Caux, homme ny femme, sinon les garnisons qui gardoient les forteresses. »

Pour mettre un terme à ces horribles calamités dont tous les partis finissaient par se fatiguer, des conférences eurent lieu à Arras. Un légat du saint-siége, dans son discours d'ouverture, exhorta, au nom de la religion et de l'humanité, les négociateurs « à faire des requestes, si courtoises et si raisonnables qu'ils se pussent accorder les uns avec les autres. » Mais dès le début tout espoir de conciliation s'évanouit en présence des propositions inadmissibles des Anglais. Ils demandaient à conserver toutes leurs conquêtes, et sous prétexte d'éviter de nouvelles ruptures et d'obtenir des garanties certaines pour l'avenir, ils exigeaient une rectification de frontières, par laquelle ils augmentaient encore leur territoire, vu l'infériorité des enclaves qu'ils proposaient de céder en échange des nôtres.

Les envoyés du roi d'Angleterre se retirèrent, et le duc de Bourgogne, détachant sa cause de la leur, conclut à Arras avec Charles VII, le 21 septembre 1435, un traité de paix particulier que, dans leur colère, ses anciens alliés appelèrent une trahison, un acte de perfidie. La mort de la reine Isabeau de Bavière et celle du duc de Bedfort portèrent aussi un coup funeste à la domination des Anglais, qui, ne pouvant conserver Saint-Denis, qu'ils venaient de reprendre, rasèrent ses fortifications et ne laissèrent debout que les murailles et une tour de l'abbaye.

Déterminés à tenter l'attaque de Paris, les divers corps d'armée de Charles VII s'emparèrent de Creil, de Beauvais, de Clermont, de Poissy, de Meulan, de Corbeil, dont les garnisons anglaises se replièrent sur la capitale. Pontoise tomba au pouvoir du maréchal Villiers de l'Isle-Adam, qui s'introduisit par surprise dans la place, pendant que ses défenseurs étaient sortis pour fourrager et faire des réquisitions.

Les Français se logèrent aussi à Saint-Denis après avoir livré avec avantage deux combats, l'un du côté de la vallée de Montmorency, l'autre près du Bourget, dans lesquels l'ennemi perdit chaque fois cinq à six cents hommes. La prise du château de Vincennes et du pont de Charenton acheva de resserrer le cercle de fer qui entourait Paris, dont les habitants se trouvèrent livrés par ce complet investissement à la merci des troupes de lord Villoughby, gouverneur pour le roi d'Angleterre.

Les Parisiens, ainsi bloqués de tous côtés, tourmentés par la cherté des vivres et par le joug d'un gouvernement tyrannique plus insupportable encore que la famine, commençaient à se repentir vivement et à soupirer en secret après le jour de leur délivrance. Mais, loin d'éclater en murmures, ils n'osaient pas formuler le moindre mécontentement, de peur d'être exposés aux accusations des délateurs.

Il régnait une méfiance générale. Quiconque était soupçonné d'entretenir des intelligences avec les gens du roi se voyait dénoncé, traité en espion, jeté dans les fers comme un traître et livré au supplice. Monstrelet et le *Journal de Charles VII* rapportent qu'on fit exécuter plusieurs bourgeois dont l'attachement était suspect. D'autres furent mis dans des sacs et précipités la nuit dans la Seine.

Malgré la grandeur du péril, le prévôt des marchands et quelques bourgeois se dévouèrent au salut général et nouèrent des négociations avec le connétable de Richemont pour implorer l'amnistie en faveur de leurs concitoyens. Ces démarches ne pouvaient rester si secrètes qu'il n'en transpirât quelque chose. Villoughby publia une défense, sous peine de mort, d'approcher des remparts. Il exigea que tous les habitants prêtassent un nouveau serment de fidélité, et désormais nul ne put sortir sans la croix rouge, signe de ralliement des Anglais. Tant de précautions ne firent qu'accélérer l'exécution du complot, qui fut fixée au vendredi 13 avril 1436.

Le connétable, accompagné du maréchal de l'Isle-Adam, du bâtard d'Orléans et d'une poignée de braves, aussi minime que possible pour éviter aux Parisiens les horreurs du pillage et d'une prise d'assaut, marcha toute la nuit, et vint se poster à la pointe du jour derrière le couvent des Chartreux de la rue d'Enfer. Il se présenta à la barrière Saint-Michel; mais on cria du haut des murs à son avant-garde qu'elle ne pouvait s'ouvrir et qu'il fallait se hâter d'aller à la porte Saint-Jacques, car « l'on besoignoit pour eux dans le quartier des halles. » Le connétable se dirigea de ce côté, et assura les bourgeois qui le gardaient de l'amnistie générale promise. On ouvrit une poterne, par laquelle des gens de pied s'introduisirent, et allèrent briser les chaînes du pont-levis pour donner passage à la cavalerie.

Déjà le maréchal de l'Isle-Adam, longtemps dévoué aux Bourguignons et désireux de racheter sa faute, s'était saisi d'une échelle, et, parvenu sur le rempart, il y avait arboré la bannière de France, aux cris de : « Victoire! ville gagnée! » auxquels les bourgeois répondaient par ceux de : « Vive la paix! » Les Anglais courent aux armes et veulent se retrancher dans les environs des halles. Ils s'écrient : « Saint Georges ! saint Georges ! sus aux Français. » Mais ils sont contraints de se replier de rue en rue du côté du quartier Saint-Antoine. Ils sont poursuivis, écrasés par les pavés et les meubles qu'on leur jette du haut des maisons. A mesure qu'ils reculent, on tend des chaînes, et le peuple, enhardi, s'empare de quelques pièces de canon, qui les forcent à se réfugier dans la Bastille, laissant sur le terrain plus d'un tiers des leurs.

Willoughby, découragé, pressé par la famine et par le manque de munitions, s'estima heureux d'obtenir, le surlendemain, une capitulation, qui lui permettait de se retirer en Normandie avec les honneurs de la guerre.

On fit sortir la garnison anglaise par les dehors de la ville, du côté du nord, pour la soustraire aux insultes de la populace, et ils allèrent s'embarquer du côté d'Argenteuil, pour descendre à Rouen par la Seine. Ces précautions n'empêchèrent pas la foule de se porter sur les remparts de la porte Saint-Denis pour voir défiler et pour narguer ceux qui naguère encore les faisaient trembler.

Malgré sa délivrance de l'ennemi, Paris eut encore longtemps à souffrir de la misère, de la disette et des maladies contagieuses.

De sages conseils détournèrent le roi de revenir immédiatement dans la capitale ; et, pour ne pas insulter au malheur de ses habitants par des fêtes et des réjouissances inopportunes, ce fut à Tours que se célébra, au mois de juin 1436, le mariage du dauphin avec Marguerite d'Écosse.

Le roi Charles VII ne fit sa rentrée dans Paris qu'au mois de novembre de l'année suivante. Il fut accueilli par des cris de joie et par les signes les plus sincères et les plus unanimes de l'allégresse populaire. Cette réception était bien naturelle après trente ans de dissensions intestines et seize ans de domination étrangère.

VIII

Guerre du Bien public. — Le comte de Charolais établit son quartier général à Saint-Denis. — Il tente plusieurs attaques contre la capitale. — Il va à Longjumeau au-devant des ducs de Berri et de Bretagne. — Louis XI vole au secours de Paris. — Bataille de Montlhéry. — Les princes viennent de nouveau assiéger la capitale. — Le roi se jette dans la place et les force à négocier. — Armistice et traité de Conflans.

Il y avait dix ans à peine que l'expulsion définitive des Anglais et la pacification générale du royaume permettaient à la France de goûter un repos bien nécessaire, lorsque l'ambition du frère de Louis XI et de plusieurs autres princes ralluma la guerre civile. Sous le spécieux prétexte du « bien public, » il se forma une ligue puissante qui adopta ce titre, prit les armes et proclama la suppression des impôts. On se hâta de donner les ordres les plus précis pour mettre les villes en état de défense contre les rebelles.

Charles de Melun, gouverneur de Paris, ayant reçu des bourgeois un nouveau serment de fidélité et les protestations les plus vives d'un profond attachement, leur donna des armes, augmenta le guet, rétablit les chaînes au coin des rues, mura les portes, à l'exception de deux, assigna aux milices leur poste et fit entrer dans la ville pour plusieurs mois de vivres. Une compagnie d'hommes d'armes, sous les ordres du maréchal Rouhault de Gamaches, vint renforcer la garnison. Pour montrer aux Parisiens combien il était satisfait de leur zèle, Louis XI leur envoya une députation de quatre de ses principaux officiers, chargée de les complimenter et de leur annoncer que « la reine viendrait faire ses couches à Paris, sa ville bien-aimée. »

Le comte de Charolais avait été le premier des princes rebelles prêt à entrer en campagne. Au mois de juin 1465, il s'avança à la tête de soixante mille combattants, traversa la Somme, se rendit maître de Roye, de Montdidier, de Pont-Sainte-Maxence, et de là il se répandit dans l'Ile-de-France. Il établit son quartier général à Saint-Denis, où il avait donné rendez-vous aux autres confédérés. Il les y attendit une quinzaine de jours, se bornant, comme distraction guerrière, à quelques escarmouches, que des « enfants perdus » (c'était ainsi qu'on nommait alors des éclaireurs envoyés en avant des armées) engagèrent du côté du faubourg Saint-Denis et de la porte Montmartre. Il espérait qu'une partie de la population se déclarerait en sa faveur et lui ouvrirait les barrières. Mais il n'y eut pas le moindre mouvement dans l'intérieur, et il n'arrivait aucune nouvelle de l'approche des autres chefs de la ligue du *Bien public* : on annonçait au contraire, pour ranimer le courage des assiégés, que l'armée de Louis XI, après s'être assurée du Bourbonnais et du Berry, venait d'Orléans et des bords de la Loire au secours de la capitale.

Malgré la crainte de nuire à notre propre narration, nous ne pouvons résister au désir de citer comment le continuateur de Monstrelet raconte avec naïveté cette première journée. « Li comte fist ruer sur la chaucie (chaussée) deux ou troys serpentines, qui effrayèrent ceulx de la ville, combien qu'ils ne blescièrent personne qu'on sceust. Li comte s'estoit mys devant toute la bataille et alla jusques à ung molin assez près de la ville de Paris, lesquels de Paris se attendoient qu'on deubt les assaillir...

« A la rentrée que li mareschal (Rouhault de Gamaches) fist dedans Paris, il rencontra ung homme d'église chanoine d'Arras, nommé messire Jaques de Villers, qui avoit eu affaires à Paris et qui retournoit en Picardie, soit disant de la ville d'Amiens ; auquel chanoine iceluy mareschal fist jurer qu'il diroit au comte de Charollois qu'il avoit prestement receu lectres du roy de France que en dedans quatre jours ou environ il se trouveroit à Paris et iroit où li comte seroit et verroit qui seroit le plus fort. Auxquelles paroles li comte respondit qu'il ne croyoit, pour ce que paravant lui avoit mandé plusieurs choses qui n'estoient point vrayes. Après ce que li comte de Charollois eust faict sa monstrée devant Paris, lui et son ost se retirèrent au Lendict, entre Paris et Sainct-Denys, où estoient encore loges et maisons de la feste. »

Las de l'inaction, le comte de Charolais envoya des parlementaires à la porte Saint-Denis réclamer des vivres et l'entrée de la ville avec menace, en cas de refus, de tout saccager. Ses demandes n'ayant pas été accueillies, il lança contre le faubourg Saint-Lazare ses arquebusiers, qui furent sur le point de se rendre maîtres des barrières. Mais les milices bourgeoises étant accourues, soutinrent le choc avec énergie et repoussèrent les assaillants, qui, foudroyés par les coulevrines des remparts, se replièrent en désordre sur la Chapelle et la Villette. Quelques bourgeois, dans la chaleur de la poursuite, allèrent si avant qu'ils tombèrent au pouvoir des gens d'armes. On les pendit *hault et court* au gibet de Montfaucon[1].

---

[1] Ce traitement ne doit point surprendre. Les nobles, au moyen âge, ayant seul le droit de porter l'épée et de faire la guerre, leurs vassaux enrôlés sous leurs étendards devaient seuls prendre part à la lutte. Le manant ne pouvait voler isolément au combat. S'il s'armait et qu'il fût pris, il était traité comme un brigand, un bandit, et on l'épargnait d'autant moins que l'on n'avait pas de rançon à espérer de lui. Souvent le bourgeois subissait le même sort.

De nos jours encore le paysan qui défendait son bien et sa famille n'était-il pas fusillé par les Allemands? En vertu de quels principes, si ce n'est de ceux puisés dans ces derniers vestiges de la barbarie du moyen âge, à laquelle on pouvait du moins accorder le bénéfice de certaines circonstances atténuantes? Aujourd'hui y a-t-il encore en Europe des serfs et des esclaves? tous les hommes ne sont-ils pas

Le maréchal de Gamaches prit, quelques jours après, une éclatante revanche et repoussa les assiégeants jusque dans leurs retranchements. Cet échec et la crainte de l'approche de l'armée de Louis XI firent délibérer en conseil de guerre si l'on se retirerait ou si l'on tenterait un assaut général. Mais la ville était trop bien fortifiée et trop vaillamment défendue pour qu'on pût espérer de réussir dans une entreprise aussi hardie. On songeait donc à la retraite. Le vice-chancelier de Bretagne, Romillé, « qui était, dit Mezeray, Normand et fort habile homme, » engagea le comte de Charolais à aller au-devant des troupes bretonnes qu'il attendait. Le pont de Saint-Cloud, enlevé par surprise, livra passage sur la Seine pour exécuter ce dessein, et, le 15 juillet 1465, le gros des assiégeants se dirigea vers Étampes.

Reprenons le récit du continuateur de Monstrelet : « Li comte de Sainct Pol, qui menoit l'avant-garde entre Paris et Sainct Cloud, trouva ung basteau chargé de foing, qui estoit moult grant, que l'on menoit à Paris ; lequel basteau il prist et vuida le foing qui estoit dedans, et, par ce basteau, luy et toute l'avant-

---

citoyens? tout Prussien n'est-il pas soldat? Pourquoi donc établir une distinction entre une troupe régulière, mais souvent mercenaire ou enrôlée par force, et les volontaires ou les habitants des villes et des campagnes qui combattent pour défendre leurs foyers et leurs familles? et si l'on établit une différence, ne devrait-elle pas être en faveur de ces derniers?

garde passa outre la rivière de Saine; et adfin de avoir passaige par la rivière alla prendre et gaigner le pont Sainct Cloud, auquel lieu y avoit moult gens de guerre, lesquels se rendirent, saufs leurs cors et leurs biens et s'en allèrent à Paris. Ce sceu du comte de Charollois, luy et toute son armée vindrent au pont Sainct Cloud, et passèrent toute la rivière de Saine.

« Durant le temps que le comte de Charollois estoit entre Paris, envoyèrent en son ost deux ballades dont la teneur s'ensuict :

I

D'où venez-vous ? — D'où ? voire de la cour.
— Eh ! qu'y faict-on ? — Qu'y faict-on ? rien qui vaille.
— A brief parler, quel est bruict de la cour !
Mauvais ; ouy ? — Ouy, certainement.
— Aurons-nous pis ? — Ouy, certainement.
— Comme cela, on ne voit l'apparence
Qui portera ce faict entièrement ?
— Qui ? voire qui ? les troys estats de France.

D'où vient cecy ? De quoy si grief mal sourd ?
D'où voire dea (certes) ? Dictes le hardement.
Je crains pensant qu'il tieng l'argent si court.
— Diray-je ouy ? — Dictes le hardement.
Et qui sont-ils ? — Je ne parle aultrement.
En ont-ils ? — Oui ; ils en ont à puyssance.
— Qui leur en baille, si très abondamment.
— Qui ? voire qui ? les trois estats de France.

Que dict Paris ? Est-il muet et sourd ?
N'ose-t-il parler ? — Nenny ne parlement.
— Et le clergié, le vous tient-on bien court ?
— Par vostre foy, oy, publiquement.
— Noblesse, quoy ? — Va, moictié pirement.
Tout se périt sans avoyr espérance.
— Qui peult pourvoyr à cecy bonnement ?
— Qui ? voire qui ? les trois estats de France.

Prince, qui veult leur donner allégeance ?
— A qui ? — A eulx, je vous prie humblement.
— De quoy ? — Que ayez leur règne en remenbrance.
— Qui peut donner bon conseil prestement ?
— Qui ? voire qui ? les trois estats de France.

II

Quant vous verrez les princes reculez
Et eulx-mesmes meus en dissention ;
Quant vous verrez les sages aveuglez
Pour soutenir police et union ;
Quant les flatteurs par leur séduction,
Informeront les seigneurs au contraire,
Quant on croira des fols l'opinion,
Soyez asseurs qu'aurez beaucoup à faire.

Quant vous verrez les nobles désolez
Pour supporter basse condicion ;
Quant vous verrez les sages aveuglez
En hault estat et dominacion ;
Quant le mesfaict n'aura pugnicion,
Quant vous verrez plaindre le populaire
De mangerie et d'imposicions,
Soyez asseurs qu'aurez beaucoup à faire.

Quant vous verrez le clergié ravaler,
Oster aux juges leur jurisdiction ;
Quant vous verrez vieux servans désolés
Et despourvus de leur provision ;
Quant vous verrez au peuple émotion,
Quant le petit vouldra le grand desfaire,
Et en l'église noise et destruction,
Soyez asseurs qu'aurez beaucoup à faire.

Prince, pour Dieu ayez affection
D'entretenir la justice ordinaire,
Ou aultrement et pour conclusion,
Soyez asseur qu'aurez beaucoup à faire.

« Le quinziesme jour de juillet mil quatre cenz soixante cinq, le comte de Charollois et toute son armée qui s'estoit parti du pont Saint Cloud pour tirer vers Estampes et aller alencontre des ducs de Berry et de Bretaigne, lesquels ne pooient passer pour l'armée du roy de Franche, qui les empeschoit, arrivèrent à Mont-le-Hery et environ ; et alla li comte de Sainct-Pol, qui menoit l'avant-garde, jusques à Mont-le-Hery, et se logea luy et ses gens en la ville, sur ledit mont sans entrer au chasteau. »

Louis XI, de son côté, amenait son armée des bords de la Loire au secours de la capitale, avec l'intention de se jeter dans la place plutôt que de risquer une bataille décisive. Les deux armées se rencontrèrent au moment où elles s'y attendaient le moins, le 16 juillet 1465. Celle du roi s'arrêta au village de Châtres, aujourd'hui Arpajon ; celle du duc à Lonjumeau. Elles n'étaient séparées que par le plateau de la tour de Montlhéry, dont l'avant-garde, commandée par le comte de Saint-Pol, prit possession. La bataille devenait inévitable. Les troupes du roi étaient plus aguerries et mieux disciplinées. Elles comptaient dans leurs rangs plus de 2,000 hommes des ordonnances et le brave arrière-ban du Dauphiné. Celles du comte de Charolais l'emportaient par le nombre ; mais elles étalaient une richesse d'accoutrements, un luxe d'équipages, une surabondance de bagages et de chariots, plus gênants qu'utiles en un jour da combat. « La plupart des hommes d'armes, de l'aveu de Philippe de Commines, ami intime du comte, étoient mal armez et mal adroits, car longtemps avoient esté ces seigneurs en paix. » L'issue de la lutte était donc fort incertaine.

Quoiqu'on eût hésité d'abord de part et d'autre à en venir aux mains, on combattit avec acharnement, et Louis XI, après avoir donné les plus grandes preuves de valeur, fut obligé, vers le soir, d'aller se reposer dans le château de Montlhéry. Ses gens, ne le voyant plus, le crurent mort, et son aile gauche fut mise en déroute, tandis que la droite était victorieuse. La panique fut si grande dans les deux camps, qu'il y eut des fuyards de part et d'autre qui poussèrent, dit-on, d'un côté jusqu'à Beauvais et Chantilly, de l'autre jusqu'à Orléans et Montargis, apportant avec eux la nouvelle d'une défaite complète. « Ceux-là, dit naïvement Commines, n'avoient garde de se mordre l'un l'autre. On se tira encore quelques coups de canon ; mais nul ne désiroit plus combattre. »

Chose singulière, les deux armées glissèrent le long l'une de l'autre et continuèrent leur marche le lendemain de la bataille. Louis XI fit un coude vers Corbeil et descendit, en suivant les rives de la Seine, jusqu'à Paris, où, « le soir même, il soupa, dit Mézeray, en compagnie des principales dames de la ville, afin de gagner les cœurs des Parisiens par le moyen de ce sexe insinuant. » Ce repas eut lieu dans la maison de Charles de Melun, et le roi narra d'une manière si touchante les dangers qu'il avait courus, que son récit fit pleurer toutes les « dames bourgeoises. » Quelques jours après, Louis XI, ayant pourvu à la sûreté de la ville par des renforts et des approvisionnements, alla en Normandie lever de nouvelles troupes et convoquer le ban et l'arrière-ban.

Le comte de Charolais, resté maître du champ de bataille de Montlhéry, s'avança jusqu'à Étampes, où l'on transporta les blessés, et où il rallia les fuyards et attendit l'arrivée des autres confédérés. Lorsqu'on se fut reposé quinze jours, on revint sur ses pas tenter une seconde attaque de Paris. On passa la Seine sur un pont de bateaux dans les environs de Moret. Philippe de Commines le raconte ainsi : « Le comte de

Charolois s'en alla loger en une grande prairie, sur le bord de la rivière de Seine, et avoit faict crier que chascung portast crochets pour attacher ses chevaulx. Il faisoit mener sept ou huict petits basteaux sur charroys, et plusieurs pipes par pièces, en intention de faire un pont sur la rivière de Seine, pour ce que ces seigneurs n'y avoient point de passage. Monseigneur de Dunois l'accompagna, luy estant en une litière (car, pour la goutte qu'il avoit, il ne povoit monter à cheval), et portoit-on son enseigne après luy. Dès qu'ils vindrent à la rivière, ils y firent mectre de ces basteaux qu'ils avoient apportez et gaignièrent une petite isle, qui estoit comme au milieu, et descendirent des archers, qui escarmouchèrent avec quelques gens de cheval qui deffendoient le passage de l'aultre part. » Le lendemain, le comte de Charolais gagna Fontainebleau, où l'on fut rejoint par Jean de Calabre (de la maison d'Anjou), régent de Lorraine, avec une brillante cavalerie et 500 Suisses, les premiers qui aient servi en France.

On se mit en marche pour Paris. Les ducs de Berri et de Bretagne « chevauchoient sur petites hacquenées à leur aise, armez de petites brigandines fort légères. » On dit même qu'ils n'avaient que de petits clous dorés sur leurs vêtements de satin, afin que leur armure fût moins pesante. On chevaucha ainsi de compagnie jusqu'au pont de Charenton, dont il ne fut pas difficile de déloger quelques francs-archers chargés de sa défense; et toute l'armée, ayant passé le fleuve, commença à s'emparer des environs de Paris, sauf, toutefois, le fort de Vincennes, qui refusa d'ouvrir ses portes.

L'armée des assiégeants se montait à près de 100,000 chevaux. Le comte, dont le quartier était à Charenton, logea dans le château de Conflans; les ducs de Berry et de Bretagne, à Saint-Maur et Nogent; le reste des troupes se répandit au nord et à l'ouest de Paris. On construisit des ponts de bateaux et de tonneaux liés ensemble pour traverser la Seine, et l'on reprit le pont de Saint-Cloud, dont les Parisiens s'étaient emparés.

On différait toujours de tenter un assaut général, et l'on tâchait, par le blocus et l'investissement complet, d'amener la ville à négocier. Louis XI, à la tête d'une petite armée, se jeta dans la place, le 28 août 1465, et déjoua par sa présence les calculs et les espérances des assiégeants. Des escarmouches journalières décimaient les troupes sans résultat. Paris était si bien approvisionné, qu'il ne fallait pas compter le prendre par la famine, dont les rigueurs se faisaient, au contraire, sentir dans le camp des confédérés. On poussa les avant-postes jusqu'à Bercy, au lieu qu'on appelait alors la Grange-aux-Meuniers; mais des sorties vigoureuses rejetèrent les assaillants sur Conflans et Charenton. Ils voulurent jeter un pont sur la Seine au Port-à-l'Anglais, mais une batterie foudroya les travailleurs, et les força de renoncer à leur entreprise.

Philippe de Commines prétend, au contraire, que le pont fut achevé, et que les troupes du roi, qui étaient dans les tranchées, crièrent à haute voix : « Adieu, voisins, adieu ! » et, incontinent, ils mirent le feu à leur campement, et retirèrent leur artillerie.

Un jour, les Parisiens résolurent d'aller attaquer de trois côtés l'ennemi. Mais leur projet fut trahi par un page, et ils trouvèrent les assiégeants sur leurs gardes. « Le bruit de l'artillerie faisoit croire à une grande emprise. Le temps estoit fort obscur et trouble, dit Commines, et nos chevaucheurs, qui s'estoient approchez de Paris, voyoient plusieurs chevaucheurs, et bien loin outre devant eulx voyoient grande quantité de lances debout (c'étaient des chardons), ce leur sembloit, et jugeoient que c'estoient toutes les batailles du roy quy estoyent aux champs et tout le peuple de Paris ; et ceste imagination leur donnoient les obscurités du temps. » Ils reculèrent, et les assiégés voyant leur mouvement de retraite avançaient toujours. Le duc de Calabre arrêta leur panique, et le jour s'étant éclairci fit cesser leur illusion.

Voyant que cette lutte n'aboutissait qu'à des pertes inutiles d'hommes, on entama des négociations. Des conférences s'ouvrirent à la Grange-aux-Merciers, et l'on y conclut un armistice qui ne tarda pas à être suivi d'un traité définitif. La paix fut signée à Conflans le 29 octobre 1465.

IX

Charles-Quint et Henri VIII menacent Paris en 1544. — On fortifie la butte Montmartre. — Traité de Crespy. — La prise de Saint-Quentin en, 1557, répand la terreur dans la capitale.— Premiers troubles de la Réforme. — Paix de Cateau-Cambrésis.— Le massacre de Vassy, en 1562, allume la guerre civile. — Les huguenots s'approchent de Paris. — Négociations infructueuses au Port-à-l'Anglais.— Attaque du faubourg Saint-Marceau. — Nouvelles conférences au moulin de ce faubourg. — Les huguenots lèvent le siége et se retirent vers Dreux, où ils éprouvent une défaite. — Paix d'Amboise.

La ville de Paris, si cruellement éprouvée sous les premiers Valois, jouissait depuis près d'un siècle de la prospérité et du calme le plus complet, lorsque les agitations de la Réforme commencèrent à troubler la France. Dans cette longue période, de 1465 à 1552, l'étranger ni la rébellion n'avaient point pénétré dans ses murs. Deux fois cependant de justes alarmes étaient venues troubler sa quiétude ; mais l'ennemi recula devant la hardiesse des projets qu'il avait formés contre elle.

La première fois, ce fut en 1544, lorsque Charles-Quint et Henri VIII, roi d'Angleterre, s'étant ligués contre la France, convinrent de s'avancer, chacun de son côté, jusqu'aux portes de Paris, où ils devaient faire leur jonction. Le péril semblait d'autant plus grand, que l'armée française était en Italie, où elle venait de remporter la victoire de Cérisoles, et que la capitale se serait ainsi trouvée réduite à ses propres défenseurs.

Au lieu de suivre exactement le plan de campagne qui avait été arrêté, l'Empereur, à la tête des troupes de la Confédération d'Allemagne, entreprit sur sa route de faire le siége de Saint-Dizier, « ville champestre, dit Du Bellay, et qui n'avoit jamais passé pour une place de guerre. » Mais la bravoure de la garnison lui tint lieu de fortifications ; repoussée dans deux assauts, l'armée de Charles-Quint fut réduite à prendre la ville par la famine et resta six semaines dans l'inaction avant de réussir. Henri VIII, imitant l'exemple de son allié, investit Montreuil et Boulogne, au lieu de marcher droit sur Paris.

Lorsque les Allemands eurent forcé Saint-Dizier à capituler, ils laissèrent Châlons de côté, et ils se dirigèrent vers Epernay et Château-Thierry, qu'ils livrèrent au pillage. Meaux et Lagny croyaient voir l'ennemi à leurs portes. Les populations des campagnes se réfugiaient dans Paris, traînant avec elles leurs bestiaux et leurs meubles les plus précieux. L'abbaye de Saint-Denis y transportait son trésor, et l'on y accumulait les vases sacrés et les ornements des églises du voisinage. Beaucoup de bourgeois de la capitale, saisis à leur tour d'une véritable panique, fuyaient avec leurs familles, les uns vers Rouen et Dieppe, les autres vers Orléans, ou dans les provinces du Midi. Le Parlement avait interrompu le cours de la justice ; les marchands avaient fermé leurs boutiques.

François Ier, pour ranimer les courages, accourut dans Paris et déclara que cette ville, étant la capitale du royaume, il n'avait pas voulu laisser à d'autres le soin de la défendre ; qu'il venait vivre ou mourir au milieu de ses fidèles sujets. Il ordonna aux membres du Parlement de reprendre leurs fonctions et aux boutiquiers de rouvrir leurs magasins. La butte Montmartre fut entourée de larges fossés, afin d'établir un camp et des batteries de canons sur cette éminence, d'où l'artillerie pouvait foudroyer la plaine Saint-Denis. Toutes ces précautions restèrent inutiles.

Les Allemands, n'osant attaquer seuls une ville aussi formidable, au lieu de continuer à longer la Marne et de se diriger sur Paris, tournèrent vers Soissons, où ils recommencèrent leurs pillages. Ils y attendirent l'armée anglaise, retenue devant Montreuil et Boulogne. Charles-Quint, voyant que la saison s'avançait et que la disette et les maladies décimaient son armée, entama des négociations. Les conférences s'ouvrirent, et la paix fut signée le 13 septembre 1544, à Crespy-en-Valois.

Treize ans après, Philippe II, le fils de Charles-Quint, continuant la politique de son père, dont il renouvela l'alliance avec les Anglais, avait mis le siége devant Saint-Quentin. Les remparts de cette ville tombaient en ruines ; mais ses défenseurs avaient pour chef l'amiral de Coligny.

Le connétable de Montmorency vole au secours de la place avec des forces tellement inférieures à celles de l'ennemi, que l'armée française, malgré des prodiges de valeur, est écrasée et forcée de se rendre. Le comte d'Enghien, le vicomte de Turenne et quatre mille hommes sont tués. Le connétable, le maréchal de Saint-André, les ducs de Montpensier et de Longueville, Louis de Gonzague et trois cents gentilshommes sont au nombre des prisonniers. La ville de Saint-Quentin résista néanmoins encore dix-sept jours et ne fut emportée d'assaut que le 27 août 1557. Quelques débris de l'armée, échappés au désastre, allèrent fortifier la garnison de la Fère.

La terreur se répandit parmi les Parisiens. Un été sec et brûlant avait amené une disette de blé et de légumes. La ville était faiblement approvisionnée, des dissensions religieuses commençaient à troubler la capitale. Les protestants tenaient des assemblées nocturnes et tumultueuses dans une maison attenante à la Sorbonne, en face du collége du Plessis. Un conflit avait eu lieu. Le sang avait coulé. A la haine de l'étranger s'ajoutait donc celle encore plus funeste des partis, car elle est plus vivace et plus intestine.

Dans cette consternation, ce découragement, cette désorganisation sociale, si quelques milliers d'hommes se fussent présentés aux portes de Paris, il n'y a pas de doute qu'elles leur eussent été bientôt ouvertes. Aussi, lorsque la nouvelle de la victoire de Saint-Quentin parvint au couvent de Saint-Just, au fond de l'Estramadure, on entendit un moine s'écrier : « Mon fils est-il à Paris? » Ce moine, c'était Charles-Quint. Mais l'audace manqua aux vainqueurs, qui passèrent le reste de la campagne à s'emparer du Catelet, de Ham, de Noyon et de Chauny.

Cependant on travaillait avec activité à fortifier Paris. On reprit et l'on acheva les travaux de retranchements que François Ier avait commencés en 1544, autour de la butte Montmartre; on leva 12,000 Suisses; on manda à tous les Français qui avaient déjà servi de reprendre les armes et de se réunir à Laon sous les ordres du duc de Nevers; on rappela les troupes d'Italie. Bientôt l'on fut en état de reprendre l'offensive et d'assiéger Calais, qui fut emporté en huit jours sur les Anglais au mois de janvier 1558. Dès lors tout danger pour la capitale fut écarté. L'ennemi, malgré sa victoire de Gravelines, consentit à négocier. Les conférences s'ouvrirent à l'abbaye de Cercamp et amenèrent une trêve, qui fut suivie du traité de paix de Cateau-Cambrésis, conclu le 25 avril 1559.

Les dissensions religieuses, dont nous avons vu les premiers symptômes se manifester dans Paris, malgré les craintes d'un siége imminent, éclatèrent avec plus de violence au retour du calme extérieur. Les huguenots avaient établi un prêche près de l'église de Saint-Médard, en un lieu nommé le Patriarche, dont on retrouvait encore des traces dans le marché des Patriarches, qui vient de disparaître dans les embellissements du quartier Mouffetard. La veille de la fête des Saints Innocents, les cloches qui sonnèrent les dernières vêpres de la paroisse troublèrent la prédication des religionnaires. Dans leur irritation, les huguenots envahirent l'église, la pillèrent, blessèrent et *navrèrent jusques à mort* plusieurs des assistants et foulèrent aux pieds les hosties consacrées. Quelques catholiques, s'étant réfugiés dans le clocher, sonnèrent le tocsin ; mais toutes les rues adjacentes étaient si bien gardées qu'on ne put venir à leur secours et qu'ils furent massacrés. Ces crimes restèrent impunis et les troubles ne tardèrent pas à dégénérer en guerre civile. Le massacre des huguenots à Vassy, le 1er mars 1562, événement aussi fortuit que déplorable, espèce de revanche de l'affaire de Saint-Médard, fut le signal de la prise d'armes des protestants.

Ils ne se rendaient plus aux prêches dans Paris que

sous la protection de forts détachements ; précaution bien nécessaire, car les catholiques voulaient s'opposer par toutes les voies à l'exercice de leur culte. Pour éviter une guerre de rues et de barricades, la reine régente invita les chefs des deux partis, le duc de Guise et le prince de Condé, à s'éloigner simultanément de Paris. Le premier laissait derrière lui une population qui lui était dévouée. L'autre sentait bien que quitter la capitale était une faute grave pour sa cause, mais il était trop faible pour chercher à s'y maintenir. Il se retira à Meaux.

La nouvelle du massacre de Vassy suscita de tous côtés en province des soulèvements ; on prétexta que le jeune roi et la régente sa mère n'étaient pas libres ; qu'ils n'agissaient que sous la pression du triumvirat. C'est ainsi que l'on appelle l'union du duc de Guise, du connétable de Montmorency et du maréchal de Saint-André (Jacques d'Albon). La guerre civile s'alluma sur tous les points de la France. On s'attaqua de ville à ville, de château à château, de forteresse à forteresse.

Le baron des Adrets et Borel de Ponsonas ravagent la Provence et le Dauphiné au nom de la Réforme ; le catholique Blaise de Montluc dévaste la Guienne et le Languedoc. Dans le Nord, la prise de Rouen, défendu par les protestants, coûte la vie au roi de Navarre, père de Henri IV.

Orléans sert de centre de ralliement aux huguenots. Le prince de Condé, parti de Meaux pour se rapprocher de Paris, s'empare le 30 avril du pont de Saint-Cloud. Il apprend le lendemain que le roi rentre dans Paris. Il venait de monter à cheval ; il s'arrête, réfléchit et fait rebrousser chemin sur Orléans. De là les huguenots, renforcés par les troupes allemandes, lansquenets et reîtres, que leur envoie le landgrave de Hesse, étendent leur domination sur Gien, Beaugency et plusieurs autres villes baignées par la Loire. Ils se dirigent ensuite vers la capitale et, sur leur route, s'emparent d'Étampes, de Dourdan et de Montlhéry. Mais, au moment de s'avancer sur Paris, on hésite, on va faire le siége de Corbeil, qui oppose une vive résistance. C'est sous les murs de cette ville que le prince de Condé apprend la mort de son frère, le roi de Navarre. Au moment de battre la place, le cinquième jour du siége, il fait retirer son artillerie. Il espère que la lieutenance générale du royaume, dont il hérite, lui permettra de *moyenner un bon appoinctement*. Il marche alors sur Paris pour forcer Catherine de Médicis à négocier. Elle affectait l'air d'y être toute disposée ; mais elle ne cherchait qu'à gagner du temps à attendre l'arrivée de secours des provinces du Midi. « Elle luy faisoit représenter la prinse et le saccagement d'une telle ville estre conjoincts avec une perte inestimable pour le royaume, duquel il pourchassoit la conservation. » Malgré sa méfiance en la bonne foi de la reine florentine, il ne voulut pas refuser de traiter. Profitant des circonstances, il s'avança jusqu'à Villejuif, sous prétexte de s'aboucher avec elle. Il s'installa dans l'abbaye de la Saussaye, que les religieuses avaient abandonnée. Les deux armées, qui n'étaient séparées que par la Seine, se surveillaient et se tiraient sans cesse des coups d'arquebuse. C'est ainsi qu'elles se firent mutuellement la conduite jusqu'aux abords de la capitale.

Les conférences s'ouvrirent au Port-à-l'Anglais, près de Créteil. Le prince de Condé, de crainte sans doute de quelques piéges, prétexta une indisposition pour ne pas s'y rendre en personne. Il y envoya l'amiral de Coligny, qui discuta longtemps avec le connétable de Montmorency et le duc de Nevers. Les pourparlers n'eurent aucun résultat, et les huguenots continuèrent leur marche vers le faubourg Saint-Victor, que l'avant-garde attaqua le 28 novembre 1562.

Au récit de Jean de Mergey, gentilhomme champenois et protestant, « il ne se fist poinct de combat mémorable audict siége qu'à l'escarmouche qui se fist à l'arrivée, où les assiégés furent tellement battuz et repoussez et avecques tel désordre, que sans l'artillerie des remparts on eust entré pesle-mesle dedans la ville. M. de Guise estoit à la porte, disant mille injures à la noblesse et gendarmerie qui fuyoient, disant qu'il leur falloit des quenouilles et non des lances. » D'un autre côté, le sieur Strosse (Strozzi), avec « cinq cens harquebusiers d'élite, » s'engagea si loin dans les murs de l'enclos d'un moulin à vent, qu'il fut assailli et cerné par les assiégeants. Mais, de l'aveu de François de la Noue, historien protestant, il fit si bonne contenance, qu'il ne put être forcé.

Ce premier succès, quelque douteux qu'il fût, permit aux assiégeants de prendre toutes leurs dispositions à loisir. Leur infanterie occupa Montrouge et Vaugirard; la cavalerie allemande prit ses quartiers à Arcueil et Cachan. Ils espéraient en venir sans retard à une bataille décisive; mais l'armée de Paris resta dans ses retranchements. La lutte se bornait à des canonnades presque sans résultat et conduites avec grande prudence. « N'advanturons point, disait l'amiral Coligny, nos canons et coulevrines devant une si mauvaise beste qui mord si fort; ils seroient en danger de s'aller promener à Paris. »

Malgré cela, « les Parisiens furent si consternés, qu'ils auraient sans doute abandonné leur ville et ouvert les portes, s'il n'y avait pas eu de fortes garnisons dans les faubourgs. » L'historien de Thou, auquel nous empruntons ces détails, ajoute que Gilles Le Maître, premier président du parlement, vieux et alité, s'imagina, en entendant du bruit, que les religionnaires venaient l'enlever. Il fut si effrayé, qu'il en mourut subitement, le 6 décembre 1562, second dimanche de l'Avent, et sa charge, devenue vacante, fut donnée à Christophe de Thou, père du narrateur.

Catherine de Médicis réclama la reprise des négociations, et l'entrevue eut lieu dans un moulin, près du faubourg Saint-Marceau, où se rendit cette princesse, accompagnée du cardinal de Bourbon, du connétable et du maréchal de Montmorency. Le prince de Condé avait avec lui l'amiral de Coligny, Genlis, Gramont et Jean d'Esternay. Le secrétaire d'État, Claude de l'Aubespine, consigna par écrit les demandes des huguenots, dont la principale était le droit de tenir des assemblées publiques dans la capitale, ou au moins dans ses faubourgs et dans plusieurs autres grandes villes de France. Loin d'entrer dans des voies de conciliation, les esprits s'aigrirent.

Nicolas Pas de Feuquières fut chargé de reconnaître les retranchements de l'armée du roi, et les religionnaires, fatigués de ces lenteurs, préparèrent une attaque nocturne pour le 4 décembre 1562. Une trahison fit avorter ce projet. Genlis, à qui l'on n'avait pu se dispenser de le communiquer, fut épouvanté en songeant aux horreurs qu'entraînerait sans nul doute une prise d'assaut de la capitale. Dans ses remords, il abandonna le parti de la révolte et alla faire sa soumission au roi. De peur d'une surprise, le prince de Condé fit changer le mot du guet, doubla les grand'gardes et visita tous les quartiers. Ses troupes restèrent encore trois jours devant Paris sans autres incidents que de petits combats de tirailleurs et d'avant-postes. Les assiégeants, n'espérant plus pouvoir prendre Paris, qu'une armée venait secourir, plièrent bagage le 10 décembre et se retirèrent par Palaiseau et Limours.

Avant de partir, les Allemands incendièrent leurs quartiers. Les villages de Montrouge, Cachan, Arcueil, Antony, subirent le même sort. Il est fait allusion à leur conduite dans une protestation adressée au maréchal de Hesse par le roi, la reine régente et les princes du sang, qui déclaraient avoir toujours agi en pleine liberté. On y mentionne les nombreux meurtres, pilleries, forcements, saccagements et excès commis. (*Histoire de nostre temps*, tome II.)

Dans les Mémoires du prince de Condé, le récit diffère un peu de ce qui précède. Voici comment ils s'expriment : « Le dymanche second jour de l'Advent, sixiesme du mois de décembre, décéda heure de troys heures du mastin, M. le premier président Le Maistre, lequel, peu de temps auparavant, avoit résigné ès mains du roy purement et simplement son estat ; et lors la royne mère lui fist promesse de faire récompense à ce qui despendoit de luy. Il fust inhumé, le septiesme dudict mois, en grande pompe, en l'église et couvent des Cordeliers, à Paris.

« En ce tems icy, il y eust pourparler d'accorder ;

mais il ne fust possible, au moyen que les ennemys du roy demandoient pour leur seureté des ostages ; entre aultres ung fils de France, ung des enfans de M. de Guyse et ung de M. le connestable.

« Le lundy septiesme du mesme mois, M. de Janlis, chevalier de l'ordre, qui avoit tenu le party de M. le prince contre le roy, voyant qu'il avoit refusé les belles offres que le roy leur avoit faict, sçachant que elles étoient plus que raisonnables, se retira du camp des ennemys avec quelques capitaines, et se mit soubs la miséricorde du roy.

« Ce mesme jour arrivèrent à Paris 3,000 Gascons et 4,000 Espagnols pour la deffence du roy, dont les ennemys advertis, craignant d'avoir le mercredy suivant la bataille, descampèrent et s'enfuirent sans trompette et laissèrent beaucoup de butin dedans le lieu où s'estoit assis leur camp ; et nos gens leur donnèrent sur la queue, où il y en eust moult de deffaicts ; et fault icy noter que despuis leur partement, nos gens mesmes mys pour la deffence du roy, pillèrent touts les villages circonvoisins de la ville de Paris, jusques à vendre huis (portes), fenestres, contre-fenestres, serrures, vitres, et toutes aultres choses encore qu'elles tinssent à fer et à cloud. » (Collection Michaud et Poujoulat, tome VI, p. 692-693.)

Les Allemands et les huguenots eurent beau précipiter leur retraite, ils virent l'ennemi leur barrer le chemin. On délibéra alors si l'on ne retournerait point sur Paris. Condé pensait que ce hardi coup de main réussirait; que l'armée royale ayant à faire un grand détour pour revenir sur ses pas, il arriverait avant elle; qu'il s'emparerait aisément de la ville de Paris dégarnie de troupes; qu'il arriverait ainsi à dompter la fierté des triumvirs. Mais l'amiral de Coligny s'opposa à ce dessein, disant qu'après avoir pris les faubourgs, on serait bientôt assiégé entre la ville et l'armée; que la famine amènerait la désertion ou le soulèvement des troupes allemandes. On continua la retraite par Ablis, Gallardon, Maintenon et Auneau.

Atteints dans la plaine de Dreux et forcés d'accepter le combat contre des ennemis bien supérieurs en nombre, les protestants essuyèrent une déroute complète. Trois mois après fut signée la paix d'Amboise, qui mit fin à la première guerre civile de religion (mars 1563).

X

Charles IX est menacé d'être enlevé à Meaux par les religionnaires.— Il rentre à Paris, poursuivi par l'armée de Condé jusqu'au Bourget. — Les confédérés investissent la capitale. — Le connétable de Montmorency, chargé de la défense, temporise avec sagesse. — Il est accusé de trahison par les assiégés. — Il cède au vœu général et livre bataille dans la plaine de Saint-Denis. — Il est blessé mortellement. — L'armée royale reste maîtresse du champ de bataille. — Le lendemain, Condé offre de nouveau le combat. — Assaut infructueux du moulin Guerry. — Paix de Longjumeau, dite *Boiteuse* et *Malassise*.

La pacification d'Amboise avait été un temps d'arrêt, une sorte d'armistice plutôt qu'une paix définitive. Les haines des partis avaient conservé toute leur vivacité et leur aigreur. Au milieu des fêtes et des plaisirs de la cour de Catherine de Médicis, on s'épiait, on se méfiait les uns des autres, on se tendait des embûches. L'enrôlement de 6,000 Suisses par les Guises, les levées de troupes dans les provinces et une entrevue avec le duc d'Albe, qui tâchait d'étouffer dans le sang les troubles des Pays-Bas, jetèrent les huguenots dans une grande inquiétude. Il était question, disait-on tout bas, d'un massacre général des partisans de la Réforme.

Pour se tenir sur leurs gardes et pour aviser à tout événement imprévu, les protestants furent convoqués par leurs chefs dans la petite ville de Rozoy-en-Brie, au mois de septembre 1567. La cour habitait alors dans le voisinage le château de Monceaux, où Charles IX devait, le jour de la Saint-Michel, tenir un chapitre de son ordre. Dans un conseil, les huguenots résolurent de tenter un coup de main pour s'emparer de la personne du roi, que les triumvirs, disaient-ils, tenaient sous leur dépendance.

Malgré les précautions que prirent les confédérés, leurs projets ne purent rester secrets, et Charles IX se réfugia à Meaux, où il attendit l'arrivée des Suisses pour regagner la capitale. Les conjurés, ayant reçu de leur côté un renfort de 8,000 Allemands que leur envoyait l'électeur palatin, allèrent se porter à Lagny, dans l'intention de disputer le passage à l'armée. On les amusa par des offres de conciliation, et, tandis qu'ils attendaient la réponse à une requête où étaient exprimées leurs doléances, on partit au milieu de la nuit. On rencontra à Claye, au point du jour, les troupes des confédérés. Il y eut entre les deux armées plusieurs escarmouches. Les Suisses, pour couvrir la marche, tinrent tête à l'ennemi, et pendant que la lutte s'engageait entre leur infanterie et la cavalerie de leurs adversaires, le roi et le reste de l'armée gagnaient la capitale par des chemins détournés. On continua à se harceler jusqu'au Bourget, où l'on apprit que Charles IX était en sûreté dans son palais du Louvre. Il arriva tremblant, harassé et avec une profonde haine contre les religionnaires, dont il jura dès lors de se venger, comme il le fit si cruellement à la journée de la Saint-Barthélemi.

Irrités d'avoir été déjoués, les confédérés résolurent d'investir Paris assez étroitement pour empêcher le passage des vivres. Le vidame de Chartres, Charles de Lavardin, le comte de Montgomery (celui qui avait blessé mortellement Henri II dans un tournois), Nicolas de Champagne et plusieurs autres gentilshommes amenèrent de la Bretagne, de l'Anjou, de la Beauce et de la Normandie, des régiments de gens de pied et des compagnies de cavalerie qui se réunirent à Toury. Étampes fut pris par escalade ; Dourdan ouvrit ses portes.

Comme les ponts, les routes et les ports des environs de Paris étaient gardés par les troupes de Charles IX, les confédérés attaquèrent Saint-Cloud et s'en rendirent maîtres, refoulant devant eux le gouverneur, qui descendit vers le fleuve, et se renferma dans la tour placée à la tête du pont. Tandis que des détachements s'emparaient de Saint-Germain-en-Laye, d'Argenteuil, de Meudon et de plusieurs autres châteaux, le gros de l'armée passa la Seine sur un pont de bateaux, dans les environs de Saint-Ouen, et fit sa jonction avec les troupes, venues de Rozoy, dont le quartier général était à Saint-Denis. On se partagea alors les divers postes; Montgomery alla d'abord camper au Bourget et à Clermont; d'Amboise assiégea et prit la tour qui défendait le pont de Charenton.

Il restait encore un passage pour faire arriver les bestiaux et les vivres du pays chartrain et de la Normandie. On dirigea de la cavalerie du côté de Trappe et de Saint-Porcien, maison des Célestins, située dans les environs de Versailles. On rendit les chemins impraticables, et l'on occupa le château de Dampierre, dans la vallée de Chevreuse, séjour de plaisance du cardinal de Lorraine. Il fut facile alors par des postes d'observation, et par des courses d'éclaireurs, d'empêcher que rien ne pût entrer dans la capitale.

La place était trop bien fortifiée et trop bien défendue pour être emportée par un coup de main. La garnison comptait 6,000 Suisses, 3,000 chevaux, 18 pièces de canon, 10,000 fantassins de compagnies régulières ou de milice parisienne. On reculait devant l'idée de donner un assaut probablement infructueux, et sûrement très-meurtrier, à une ville où se trouvaient le roi et toute la cour, et où l'on comptait beaucoup de coreligionnaires.

Les assiégeants bornèrent leurs attaques à des escarmouches près d'Aubervilliers, de la Chapelle, d'Argenteuil, de Buzenval, de Villejuif et de Choisy. Les succès, dans ces diverses rencontres, furent incertains ou partagés. Un mois déjà s'était écoulé sans le moindre résultat décisif.

L'argent manquait pour payer la solde des Allemands auxiliaires. Le fanatisme y suppléa. Les officiers et les soldats français se cotisèrent pour assouvir la cupidité de leurs alliés, toujours prêts à passer au plus offrant et dernier enchérisseur.

Paris, complétement investi, ne tarda pas à être réduit à la plus extrême nécessité. Le connétable de Montmorency, quoiqu'il y fût à la tête d'une armée assez considérable, n'osait risquer une bataille générale, dont la perte eût entraîné la reddition de la capitale et la captivité du roi. La population, lasse de cette inaction, ou impatiente d'être délivrée des maux du blocus, se mit à murmurer. Elle se répandit en reproches et en injures contre son brave défenseur, dont elle méconnaissait la sage temporisation. Les moins malveillants accusaient de pusillanimité la prudence du vieux connétable. Le mot de *trahison* circulait de bouche en bouche. On trouvait « merveilleusement dur, dit François de la Noue, qu'on souffrist ceste petite poignée de gens les braver chascung jour par continuelles escarmouches jusques dedans leurs portes, et que c'estoit grand' vergogne de voir *une fourmy* assiéger un éléphant. »

Blessé au vif, sans vouloir néanmoins déserter la

cause, Montmorency épia l'occasion de livrer bataille le plus tôt possible, et prépara tout pour cette action décisive.

Il commença, dans la nuit du 4 novembre, par faire construire un bateau long et couvert de planches pour mettre à l'abri des coups d'arquebuse les soldats et les charpentiers armés de haches qui le montèrent. Ils reçurent l'ordre d'aller couler les pontons que les assiégeants avaient établis à Suresnes, à Saint-Ouen et à Argenteuil pour relier les deux rives de la Seine. On reprit l'offensive, on chassa l'ennemi des hauteurs de Versailles et de Bougival, et l'on rompit du côté de l'Hurepoix la ligne d'investissement. Ayant appris que deux corps d'armée assez nombreux avaient été détachés par les assiégeants, et envoyés, l'un, sous les ordres du sieur d'Andelot, contre la ville de Poissy ; l'autre, sous ceux de Montgomery, contre la ville de Pontoise, il jugea le moment favorable pour une action décisive.

La veille du jour qu'il avait choisi pour livrer la bataille, il fit attaquer par la cavalerie les lignes de l'ennemi, afin de le tenir en haleine, de l'inquiéter et de le fatiguer. Dans une de ces rencontres, Dampierre, enseigne de la compagnie du sieur d'Andelot, fut tué d'un coup d'arquebuse, et ses gens furent mis en déroute. Ce léger avantage sembla de bon augure. « Le connétable, ajoute l'historien de Thou, ayant appris, par les rapports de ses cavaliers, le nombre et les forces de ses adversaires, prit le lendemain congé du roi, lui donna de grandes espérances d'un heureux succès, et fit sortir toute l'armée.

« Ce jour, disait-il, me justifiera, car le peuple de Paris me reverra en vie ou triomphant; ou bien il pleurera ma mort, lorsque j'aurai défait les ennemis, et jeté leur parti dans la consternation. »

Après avoir laissé une réserve à la Chapelle, il fit avancer son infanterie du côté de la Villette, et déploya son armée dans la plaine des Vertus (Aubervilliers). A l'aile droite, quatorze pièces de canon (batterie très-considérable pour l'époque), protégées par les Suisses et par des arquebusiers français, furent braquées contre Aubervilliers. Le connétable se plaça au centre avec un corps nombreux de cavalerie, commandé par son fils, François de Montmorency; et l'aile gauche, composée d'escadrons sous les ordres de Jacques de Savoie, duc de Nemours, de François de Chavigny, des ducs de Longueville et de Retz, prit position au pied de la butte Montmartre, en s'étendant jusqu'à la Seine, au-dessus de Saint-Ouen.

Dans le camp des assiégeants, on délibéra si l'on accepterait le combat en rase campagne, ou si l'on se concentrerait dans la ville de Saint-Denis. Ce dernier avis fut rejeté parce « qu'il y avait un très-grand danger à abandonner les villages de Saint-Ouen et d'Aubervilliers, et que les ennemis, enflés de ce succès, ne manqueraient pas d'investir toute l'armée, qui se serait enfermée elle-même. On ne pouvait, d'ailleurs, douter que cette manœuvre suffirait pour ébranler la fidélité des troupes auxiliaires allemandes. D'un autre côté, il y avait lieu de croire que les milices disséminées ne pourraient pas sortir de la ville de bon matin; qu'habituées au luxe et à la mollesse, elles se rendraient sans discipline et sans exactitude à leurs postes ; que, enfin, vu la mauvaise saison et les jours courts et nébuleux, le combat, commencé un peu tard, serait suspendu par la nuit avant aucun résultat définitif, ce qui permettrait aux deux partis de réclamer la victoire. » Malgré la grande infériorité du nombre et le manque d'artillerie, les assiégeants attendirent donc de pied ferme l'armée de Paris.

Les bourgeois de la capitale, richement armés, formaient l'avant-garde du connétable. Les assiégeants ne pouvant rester exposés au feu de l'artillerie royale qui les décimait, se précipitèrent en avant avec une telle furie, qu'ils culbutèrent cette milice, et l'obligèrent à se replier sur les Suisses, dont ils gênèrent les mouvements. La cavalerie, à son tour, se laissa refouler et mettre en déroute par l'amiral Coligny, qui perça jusqu'au centre de la bataille. Anne de Montmorency, ce vieillard respectable, qui avait blanchi à la guerre, ne voulut point, quoique abandonné des siens, chercher son salut dans la fuite. Renversé de cheval, blessé à la figure, il est pressé de se rendre par Robert Stuart; mais il lui répond par un si grand coup du pommeau de son épée sur la joue, qu'il lui fait sauter trois dents. Le gentilhomme écossais, irrité par la douleur, lui tire un coup de pistolet, qui le frappe grièvement au défaut de la cuirasse.

Tandis que le maréchal de Cossé et le duc d'Aumale ralliaient les troupes, et les ramenaient au secours du connétable, blessé et abandonné sur le terrain parmi les morts, son fils, victorieux à l'aile gauche, accourut au centre rétablir le combat. Les confédérés se groupèrent autour du prince de Condé, qui avait eu un cheval tué sous lui d'un coup de lance; mais ils furent vivement attaqués et repoussés. Bientôt la nuit survint (c'était le 10 novembre), et, en mettant fin à la lutte, elle empêcha l'armée royale de compléter sa victoire et de poursuivre les vaincus. Le connétable, rapporté dans Paris, expira le lendemain. A ceux qui l'exhortaient à se préparer à la mort, il répondit avec une noble fierté : « Pensez-vous que j'aie vécu quatre-vingts ans sans apprendre à mourir? » Cette perte jeta la consternation dans la capitale; et il y eut une tacite suspension d'armes, comme si c'eût été un deuil général.

Les troupes envoyées à Pontoise étaient revenues à

Saint-Denis sur les pontons que les troupes royales avaient coulés à Saint-Ouen, mais qu'on était parvenu à remettre à flots. Les assiégeants ne voulurent point se retirer en laissant à leurs adversaires tous les honneurs de la victoire. Ils s'avancèrent dans la plaine pour les provoquer de nouveau au combat, et brûlèrent quelques moulins à vent à l'entrée des faubourgs. Il y en avait un sur la droite de Clignancourt, à peu près à la hauteur du Château-Rouge, qui n'était pas de bois, mais de pierre, et que protégeaient une palissade et un fossé. Le capitaine Guerry, à la tête d'un petit détachement, était chargé de le défendre. Les confédérés le sommèrent de se rendre, et, sur son refus, ils se préparèrent à lui livrer l'assaut. Les capitaines Valfenière et Beauregard conduisaient l'attaque. Ils y perdirent quelques-uns des leurs, et se résignèrent à battre en retraite, au lieu de s'acharner après la prise inutile d'une position qui coûterait beaucoup plus qu'elle ne valait. Cette affaire, toute peu importante qu'elle fût, fit beaucoup d'honneur à Guerry, qu'on éleva au rang de colonel, et dont le moulin porta depuis le nom. N'ayant pu attirer les troupes hors des murs de Paris, et ayant appris que des renforts considérables arrivaient au secours de la ville, ils levèrent le siége et se dirigèrent du côté de la Champagne pour aller au-devant des auxiliaires, que Jean-Casimir, fils de l'électeur palatin, leur amenait à travers la Lorraine. C'étaient 9,000 lansquenets ou reîtres allemands.

De Pont-à-Mousson, les renforts gagnèrent Joinville et Chaumont, passèrent en Bourgogne, où les attendaient, à Ancy-le-Franc, les protestants français. Tous ensemble, ils se dirigèrent, par Montargis et Châteaudun, vers la Beauce, afin d'affamer Paris, dont ils méditaient de nouveau le siége. On voulut d'abord s'emparer de Chartres « comme d'une forte citadelle, capable de commander et d'incommoder extrêmement la capitale. » Cette ville ayant été investie, une partie des confédérés resta sous les murs ; l'autre marcha sur Houdan, dont la faible garnison ne put opposer de résistance sérieuse. On n'était plus qu'à quelques lieues de Paris ; mais plus l'on en approchait, plus l'on hésitait devant la hardiesse de l'entreprise.

Catherine de Médicis eut recours aux négociations pour écarter le péril. Commencées au couvent des Minimes du bois de Vincennes, les conférences se continuèrent à Longjumeau, où fut signée, le 23 mars 1568, la paix, que l'on nomma *boiteuse* et *malassise*, parce que les plénipotentiaires, venus de Paris, étaient Armand de Gontaut-Biron, qui boitait, et le maître des requêtes, Henri de Mesme de Malassise.

XI

Guerre des Trois Henris. — Les Allemands menacent Paris en 1587. — Journée des Barricades. — Le meurtre du duc de Guise rallume la sédition dans la capitale. — Transport du siége du gouvernement à Tours. — Henri III et le roi de Navarre se concertent pour attaquer Paris. — Blocus de la capitale. — Assassinat de Henri III. — Duel de Marivaut et de Marolles. — Levée du siége par Henri IV.

La paix de Longjumeau, qui suivit le siége de Paris de 1567 et qui mit fin aux hostilités de la seconde de nos guerres civiles de religion, ne fut pas d'une longue durée. Aucun des deux partis ne la désirait sincèrement, et, quelques mois après, on reprit les armes. De 1568 à 1587, il n'y eut pas moins de six nouvelles guerres intestines, interrompues par des traités de pacification. Pendant cette période, la ville de Paris, que déchiraient des dissensions continuelles, fut, à diverses reprises, le théâtre de luttes sanglantes ; mais elle n'eut pas une seule fois la triste occasion d'apercevoir du haut de ses remparts la fumée d'un camp ennemi.

Au mois d'août 1587, lorsque la guerre dite *des Trois*

Henris désolait toutes les provinces de France, les princes allemands s'armèrent, sous prétexte de secourir les protestants et de maintenir les droits du héros béarnais que les ligueurs avaient déclaré, comme hérétique, indigne d'hériter de la couronne de Hugues Capet et de saint Louis. Sous les ordres de Fabien de Dona, gentilhomme prussien, et du baron de Schwartzenberg, sous le commandement en chef de Jean-Casimir, électeur palatin, ils se réunirent à Strasbourg, au nombre de 8,000 reîtres et de 5,000 lansquenets, et s'avancèrent par les défilés des Vosges, entre Phalsbourg et Saverne. Si l'on en croit le Journal de Pierre de l'Estoile, le roi de France aurait été de connivence avec eux, par jalousie et par crainte de la puissance et de la popularité des Guises. Il aurait même écrit au duc de Bouillon, dont le frère, le comte de la Marck, commandait l'avant-garde des reîtres, pour l'engager à ne pas entrer en Champagne et à dévaster les États des princes lorrains, l'armée royale devant suffire pour avoir raison de la Ligue. « Lequel conseil, dit cet écrivain, n'ayant pas été suivi (par une secrette et admirable providence de Dieu, duquel les jugemens sont justes et les voies malaisées à trouver), fust cause de la ruyne de ceste grande armée, et par mesme moien de celle du roy et de ses serviteurs, Dieu voulant chastier les uns et les autres, comme ils en estoient bien dignes, pour ce que tous les deux en ceste guerre, abusans de son sainct nom, crevoient d'ambition et regorgeoient de larcins. »

En effet, au lieu de suivre cet avis, les Allemands continuèrent leur marche. Le 31 août, ils entrèrent dans Sarrebruck, et remontant le long de la rive droite de la Moselle, jusqu'à Charmes, ils traversèrent sur l'autre bord et entrèrent en Champagne. Là, on délibéra sur la direction à prendre. Le général prussien insista vivement pour que l'on se hâtât d'atteindre la Beauce, d'où l'on pourrait menacer Paris, et l'affamer tout en se ravitaillant soi-même avec abondance. Ce dernier avis prévalut ; l'on franchit la Seine à Châtillon, et l'Yonne à Mailly, pour gagner les forêts entre Orléans et Montargis.

L'entrée des Allemands sur le territoire français commençait à répandre le trouble et l'agitation dans l'esprit des Parisiens. Le 2 septembre, des séditieux provoquèrent le peuple contre plusieurs prédicateurs, notamment contre ceux de Saint-Benoît, Saint-Séverin et Saint-Germain l'Auxerrois, accusés d'avoir mal parlé de la religion catholique. Un notaire, nommé Hatte, enseigne de son quartier, était à la tête des émeutiers, qui se répandirent dans la ville en criant : « Aux armes ! » M. de Villequier, gouverneur de Paris, fut assez heureux pour rétablir le calme sans effusion de sang. Mais cette émotion populaire, appelée la journée de Saint-Séverin, n'était qu'une première tentative des ligueurs pour essayer leurs forces.

Les événements militaires concoururent aussi à retarder quelque temps l'insurrection de la capitale. Tandis que l'armée de la Ligue était taillée en pièces Coutras par le brave roi de Navarre, les troupes allemandes, reîtres et lansquenets, essuyaient à Vimory, à Auneau et au pont de Gien des échecs successifs qui es décimaient et qui éloignaient toute crainte d'un siége imminent pour Paris, où les bourgeois avaient commencé à s'inquiéter et à faire des préparatifs de défense. Voici comment Pierre de l'Estoile rend compte de ces faits militaires avec une naïveté qui rappelle quelquefois des bulletins bien récents :

« Le jeudy 29 (octobre), à Vimorri, près Montargis, furent desfaits tout plains de reistres par les ducs de Guyse et du Mayne ; laquelle nouvelle estant arrivée à Paris, fust aussitost mise sur la presse, imprimée, criée et publiée avec les adjonctions accoustumées, faisans monter le cent à mille ; et de faict il se trouve par supputation exacte que le nombre des desfaictes desdicts reistres et étrangers, imprimées à Paris et criées par les quarefours, se monte à ceste heure à près de deux mille de plus qu'il n'en est entré en France. Le mardy 24 novembre, le duc de Guyse, qui tousjours talonnoit les reistres et lansquenets, tousjours leur donnoit quelque bourrade, fist entrer dans le chasteau du bourg d'Auneau, par la pratique, à ce qu'on dist, du cappitaine qui y commandoit et estoit à sa dévotion, le cappitaine Saint-Pol avec deux ou trois harquebouziers des plus lestes de toutes ses trouppes ; lequel les surprinst en désordre, deslogeans dudict lieu, en tua un grand nombre, prinst leurs chefs prisonniers et en remporta grand butin. »

Ces divers échecs découragèrent les Allemands, dont la principale visée était d'entrer dans la capitale avec l'espoir sans doute d'un pillage. Ils demandèrent à capituler, et n'exigèrent que quelques subsides pour vider le royaume. Le péril ainsi écarté, il ne tarda pas à en surgir un autre. La faction des *Seize*, ainsi nommée parce qu'elle avait à sa tête les capitaines ou chefs des seize quartiers, chargés de la défense de la ville par le prévôt des marchands, devenait de plus en plus audacieuse et rebelle. On exaltait le duc de Guise pour humilier le roi. Les prédicateurs, comparant leurs hauts faits, criaient en chaire : « Saül en a tué mille et David dix mille. » Joignant les actions aux paroles, la duchesse de Montpensier, sœur du duc de Guise, conspirait ouvertement pour enlever la personne du roi, et elle portait à sa ceinture la paire de ciseaux qui devait servir à la tonsure de Henri III avant de le reléguer dans un cloître. De tels excès ne pouvaient être longtemps tolérés, et l'on songea à prendre des mesures efficaces. La faction des Seize se recrutant surtout parmi les aventuriers et les gens sans aveu, on enjoignit à tous les étrangers de sortir de Paris, et l'on fit entrer une garnison de 5 à 6,000 hommes.

On ne parlait que de conspirations, de trames contre la liberté et même contre les jours de Henri III. Le 22 avril, les principaux seigneurs et officiers du parti des Guises, Urbain de Laval-Bois-Dauphin, Charles de Cossé-Brissac, les frères de Mouy, formant l'avant-garde des troupes du duc d'Aumale, s'avancèrent sur Paris et occupèrent les Vertus (Aubervilliers), la Villette, Saint-Denis et Saint-Ouen. Pour répondre à cette manifestation par un déploiement contraire, on affecta de faire entrer une grande quantité de cuirasses à l'Arsenal et des munitions de guerre à la Bastille et au Louvre. Quatre mille Suisses, mandés de Lagny, campèrent dans les faubourgs Saint-Denis et Saint-Martin. C'était le 25 avril que devait être tentée une entreprise des religionnaires; en présence de ces préparatifs, le mouvement fut différé.

Le jeudi 5 mai, le roi ayant passé une semaine de retraite à Vincennes, chez les Hiéronimites, montait en carrosse pour regagner la capitale, lorsqu'on vint l'avertir que la duchesse de Montpensier avait dressé une embuscade dans le faubourg Saint-Antoine pour l'arrêter au passage. Une troupe de gentilshommes et de cavaliers l'escorta et fit avorter le projet. Quatre jours après, le duc de Guise entra dans Paris, malgré les défenses et les prières du roi. Le Corse Alphonse Ornano offrit au roi de lui apporter la tête du duc. Henri III recula devant un parti aussi extrême. L'agitation des esprits devenait si grande, que l'orage ne pouvait tarder à éclater. Le Louvre et l'hôtel de Guise (aujourd'hui le palais des Archives, au Marais) étaient comme deux places de guerre. Il y avait deux municipalités, l'une officielle, le conseil de ville, dont la majorité était dévouée au roi; l'autre occulte, le conseil des Seize, ennemis jurés de Henri III et disposant des forces de la Ligue.

La lutte était imminente; le 12 mai, de grand matin, les Suisses furent introduits dans la ville et postés dans les rues et les carrefours qui avoisinent les deux bras de la Seine, depuis la place Maubert et Notre-Dame jusqu'à la porte Saint-Honoré. Le plan était de mettre en arrestation les principaux bourgeois du parti des Guises. Mais il n'eût pas fallu laisser au peuple le temps de se reconnaître. Les troupes, l'arme au bras et attendant des ordres, commençaient à parlementer avec la foule. Crillon, qui les commandait, l'exaspéra par une menace imprudente. D'une barricade dressée à l'entrée du Petit-Pont, du côté du marché Neuf, partit le signal de l'attaque. Les Suisses, obligés de se replier par le pont Notre-Dame, laissèrent sur le terrain une cinquantaine des leurs, tués ou blessés. Ils rallièrent les compagnies postées à la Grève et au marché des Innocents, et se retirèrent au Louvre. Les cadavres furent enterrés dans une fosse sur la place du Parvis. La ville s'était hérissée de barricades, les chaînes étaient tendues à tous les coins de rue ; les portes de Paris étaient au pouvoir des ligueurs. Le roi ne pouvait rester plus longtemps dans ses murs sans risquer de tomber entre les mains de ses ennemis. Le lendemain matin, il sortit par la petite porte du Louvre, la seule restée libre, gagna le jardin des Tuileries, où il monta à cheval, et il alla à franc étrier, par Saint-Cloud et Trappes, coucher à Rambouillet, d'où il repartit pour Chartres. Il jura de ne rentrer dans Paris que pour tirer une punition exemplaire de ces bourgeois toujours prêts à la révolte. Tel fut le résultat de cette insurrection, appelée *la journée des Barricades*. Deux jours après, la Bastille capitulait, et son gouverneur fut remplacé par Bussy-Leclerc, procureur au parlement et zélé ligueur.

Depuis les troubles éclatés pendant la captivité du roi Jean, les tendances de l'esprit populaire avaient été profondément modifiées. Au temps d'Étienne Marcel, la révolte n'était qu'une sorte d'essai que la bourgeoisie faisait de ses forces contre la royauté. C'était un pâle souvenir des municipes romains qui se réveillait au cœur de la population parisienne, mais sans plan, sans organisation, en présence d'un ennemi victorieux. Avec la Réforme commençait une ère nouvelle. L'indépendance religieuse n'est qu'une des faces sous lesquelles se présente le besoin de liberté. Ce ne sont plus des tentatives isolées, sans racine dans le passé, sans fruits pour l'avenir.

Dans les deux camps, catholique ou huguenot, on retrouve le même esprit d'association, de confraternité. Tous les religionnaires du royaume se réunissent pour la défense commune et font même appel à ceux de l'étranger. La faction des Seize et Paris ligueur tendent la main à toutes les provinces, sans distinction de langue d'oc ou d'oïl, de pays de droit écrit ou de droit coutumier. Malgré son origine, ayant eu pour parrains les Guises et la noblesse, la Ligue devient une véritable fédération républicaine, qui domine ses chefs plus qu'elle n'en est dominée. C'est la bourgeoisie démocratisée; car la classe ouvrière est encore trop faible, trop disséminée pour jouer un rôle important dans cette lutte, dont elle sera dans deux siècles un des principaux et des plus dangereux éléments.

Paris, abandonné à lui-même par Henri III, qui crut pouvoir éviter, ou au moins retarder ainsi à cette ville les horreurs d'une guerre des rues, se mit en pleine insurrection. La déchéance du roi et l'élévation du duc de Guise au pouvoir furent hautement proposées. On procéda à des élections pour renouveler le corps de l'échevinage. Des circulaires furent adressées aux principales villes du royaume, et même à quelques membres du corps diplomatique étranger, pour expliquer que les Parisiens ne s'étaient armés que dans l'intention de protéger leur religion et leur liberté, et que le roi, poussé par des conseils insensés, avait honteusement déserté son poste.

Paris n'était pas la France entière, et sa possession ne donnait pas aux factieux le droit de disposer du gouvernement. Le duc de Guise, leur chef, eut occasion d'y réfléchir quand le premier président Achille de Harlay, au lieu de félicitations, lui fit cette courte harangue : « C'est grand pitié, Monsieur, quand le valet chasse le maître. Au reste, mon âme est à Dieu, mon cœur au roi, mon corps entre les mains des méchants. »

Henri III, de son côté, sentant que rien n'est plus funeste à un prince que des victoires et des conquêtes remportées sur les siens, différait d'entrer en guerre ouverte avec les habitants de la capitale. Il se persuada qu'une assemblée des états généraux lui fournirait peut-être des moyens de pacification. Il les convoqua à Blois, et leur ouverture eut lieu le 16 octobre 1588. Deux mois déjà s'étaient écoulés en discussions stériles. L'insolence et l'ambition du duc de Guise, chef de la majorité dans les états, augmentaient de jour en jour. Ses intrigues, ses intelligences avec la Savoie et l'Espagne donnaient le droit de le traiter en conspirateur. Henri III ne se sentit pas assez de force ou de courage pour l'oser ; il le fit massacrer à la porte du conseil. A cette nouvelle, la sédition redoubla de violence dans Paris. Toute conciliation fut désormais impossible. Le duc d'Aumale, nommé par les Parisiens gouverneur de la ville, commença une série de vexations contre les royalistes. On fouilla leurs maisons ; on leur imposa de fortes réquisitions, et l'on en jeta quelques-uns en prison, afin de leur arracher une forte rançon.

Henri III transporta à Tours le siége du parlement de Paris, de la cour des comptes, de celle des aides, en un mot le siége du gouvernement, et il y fixa lui-même sa résidence. Il conclut avec le roi de Navarre, son héritier présomptif, un accommodement que ménagea l'habileté de Philippe de Mornay.

Le 30 avril 1589, dans une entrevue des deux princes au château du Plessis-lès-Tours, on convint de tenter un coup décisif en marchant droit sur Paris, foyer de la rébellion.

Huit jours après, ayant repoussé les ligueurs qui avaient attaqué la ville de Tours, dont ils avaient même pris et incendié les faubourgs, les troupes se mirent en campagne du côté de Blois et de Beaugency. Une petite victoire, remportée près de Bonneval, et la prise de Jargeau, leur ouvrirent le chemin de la capitale.

Étampes n'offrit qu'une courte résistance. « De ce siége, le roi de Navarre fit une partie, dit d'Aubigné, pour aller voir Paris et chercher occasion de voir ses ennemis l'espée à la main. » A la tête de 600 cavaliers et d'un nombre égal d'arquebusiers, il vint à Châtres-sous-Montlhéry, qui ne fut pas défendu. Il se mit à la poursuite d'un détachement de ligueurs, qui se glissèrent entre Vanves et Montrouge pour rentrer dans Paris par le faubourg Saint-Jacques. Harambure leur donna la chasse jusqu'aux pieds des remparts et leur tua ou prit beaucoup de monde, sous le feu même du canon de la place. Les deux rois se rallièrent ensuite auprès de Dourdan, et, s'emparant de Poissy, où ils passèrent la Seine, ils allèrent mettre le siége devant Pontoise. Là se joignit à eux un corps de 10,000 Suisses, que Nicolas de Harlay de Sancy avait enrôlés à Berne et à Genève. Un corps de 2,000 lansquenets et de 1,500 reîtres compléta ces renforts, et l'armée royale s'éleva alors à 35 ou 40,000 hommes.

Leur approche répandait le trouble dans la capitale, dont les habitants commençaient à ressentir les effets de la disette : « La fortune de la plupart, dit de Thou, consistait en maisons ou en rentes de l'Hôtel de Ville, et les loyers et les arrérages ne se payaient plus depuis le commencement des troubles. Le parlement avait même été obligé de rendre un arrêt pour faire remise d'un tiers de leur dette aux locataires, en exceptant toutefois ceux des maisons qui appartenaient à la ville. »

Quelle ne fut pas l'épouvante lorsque l'on vit arriver à Saint-Denis, et même jusque dans Paris, des fuyards sans armes ni bagages, débris d'un corps de troupes des princes lorrains, qui venaient de subir une défaite complète sous les murs de Senlis! A leur tête, Jean de Montluc de Balagny tâchait de rassurer les bourgeois en colorant leur déroute du nom de manœuvre militaire. Il promettait une éclatante et prochaine revanche, et paraissait « tout glorieux, dit un historien, d'une blessure légère qu'il avait reçue dans sa fuite. »

Pour remonter le moral des Parisiens, on publia des bulletins mensongers, on inventa des victoires. Comme des incrédules révoquaient en doute ces nouvelles, on fabriqua des trophées. Une des princesses lorraines « tira de ses coffres quelques pièces de taffetas, dont elle fit plusieurs drapeaux, qu'on mit en lambeaux et qu'on traîna dans la boue avant d'aller en grande pompe les suspendre aux voûtes de Notre-Dame, en guise de dépouilles opimes. »

La prise de Pontoise acheva de jeter la consternation dans Paris, où l'on apprit bientôt que les armées de Henri III et du roi de Navarre s'avançaient par Saint-Germain-en-Laye, Marly et Bougival. Le poste de Saint-Cloud était d'autant plus important qu'il commandait le cours de la Seine, et que son pont de pierre facilitait l'accès de la capitale. Les Parisiens s'étaient retranchés sur les premières arches ; quelques coups de canon suffirent pour les déloger. Henri III étendit ses troupes depuis les portes de Neuilly et de Suresnes jusqu'à Saint-Cloud, où il s'installa dans le château de la maison de Gondi. Le roi de Navarre occupa les hauteurs depuis Sèvres et Vanves jusqu'au pont de Charenton, et il se logea dans le château de Meudon.

Chastillon, un des principaux capitaines de l'armée du Béarnais, suivi d'une cinquantaine de salades (soldats armés d'un casque qui s'appelait ainsi) et d'autant d'arquebusiers, chassa de la plaine de Vaugirard la cavalerie légère des ligueurs. Le lendemain matin, le roi de Navarre lui-même, « pour taster le pouls, dit d'Aubigné, de l'armée assiégée, n'ayant que 800 chevaux, se vint mettre en bataille, à la vue de la ville, aux carrières de Vaugirard, plassant lui-même ses vedettes de gens bien choisis pour pouvoir donner un advis digéré, et leur permit de se promener aux harquebusades des retranchemens. Ces refformés estoient ravis de joie d'oïr siffler les balles de Paris, conférant cette condition avec celle où ils s'estoient veus depuis peu, quand ils contemploient de la Rochelle le meurtre et le feu de Croix-Chapeau (village situé près de Surgères, où il y avait eu, en 1587, un grand massacre des huguenots). C'estoit à qui demanderoit le coup de pistolet; mesme un de ceulx qui estoient en vedette appelant Sagonne (un mestre de camp d'une grande bravoure) au combat, et après estre relevé cerchant ceste occasion vers le Pré aux Clercs, sauta le grand fossé qui l'environne pour aller combattre un caval léger (chevau-léger), qui le défioit en l'absence de son mestre de camp et l'amena prisonnier au prince de Conti. Toutes ces gaietez furent esteintes par Roquelaure, qui, en venant changer les gardes, conta aux compaignons comment le roi venait de recevoir un coup de couteau. » La nouvelle n'était que trop vraie. Voici ce qui s'était passé.

Depuis que l'armée royale campait aux portes de Paris, une partie des habitants de la capitale, enhardis par ce voisinage, commençaient à se déclarer ouvertement pour la paix. Il était à craindre que le jour de l'assaut ils ne rendissent leurs armes. Peut-être même auraient-ils ouvert les portes de la ville, et auraient-ils chargé par derrière ses défenseurs.

Le duc de Mayenne avait entouré de retranchements les faubourgs, où il distribua ses troupes. Il confia à la Châtre la garde des portes de la partie méridionale de la capitale (qu'on appelait l'Université), et se chargea lui-même de celles du nord ou de la ville proprement dite. Il envoya des courriers aux ducs de Nemours et de Lorraine pour les presser d'arriver au secours de Paris. Quoiqu'il affectât une grande confiance, il sentait qu'il n'avait que des troupes peu aguerries, presque toutes composées de recrues; que les bourgeois ne pourraient tenir en rase campagne contre une armée victorieuse, conduite par des chefs courageux et expérimentés comme le roi de Navarre. Si l'on restait dans l'inaction, l'on pouvait être certain que les issues seraient bientôt fermées en amont comme elles l'étaient déjà en aval de la Seine, du côté de la Normandie, et qu'alors la ville, n'étant pas approvisionnée suffisamment en proportion de sa nombreuse population, ne tarderait pas à éprouver toutes les horreurs de la famine. Il lui fallait donc prendre l'offensive ou abandonner la place. Des historiens prétendent même qu'il avait tout préparé pour s'enfuir dans les Pays-Bas espagnols.

Les Seize ne négligeaient rien pour ranimer l'ardeur belliqueuse des assiégés. Ils répandaient l'or de l'Espagne. Ils propageaient contre le roi les plus atroces calomnies. Ils prétendaient que ce prince avait juré de planter une forêt de gibets et de pieux sur les collines des environs, pour y dresser des trophées à sa vengeance; qu'il avait promis au roi de Navarre de le laisser piller la ville et égorger 10,000 catholiques en représailles de la Saint-Barthélemi. Paris devait être rasé au point qu'on en chercherait inutilement les vestiges. Les prédications des moines redoublaient de fureur. La méfiance augmentait avec le mécontentement. Trois cents notables bourgeois furent jetés en prison, sous prétexte qu'ils étaient huguenots ou politiques (nom donné aux catholiques royalistes) et qu'ils entretenaient des intelligences avec l'armée des assiégeants.

Pour mettre fin à une telle situation, le duc de Mayenne, déterminé, dit-on, à vaincre ou périr, résolut de tenter une sortie à la tête de 4,000 hommes de troupes régulières et de toutes les forces de la capitale. Les assiégeants, de leur côté, avaient fixé leur attaque au 2 août, et tout annonçait une action décisive. La veille de ce jour, Henri III tombait sous le poignard de Jacques Clément et ne survivait que quelques heures à sa blessure. Dès que le bruit de sa mort se répandit dans Paris, la plus vive allégresse succéda à la consternation, On s'abordait en se disant : « Bonnes nouvelles ! le tyran n'est plus ! »

La duchesse de Montpensier, fille du duc de Guise, assassiné par Poltrot au siége d'Orléans, nous raconte Pierre de l'Estoile, sauta au cou du messager qui lui apporta cette nouvelle et l'embrassa en lui disant : « Ah ! mon ami, soiez le bien venu ! Mais est-il vrai, au moins ! ce meschant, ce perfide, ce tyran est-il bien mort ? Dieu ! que vous me faites aise ! je ne suis marrie que d'une chose ; c'est qu'il n'a sceu, devant que de mourir, que c'estoit moi qui l'avois faict faire. » Puis, se retournant vers les dames de sa suite, elle ajouta : « Que vous en semble ? Ma teste ne me tient-elle pas bien à ceste heure ? Il m'est advis qu'elle ne me bransle plus comme elle faisoit. » Étant montée en carrosse avec sa mère, elle parcourut la ville et distribua des écharpes vertes (couleur des princes de la maison de Lorraine) avec des poignées de main à tout le populaire qui se trouvait sur son passage. S'étant arrêtée devant l'église des Cordeliers, elle monta les marches du grand autel, et se tournant vers les assistants, elle prononça une courte harangue pour attaquer la mémoire du tyran défunt, et pour exalter le courage et célébrer le martyre de Jacques Clément, « victime de sa belle et glorieuse action. » Sous son patronage, on imprima et publia plus de vingt libelles contre la mémoire du feu roi.

Un événement était venu ajouter encore au délire général des ligueurs. Jean de Marivaut, vieux et brave capitaine de l'armée royale, redouté pour sa grande force de corps et sa merveilleuse dextérité, avait envoyé un cartel aux ligueurs pour provoquer l'un d'eux en combat singulier. Le gant fut relevé par Marolles, jeune officier, fort zélé ligueur. Le duc de Mayenne, qui le tenait en grande estime, voulut en vain le détourner de donner suite à ce défi. Les deux champions entrèrent en lice dans la campagne, derrière le couvent des Chartreux du faubourg Saint-Jacques, sur l'emplacement actuel de l'Observatoire. Au signal des trompettes, ils s'élancèrent l'un contre l'autre avec tant de violence, que la lance forte et pesante de Marivaut faussa la cuirasse de son adversaire et se brisa en éclats. Avec le tronçon qui lui était resté dans les mains il ne put parer le coup que Marolles, armé d'une lance beaucoup plus légère et plus facile à manier, lui porta en plein visage. La grille de son casque était relevée, parce qu'il avait la vue basse. Le fer lui entra dans l'œil et s'enfonça jusque derrière la tête. Renversé de cheval par la violence du choc, Marivaut expira, quelques minutes après, en prononçant ces généreuses paroles : « Ce n'est pas la vie que je regrette, mais la victoire ; j'eusse été trop malheureux de survivre au roi mon maître. » Le vainqueur ne voulut garder d'autres dépouilles que l'épée et le destrier de Marivaut. Il rendit son cadavre à Chastillon, son parrain, et rentra dans Paris au son des fanfares et des acclamations générales. Le soir, ce ne fut que feux de joies et réjouissances pour ce double triomphe de la Ligue : l'assassinat de Henri III et la défaite de Marivaut.

Dans le camp de l'armée royale régnait, au contraire, une morne tristesse. Les catholiques, qui en formaient la grande majorité, et dont, par ses habiles menées, Henri III avait conquis le dévouement ou ébranlé la fidélité envers le roi de Navarre, hésitaient à se rallier autour du prince hérétique devenu l'héritier du trône de France. Le maréchal d'Aumont et Charles d'Humières furent les premiers à reconnaître leur nouveau souverain. Biron imita leur exemple, après avoir d'abord essayé toutefois de faire acheter sa soumission par le don du comté de Périgord. Les Suisses restèrent aussi fidèles à leur drapeau. Le prince de Conti, les ducs de Montpensier, de Longueville, de Piney-Luxembourg, de Montbazon, ne consentirent à prêter serment au roi béarnais qu'après lui avoir imposé de nombreuses conditions en faveur de la religion catholique. Le duc d'Épernon se retira dans ses terres, et Louis de l'Hôpital, sieur de Vitry, se jeta dans la capitale.

La défection se mit dans les rangs des troupes restées d'abord fidèles. Les jeunes officiers, attirés par l'amour du plaisir, profitaient de la suspension d'armes et des négociations entamées entre Henri IV et le duc de Mayenne, pour venir à Paris, où ils se laissaient facilement séduire par les galanteries des dames de la cour. Chaque jour, c'était quelque nouveau gentilhomme qui passait à l'ennemi, avec d'autant plus de facilité que les intérêts de la religion et le cas de conscience de reconnaître pour souverain un hérétique leur fournissaient des prétextes plausibles et même honorables. Le duc de Mayenne ne craignit plus de se prononcer ouvertement. On lui conseillait de se faire proclamer roi ; il préféra garder le titre de lieutenant général du royaume et placer la couronne sur la tête du cardinal de Bourbon, prince pusillanime, qui, prisonnier du Béarnais, s'estima heureux de ne pouvoir donner son assentiment à cette usurpation. C'était, sous le nom de Charles X, un vrai roi *in partibus*.

Henri IV, ayant perdu tout espoir de conciliation

avec le duc de Mayenne, et voyant son armée s'affaiblir, tandis que celle des ligueurs se recrutait d'une foule de catholiques satisfaits du simulacre de roi qu'on leur offrait, sentit qu'il fallait songer à lever le siége. La nécessité de soustraire le cadavre de Henri III aux fureurs implacables des Parisiens et de lui rendre les honneurs funèbres lui fournit un motif de battre en retraite. Il se dirigea vers Compiègne, où le corps du feu roi fut déposé, en grande solennité, dans l'abbaye de Saint-Corneille.

XII

Bataille d'Arques. — Prétendu billet de Henri IV : Pends-toi, brave Crillon. — Fausses nouvelles pour relever le courage des Parisiens. — Consternation à l'approche de l'armée royale. — Attaque et prise des faubourgs. — Mayenne se jette dans la place. — Henri IV est obligé de lever le siége. — Bataille d'Ivry.

A la mort de Henri III, sa succession ayant été, pour ainsi dire, mise en litige par les divers partis, chacun d'eux voulut paraître empressé de consulter le pays, en convoquant les états généraux. Les princes lorrains leur fixèrent pour siége la ville de Paris, et pour date le mois de novembre; Henri IV les assigna à Tours et au mois d'octobre. De part et d'autre, ce n'était que pour gagner du temps et se concilier les esprits.

Forcé par la désertion d'une partie de son armée à s'éloigner de la capitale, le héros béarnais avait vu ses troupes s'affaiblir encore par les congés qu'il lui avait fallu accorder à ses gentilshommes pour aller faire la récolte; car la noblesse, faisant la guerre à ses frais, n'était pas tenue à plus de quarante jours de service. (Mézeray, t. IX, p. 281-284.) Il avait pris la route de la haute Normandie, où le suivit l'armée de Charles de Lorraine, duc de Mayenne. Il est acculé à Dieppe entre la mer et l'ennemi. Il pourrait s'embarquer ou capituler; mais il tient plus à l'honneur qu'à la vie, et il sait que, pour un prince, le champ de bataille est le plus beau lit de mort. Il n'a pas 5 à 6,000 hommes à opposer à 25 ou 30,000. La bravoure suppléera au nombre. Après quinze jours d'escarmouches, on en vint à une grande bataille, et la victoire d'Arques força l'ennemi à se retirer en désordre, le 9 octobre 1589.

Ce serait le lendemain de ce brillant succès qu'il aurait écrit, d'après Voltaire, le fameux billet : « Pends-toi, brave Crillon ! » Malheureusement, malgré la tristesse du rôle de détrompeur, nous croyons, pour rendre hommage à la vérité, devoir dire que jamais Henri IV ne tutoya Crillon, ni aucun autre de ses compagnons d'armes; que, d'ailleurs, ce gentilhomme n'était attaché à la cause du héros béarnais que depuis l'assassinat de Henri III, et que ce ton d'affectueuse familiarité n'aurait donc pu se justifier alors ni par d'anciennes relations d'amitié, ni par de longs et éclatants services. Le billet inventé ou cité de mémoire par Voltaire lui a peut-être été suggéré par une lettre que Henri IV écrivit réellement, le 20 septembre 1597, du camp devant Amiens, et qui commence par ces mots : « Brave Crillon, pendez-vous de n'avoir été ici près de moi lundi dernier. » Cette exclamation *pendez-vous* était une expression favorite de Henri IV, qui s'en est souvent servi dans sa correspondance avec Biron, avec Harambure et plusieurs autres de ses officiers.

Tandis que le roi luttait avec avantage contre le prince lorrain (le duc d'Aumale), des bulletins mensongers proclamaient dans Paris sa défaite (Journal de Henri IV, t. Ier, p. 10), et changeaient en revers ses combats victorieux. A l'appui de ces nouvelles, Catherine-Marie de Lorraine, duchesse de Montpensier, exhibait trois drapeaux que les lansquenets et les reîtres allemands avaient enlevés par trahison, en feignant de se rendre. Elle en avait même augmenté le nombre, en y ajoutant une douzaine d'étendards qu'elle avait fabriqués, et dont, comme nous l'avons vu, elle avait déjà fait usage.

Il arrivait tous les jours des courriers qui annonçaient que le roi était assiégé dans la ville de Dieppe, qu'il avait été blessé et fait prisonnier, qu'il ne tarderait pas à être amené, les fers aux mains et aux pieds, derrière le char du vainqueur. Le peuple, toujours crédule, s'imaginait, sur la foi de ces émissaires, que le héros béarnais ne pouvait plus échapper à l'armée des ligueurs. « Déjà une multitude de dames, raconte de Thou, également oisives et curieuses, avaient eu soin de retenir des fenêtres, qu'elles louaient fort cher, et qu'elles décoraient magnifiquement pour voir passer ce triomphe chimérique. »

Quel ne fut pas l'étonnement des Parisiens, lorsque, le 30 octobre 1589, ils aperçurent du haut de leurs murailles flotter les étendards fleurdelisés du vainqueur d'Arques! Passant la Seine au pont de Meulan, Henri IV était venu, par Saint-Nom, Villepreux et Jouy, camper à Bagneux, d'où ses troupes se répandirent à Issy, Vaugirard, Montrouge et Gentilly. Le lendemain, il alla reconnaître en personne les retranchements des ennemis en avant des faubourgs, et, pour ne pas laisser aux bourgeois le temps de revenir de leur première stupeur, il décida de tenter l'assaut le jour suivant, fête de la Toussaint.

Comme dans tous les temps d'alarmes, on se crut, à Paris, entouré d'ennemis et de traîtres. Quelques écrits favorables au roi, et semés au Palais de justice, servirent de prétexte à l'arrestation de plusieurs notables bourgeois. Henri IV menaça d'user de représailles, sans réussir à leur sauver la vie. Le président Nicolas de Blancmesnil aurait eu le même sort, s'il n'avait réussi à se sauver en Champagne. Le retour du sieur de Rosne, gouverneur de Paris, et celui du duc de Nemours, qui précédait le duc de Mayenne et amenait un corps de cavalerie, rassurèrent les habitants de la capitale, et l'on se prépara à repousser l'attaque.

Les assiégeants, de leur côté, se distribuèrent les

postes. Le maréchal de Biron fut chargé de donner du côté des faubourgs Saint-Victor et Saint-Marceau ; le maréchal d'Aumont et Damville marchèrent contre les faubourgs Saint-Jacques et Saint-Michel ; Châtillon et de la Noue contre le faubourg Saint-Germain, depuis la porte de Bucy jusqu'à la tour de Nesle. L'attaque commença bien avant le jour, par un brouillard fort épais. Les bourgeois coururent aux armes, le drapeau de la Ligue se déploya et entraîna à sa suite une multitude fanatique au-devant des assaillants. On se défendit bravement, mais on ne put soutenir le choc de troupes disciplinées et aguerries. En moins de deux heures, les faubourgs furent emportés, et il fallut se réfugier dans la ville, dont les portes furent si bien surveillées, qu'il ne pouvait plus rien y entrer ni en sortir. Ceux des assiégés qui eurent le bonheur d'échapper au fer du vainqueur, forcés de rester hors des murs, se réfugièrent dans l'abbaye de Saint-Germain, où ils tinrent toute la matinée. C'est là que, vers le soir, Henri IV, ayant envie de voir à découvert sa maîtresse (c'est ainsi qu'il appelait la ville de Paris), monta au haut du clocher de Saint-Germain des Prés, où un religieux seul l'accompagna. En redescendant, il dit au maréchal de Biron qu'il avait senti un frisson en se voyant en tête-à-tête avec ce moine, et en se rappelant le couteau de frère Jacques Clément. Dans sa marche à travers le faubourg Saint-Jacques, il fut accueilli par des cris si vifs et si unanimes de : « Vive le roi ! » qu'il ne put douter que, sans la pression de ses chefs, toute la population parisienne l'eût accueilli à bras ouverts.

Le plus grand carnage eut lieu au carrefour de la rue de Tournon, où l'on compta plus de trois cents cadavres entassés les uns sur les autres. Chastillon, celui qui avait servi de parrain à Marivaut, se souvenant des massacres de la Saint-Barthélemi, dont son père avait été victime, ne faisait point de quartier. Il frappait d'estoc et de taille sur les fuyards, en criant : « Mort aux Ligueurs ! » Un Piémontais, nommé Saint-Sevrin, si hideux de figure, que d'Aubigné le compare à Zopyre, voulut, à la tête de 300 hommes, arrêter ce carnage. Chastillon, quoique sa troupe fût moins nombreuse, les culbuta et les poursuivit avec tant d'ardeur, que vainqueurs et vaincus, assiégeants et assiégés, se trouvaient confondus, et qu'il s'en fallut de bien peu que les troupes royales n'entrassent pêle-mêle dans la ville avec les fuyards. Tous les historiens sont d'accord que, si l'on eût fait avancer aussitôt le canon pour rompre les portes de la ville, avant que les Parisiens eussent eu le temps de se fortifier en dedans, la capitale aurait été prise le jour même. Dans la chaleur du combat, le brave de la Noue, ayant percé jusqu'aux pieds de la célèbre tour de Nesle, descendit le long de la Seine, ayant de l'eau jusqu'à la ceinture, et se présenta à l'entrée de la ville ; mais il reçut l'ordre de rétrograder, car il était sur le point de se voir couper la retraite, et quelques historiens disent même que, n'ayant pas pris la précaution de sonder le gué, il avait failli se noyer.

Cette lutte de quelques heures coûta aux bourgeois de Paris un millier d'hommes tués, 3,000 blessés et un grand nombre de prisonniers, qui se hâtèrent de payer de grosses rançons. Quatorze enseignes et treize pièces de canon tombèrent au pouvoir des assiégeants. La ville était dans le deuil et la consternation ; les femmes et les enfants remplissaient les airs de leurs plaintes et de leurs cris. Pour donner quelque satisfaction à la multitude éplorée, un édit du conseil de l'union nomma une commission, chargée de dresser un état des pertes et des dommages des habitants, et de rechercher les biens des huguenots et des partisans de Henri IV, pour les confisquer et les appliquer aux indemnités qu'elle aurait allouées. Mais la ressource fut bien minime, bien illusoire ; car les seigneurs avaient depuis longtemps fouillé et pillé tout ce qui appartenait à leurs adversaires.

Le lendemain de l'assaut, l'armée royale resta toute la matinée en bataille dans la plaine de Montrouge. Elle espérait que les ligueurs tenteraient une sortie pour les attaquer. Voyant qu'on ne pouvait les attirer au combat, on reprit l'offensive, et la ville fut « à deux doigts près de sa ruine, dit Pierre de l'Estoile, par ung pétard qui fust attaché à la porte Saint-Germain, lequel (comme Dieu voulust) ne joua pas. » Sans cela, la prise de la ville eût été certaine. Le duc de Mayenne, dont la marche aurait dû être arrêtée au passage de l'Oise, si les ordres de Henri IV avaient été fidèlement exécutés, vint se jeter dans Paris avec tant de précipitation, que l'avant-garde seule put le suivre et que le reste de ses troupes arriva à la débandade. Il avait avec lui, outre son armée de ligueurs, un corps d'auxiliaires italiens et espagnols. Henri IV, n'ayant plus d'espoir de forcer Paris à capituler, se retira par la route de Montlhéry et d'Étampes, et alla attendre dans la plaine d'Ivry, près des bords de l'Eure, l'armée des ligueurs, sur laquelle il remporta une victoire éclatante.

XIII

Henri IV, vainqueur à Ivry, revient assiéger la capitale. — Il consent à négocier, mais les ligueurs ne cherchent qu'à gagner du temps. — Plaisanterie de Givry, l'un des envoyés du roi. — Investissement de Paris. — Préparatifs de la défense. — Approvisionnement insuffisant. — Attaque des faubourgs. — Tentative infructueuse sur le fort de Vincennes. — Prise de Saint-Denis — Plus de vingt mille personnes meurent de faim dans Paris. — Arrivée de l'armée du duc de Parme à Chelles. — Henri IV va au-devant de lui. — Ne pouvant le forcer à livrer bataille, il s'éloigne de la capitale.

La première fois que le roi Henri IV leva le siége de Paris, la victoire d'Arques le ramena bientôt sous ses murs ; la seconde fois, ce fut celle d'Ivry (14 mars 1590). Malgré leur défaite, les princes lorrains, continuant leur plan de fausses nouvelles, firent courir le bruit de la mort du héros béarnais. Mais la vérité fut bientôt connue, et le duc de Mayenne, trop honteux pour affronter les regards des Parisiens, quoiqu'il rejetât la perte de la bataille sur l'indiscipline et la lâcheté des Allemands, ne s'avança par Meulan et Pontoise que jusqu'à Saint-Denis, où il s'arrêta. Il envoya, pour renforcer la garnison de la capitale, les débris de ses lansquenets badois et de ses reîtres, cavalerie légère allemande, dont la férocité rendait les guerres encore plus terribles et dont les chefs principaux, Eric, bâtard de Brunswick, le comte d'Oostfrise, et plusieurs autres avaient été tués ou faits prisonniers.

Les plus braves compagnons d'armes d'Henri IV étaient d'avis de poursuivre le prince lorrain et d'aller sans délai assiéger la capitale, où l'on trouverait de grandes richesses et où l'on pourrait, pour dompter la population, saisir les rentes de l'Hôtel de Ville. François de la Noue, surnommé *Bras de fer*, parce qu'ayant eu le bras fracassé, il s'en était fait remettre un de fer, dont il se servait, dit-on, avec la plus grande aisance, insistait vivement pour l'adoption de ce plan de campagne. Mais le roi, espérant épargner à Paris les rigueurs d'un siége, prêta l'oreille aux ouvertures de paix que lui faisaient avec mauvaise foi les chefs de la Ligue. Un d'eux, le cardinal Cajetan, légat du pape, que depuis son arrivée de Rome, en janvier 1590, avait travaillé de toutes ses forces à empêcher un accommodement avec le Béarnais, se chargea lui-même d'entamer des négociations perfides. Il se rendit, accompagné du cardinal de Gondi et des prélats italiens de sa suite, à Noisy-le-Sec, magnifique château, bâti par le duc de Retz dans les environs de Paris. Là vinrent le maréchal de Biron, Revel et Anne d'Anglure de Givry, chargés de traiter de la part du roi.

Les propositions qui leur furent faites étaient inadmissibles. De Thou raconte que, dans cette conférence, le légat s'efforça de gagner les envoyés du roi et de les détacher de sa cause bien plus que de les amener à conclure la paix. Il offrit à Givry l'absolution pour tout le mal qu'il avait fait aux Parisiens. Ce gentilhomme, d'un caractère enjoué, se mit à genoux devant le prélat. Après avoir reçu son pardon, il restait dans la même posture. « Relevez-vous, lui dit le légat. — J'attends, répondit Givry, mon absolution pour tous les maux que je prétends causer encore aux Parisiens ; car je suis résolu de leur faire une plus rude guerre que par le passé. » Cette scène fit rire les assistants et couvrit de confusion le cardinal.

Dans le même temps, Villeroy avait été dépêché secrètement par le duc de Mayenne pour s'aboucher au château de Suindre, près de Mantes, avec du Plessis-Mornay et pour sonder les intentions du roi ; après plusieurs jours de conférences sous prétexte de l'absence de pouvoirs réguliers, il refusa de rien conclure. De telles négociations ne pouvaient aboutir qu'à une perte de temps préjudiciable. L'armée royale resta ainsi dans l'inaction une quinzaine de jours à Mantes, avant de se remettre en campagne.

Le 28 mars, elle occupa Chevreuse et Dampierre, dont le château appartenait à la maison de Lorraine De là, par Montlhéry, Henri IV alla en personne attaquer Corbeil, qui fut forcé de se rendre le 1er avril. Il s'empara ensuite de Melun et de Lagny, après une courte résistance. Ses lieutenants, de leur côté, soumirent Beaumont, l'Isle-Adam et Conflans-Sainte-Honorine. Son but était de se rendre maître de tous les ponts et de toutes les places fortes sur la Marne, sur l'Oise et sur la Seine, en amont et en aval de Paris, afin de réduire cette ville par la famine, au lieu de l'exposer aux horreurs d'une prise d'assaut.

Dans l'intérieur de la capitale, on n'oubliait rien pour se préparer à une vigoureuse résistance. On déployait une énergie et une activité dignes d'une meilleure cause. Hommes et femmes, bourgeoises et grandes dames, moines et soldats, tous concouraient avec ardeur aux préparatifs de défense. Bijoux, diamants, vaisselles d'or et d'argent, les riches mirent tout en commun pour secourir les pauvres et pour aviser à la défense de la cité. Chaque maison fournissait un homme pour travailler aux fortifications et logeait des soldats de la garnison. Ce qui est plus remarquable, c'est que, pour faire le vide autour de la ville, les Parisiens virent saccager et ruiner leurs maisons des champs sans le moindre murmure. « A ces travaux, dit l'Estoile, contribuèrent tous les bourgeois, qui plus, qui moins. Les seigneurs qui estoient dans la ville, alloient souvent voir les travailleurs, les animoient par leur présence, et les prédicateurs, entre autres Pierre Christin (que la satire Ménippée surnomme le Démosthènes de la Ligue) par leurs exhortationss »

Il y avait alors dans Paris quatre factions différentes : celle des *Politiques*, dont les membres, mettant l'intérêt du pays au-dessus des considérations religieuses, étaient disposés à reconnaître pour roi l'hérétique béarnais ; celle des Lorrains, qui voulaient déférer à l'un des Guises l'autorité souveraine ; celle des *Espagnols*, que l'or de Philippe II avait attachés à son parti ; et celle des *Républicains* « gens trop amoureux de la liberté, qui, dit Mézeray, tendaient à établir une république ou du moins un gouvernement, dans lequel l'autorité absolue fût restreinte par de (bonnes) lois. Cette dernière ne subsista pas longtemps. » Ses excès la rendirent si odieuse, qu'elle fut forcée de se fondre dans le parti espagnol.

Charles de Savoie, duc de Nemours, frère utérin des Guises, avait succédé dans le gouvernement de Paris au duc d'Aumale, qui, ayant brigué ces fonctions parce qu'il était perdu de dettes, en avait suffisamment profité pour se *remplumer*, suivant l'expression de la satire Ménippée. Le nouveau gouverneur, aidé par des dons et des offrandes, s'empressa de fabriquer de la poudre et de fondre une soixantaine de canons. Bernardin de Mendoza, ambassadeur d'Espagne, offrit treize autres pièces d'artillerie ; on répara les brèches des remparts ; on construisit des cavaliers et des retranchements ; on remplit des tonneaux de sable pour élever des barricades. On tendit d'une rive à l'autre de la Seine des chaînes soutenues par des estacades, du quai de la Tournelle aux Célestins et du Louvre à la tour de Nesle ; on logea les Suisses au Temple et l'on confia aux lansquenets badois, sous la conduite du comte de Collalto, la défense des remparts depuis la porte Neuve jusqu'à l'Arsenal, où étaient l'artillerie et les munitions de guerre.

La question d'approvisionnement ne fut malheureusement pas abordée avec la même prévoyance. Quand on s'en avisa, il était trop tard. Les campagnes des environs n'avaient plus ni blés ni fourrages. La récolte dans la Beauce et les autres provinces avait été très-médiocre et d'ailleurs presque toutes les voies étaient interceptées. Le 3 mai, l'on acheva le recensement des personnes et celui des farines, du vin, de l'avoine, des légumes et autres provisions de bouche.

Quoique la plupart des ouvriers et des étrangers eussent quitté la ville, que tous les grands hôtels fussent vides et que beaucoup de bourgeois eussent envoyé leurs familles en province, il restait encore plus de deux cent mille bouches à nourrir et les approvisionnements se bornaient à quelques milliers de muids de farine et de vin.

On reconnut, ajoute le Journal de Pierre de l'Estoile, qu'il n'y avait que pour un mois de vivres, à raison d'une livre de pain par jour et par personne.

Pour éloigner les dangers de la famine, on rationna les habitants et l'on choisit dans chaque quartier un boulanger, qui recevrait de la farine à prix réduit, à la charge de vendre le pain aux pauvres à la même condition.

On eut aussi recours au fanatisme afin d'agir sur l'esprit de la population. Le jour même où le roi vint camper devant Paris, la Sorbonne, consultée par le conseil de la Sainte-Union, déclara qu'il était interdit à tout catholique de reconnaître pour souverain légitime un hérétique ou fauteur d'hérésies ; que le Béarnais étant notoirement ennemi de l'Église, relaps et excommunié, les Français devaient s'opposer de tout leur pouvoir à son autorité et ne consentir à paix ni trêve avec lui ; que quand même tout autre légitime héritier de la couronne viendrait à manquer, quiconque le reconnaîtrait pour roi encourrait les foudres de l'Église.

Pour réduire l'opiniâtreté des rebelles et pour resserrer de plus en plus les lignes d'investissement, les assiégeants, quoiqu'ils fussent à peine 20,000 hommes, se saisirent des ponts de Saint-Cloud, de Saint-Maur-des-Fossés et, le 25 avril, de celui de Charenton, dont « dix enfants de Paris avaient défendu la tour pendant trois jours entiers. » Ils succombèrent, et leur capitaine fut pendu. On mit garnison de chevau-légers dans toutes les maisons fortes à sept ou huit lieues à la ronde, et de là l'on battait nuit et jour l'estrade pour que vivres ni munitions ne pussent entrer dans la capitale. » (Mézeray, tome IX, pages 310 et suiv.)

Il y eut d'abord plusieurs escarmouches, dans lesquelles on ne compta qu'un petit nombre de blessés. Ce fut seulement le 6 mai que, pour essayer les forces des Parisiens, Henri IV commença sérieusement les opérations du siége par l'attaque du faubourg Saint-Laurent (aujourd'hui Saint-Martin), où le brave de la Noue eut un cheval tué sous lui et fut blessé à la cuisse d'un coup d'arquebuse. Les assaillants, ébranlés en voyant leur chef hors de combat, se retirèrent en désordre, et les assiégés, s'ils eussent poursuivi leur succès, se seraient facilement emparés de leurs canons et leur auraient coupé la retraite. L'armée royale ne retira de cette journée d'autre avantage que l'incendie des moulins de Montmartre et des buttes Chaumont (appelées alors Belleville-sur-Sablon). Une tentative contre le fort de Vincennes échoua également, et, pour éviter une effusion de sang, l'on se borna à maintenir le blocus. Mais l'investissement n'était pas si complet que, le 17 mai, le marquis de Vitry ne pût entrer dans Paris avec un renfort de trois cents cavaliers, secours d'autant plus précieux que les assiégés manquaient de cavalerie pour faire d'heureuses sorties ; et un mois après, Saint-Pol, ayant saisi sur la Marne un grand bateau, chargé de munitions des royalistes, introduisit dans la place un convoi de vivres qui ravitailla la population pendant près d'une semaine.

La crainte de la famine, dont les premières atteintes se faisaient sentir, poussa les Parisiens à multiplier les sorties. Le 14 mai, Claude de Lorraine, chevalier d'Aumale, força les assiégeants à abandonner l'abbaye de Saint-Antoine et à se replier sur Charenton ; « action brave et généreuse, mais qui fust tachée par le vol de ses soldats, qui pillèrent les vases sacrés et les ornements de l'église des religieuses. » Le 1er juin, Vitry les chassa du faubourg Saint-Marceau, et les poursuivit au delà de Villejuif, dans la direction de Juvisy. En revanche, du côté du nord, l'artillerie canonna la ville à diverses reprises ; presque toujours, il est vrai, sans autre dommage que quelques cheminées abattues. Pendant tout le mois de juin, les escarmouches continuèrent avec des résultats insignifiants. Les positions perdues un jour étaient recouvrées le lendemain.

Le mardi 12 juin, le héros béarnais fit une nouvelle tentative contre le fort de Vincennes. Le chevalier d'Aumale, averti à temps, accourut, avec mille arquebusiers et quatre cents chevaux, au secours de la place, et contraignit les assaillants à se retirer avec perte. Le 14 juin, Givry, précédé par des trompettes, vint provoquer les Parisiens à la porte Saint-Antoine. On répondit à son incartade par une si vigoureuse sortie, qu'il fut obligé de se replier et de regagner Charenton.

Le samedi 16 juin, l'armée assiégeante, ayant braqué deux canons sur les hauteurs de Montmartre, tira à coup perdu sur la ville. Un boulet atteignit le président Rebours dans son logis et lui emporta la jambe. Comme il était soupçonné d'être un politique, on disait en plaisantant que les royaux tiraient *à rebours*. On ne s'en tenait pas toujours à des sarcasmes. Noiret, trompette et crieur juré, fut étranglé pour avoir porté au camp du roi quelques lettres adressées par des personnes suspectes. Le procureur Regnart, accusé de conspirer pour la reddition de la ville, fut pendu en place de Grève. Tous ceux qui parlaient de paix étaient regardés comme fauteurs des hérétiques, et plusieurs bourgeois furent jetés dans la Seine parce qu'ils avaient osé dire que l'on devrait traiter avec le roi de Navarre.

La mort du cardinal de Bourbon (appelé aussi Charles X), décédé à Fontenay-le-Comte, où il était gardé à vue par les royalistes, loin de calmer la fureur des Seize, leur fit prendre une résolution extrême. Ils obtinrent de la Sorbonne une décision qui défendait de nouveau à tout catholique d'accepter pour roi un prince hérétique, un relaps. N'ayant personne à qui déférer la couronne, ils continuèrent à gouverner et à battre monnaie au nom du prétendu Charles X, et l'on conserve encore des quarts d'écu, frappés à son effigie et portant les millésimes de 1591 à 1596.

Le 18 et le 19 juin, l'artillerie des assiégeants tira sur la ville du haut des buttes de Montmartre et de Belleville. Le duc de Nemours y répondit par un feu si bien dirigé, que l'armée royale éprouva de fortes pertes sans obtenir le moindre avantage.

En compensation, le duc de Nevers, bon catholique, et autrefois bon ligueur, qui avait assisté le cardinal de Bourbon dans ses derniers moments, se rallia par son conseil au parti de Henri IV, et amena, au commencement de juillet, un assez grand renfort de gentilshommes, qui permit à ce prince de reprendre l'offensive avec plus d'énergie, et de serrer de plus près la ville de Saint-Denis. Assiégée depuis plusieurs semaines et encore plus mal approvisionnée que Paris, cette place fit connaître au duc de Nemours quelle était sa détresse et que, réduite par la famine à la dernière extrémité, elle ne pouvait tenir plus longtemps si elle n'était secourue sans retard. Comme la possession de Saint-Denis avait une grande importance, le gouverneur de Paris choisit trente des plus braves et des plus hardis cavaliers, et les fit partir à franc étrier, portant chacun en croupe un sac de farine. Pour faciliter leur tentative et détourner l'attention des assiégeants, le duc de Nemours, accompagné du duc d'Aumale et d'une troupe de gentilshommes, fit en même temps une sortie par la porte Saint-Antoine. Grâce à cette diversion et à la hauteur des blés qui cachaient leurs mouvements, une partie des trente cavaliers eut le bonheur d'arriver jusque dans Saint-Denis ; les autres furent pris ou retournèrent sur leurs pas.

Ceux qui atteignirent le but de l'entreprise apportèrent un si faible ravitaillement, et firent un si piteux tableau de l'état de Paris, qu'ils découragèrent les habitants de Saint-Denis au lieu de les réconforter, et qu'ils leur inspirèrent le désir de capituler. Malgré l'extrémité à laquelle elle était réduite, cette place forte obtint des conditions d'autant plus avantageuses, que Henri IV était impatient d'y établir son quartier général, pour de là attaquer et presser plus vivement que jamais la capitale elle-même. Quand il se fut bien établi dans sa nouvelle conquête, et qu'il n'eut plus à craindre d'être attaqué sur ses derrières, il résolut de tenter une action générale contre tous les faubourgs de Paris, « afin, raconte Sully, que n'ayant plus que les portes de la ville à garder, il pust d'autant plus facilement empescher les vivres d'y entrer et ne se servissent d'aultant de fruicts et d'herbages qui sont dans les jardins de dehors et par conséquent affamer tant plustôt ce grand peuple. Ayant donc choisi une nuict fort noire afin de faciliter son exécution et de voir tant mieulx l'escopeterie d'un si grand et général attaquement, tel à la vérité que nous n'estimons point s'en estre jamais veu un semblable pour si peu de sang respandu, d'autant que Sa Majesté ayant séparé son armée en dix parts, et icelles ordonnées pour attaquer en mesme temps les fauxbourgs Saint-Anthoine, Saint-Martin, Saint-Denys, Mont-Martre, Saint-Honoré, Saint-Germain, Saint-Michel, Saint-Jacques, Saint-Marceau et Saint-Victor, il s'en alla à l'abbaye de Mont-Martre, où il ne mena avec lui que les vieillards, les gens de plume et les blessez qui ne pouvoient combattre. » Des chroniqueurs, faisant sans doute allusion à ce séjour, racontent avec une malveillance de ligueur que le roi de Navarre n'employait alors ses loisirs qu'à se divertir avec les dames, et Chateaubriand lui-même, ajoutant foi à ces calomnies, dit que le Béarnais oubliait ses soucis avec l'abbesse de Montmartre, commençait une passion nouvelle avec Gabrielle d'Estrées et se déguisait en paysan pour l'aller voir à Cœuvres, au milieu de tous les périls. Les aventures galantes de Henri IV sont trop avérées pour pouvoir être contestées. Faut-il cependant chercher à les rendre plus coupables en les reportant à des circonstances aussi inopportunes ?

Mais revenons au récit du vénérable Sully : « L'escopeterie commença sur le minuict et dura deux grandes heures, avec telle continuation qu'il semblast que la ville et les faux bourgs fussent tout en feu tant ces peuples tiroient, la plupart du temps sans besoin et cela néantmoins fort esgalement, réservé vers la porte Saint-Anthoine où l'attaquement se fist de plus loin et plus lentement et la défense de mesme, à cause qu'il n'y a là aultre faux-bourg que Sainct-Anthoine des Champs. Mais quoy que ce soit nous croyons que qui pourroit faire faire un tableau de cette nuict là, où le bruit des voix et des coups d'arquebuses se pust représenter aussi bien que tant de bluettes de feu qui paraissoient, il n'y auroit rien au monde de si admirable. » Tous les faubourgs, malgré cette résistance énergique, furent emportés le même jour, à l'exception de l'abbaye de Saint-Germain des Prés, où le capitaine Antonio de Modène, s'était jeté avec une cinquantaine de lansquenets, et où il se défendit encore quarante-huit heures, ne vivant que d'herbes et de racines.

C'est sans doute à cet assaut de Paris qu'il faudrait rapporter celui dont Voltaire décrit ainsi le tableau dans le sixième chant de *la Henriade* :

> Ils descendent enfin dans ce chemin terrible,
> Qu'un glacis teint de sang rendait inaccessible.
> C'est là que le danger ranime leurs efforts :
> Ils comblent les fossés de fascines, de morts :

Sur ces morts entassés ils marchent, ils s'avancent ;
D'un cours précipité sur la brèche ils s'élancent.
Armé d'un fer sanglant, couvert d'un bouclier,
Henri vole à leur tête, et monte le premier.
Il monte : il a déjà de ses mains triomphantes
Arboré de ses lys les enseignes flottantes.
Les ligueurs devant lui demeurent pleins d'effroi ;
Ils semblent respecter leur vainqueur et leur roi.
Ils cédaient : mais Mayenne à l'instant les ranime ;
Il leur montre l'exemple, il les rappelle au crime...
Alors on n'entend plus ces foudres de la guerre,
Dont les bouches de bronze épouvantaient la terre ;
Un farouche silence, enfant de la fureur,
A ces bruyants éclats succède avec horreur.
D'un bras déterminé, d'un œil brûlant de rage,
Parmi ses ennemis chacun s'ouvre un passage.
On saisit, on reprend, par un contraire effort,
Ce rempart teint de sang, théâtre de la mort.
Dans ses fatales mains la victoire incertaine
Tient encor près des lys l'étendard de Lorraine.
Les assiégeants surpris sont partout renversés,
Cent fois victorieux et cent fois terrassés ;
Pareils à l'Océan poussé par les orages,
Qui couvre à chaque instant, et qui fuit ses rivages.
Jamais le roi, jamais son illustre rival,
N'avaient été si grands qu'en cet assaut fatal.
Chacun d'eux, au milieu du sang et du carnage,
Maître de son esprit, maître de son courage,
Dispose, ordonne, agit, voit tout en même temps,
Et conduit d'un coup d'œil ces affreux mouvements.

Le rôle brillant que Voltaire prête à Henri IV dans cette circonstance est en contradiction complète avec le récit des historiens et celui de Sully lui-même. Le héros béarnais n'a jamais payé de sa personne dans les quatre siéges de Paris qu'il entreprit. Mais il a donné assez de preuves de sa bravoure, de sa témérité, pour qu'on ne puisse attribuer sa propre inaction dans les diverses attaques de son armée sous les murs de Paris, à toute autre cause qu'à la répugnance de prendre une part personnelle à une lutte contre la ville qu'il devait considérer comme sa future capitale, et qu'il affectionnait réellement, ainsi qu'il se plaisait à le répéter. D'ailleurs Voltaire a été loin de s'astreindre à suivre pas à pas l'histoire. Il ne mentionne que deux siéges. L'un est celui commencé par Henri III et par le roi de Navarre, en 1589, pendant lequel il n'y eut pas de combat sérieux, d'engagement important. L'autre est celui de 1590, dont Voltaire retrace l'horrible famine, et qu'il place immédiatement avant la reddition de la capitale, dont la date est de 1594. C'est au premier qu'il rapporte l'assaut dont nous venons de citer un fragment, et l'assemblée des états généraux dont la convocation ne se fit que trois ans plus tard.

Cayet, dans sa *Chronologie novennaire*, raconte un incident qui prouve avec quelle courtoisie chevaleresque on luttait alors. Dans une des sorties que les Parisiens avaient tentées pour secourir la ville de Saint-Denis, le sieur Montglas et le baron de Contenan, anciens amis, s'étant arrêtés et abordés pour se tendre une poignée de mains, celui-ci se crut menacé d'être coupé par un parti ennemi et laissa échapper les mots de piége et de trahison. Montglas lui en demanda raison ; on conclut une courte trêve, et le combat eut lieu près de la porte Saint-Honoré. Les deux champions rompirent une lance, se battirent à l'épée et au pistolet avec un égal avantage. On les sépara et un coup de canon à poudre annonça la reprise des hostilités.

Ce duel a sans doute suggéré à Voltaire l'idée de celui que, dans le dixième chant de *la Henriade*, il fait soutenir par le vicomte de Turenne contre le chevalier d'Aumale, et dont le récit commence ainsi :

> Paris, le roi, l'armée et l'enfer et les cieux,
> Sur ce combat illustre avaient fixé les yeux.
> Bientôt les deux guerriers entrent dans la carrière ;
> Henri du champ d'honneur leur ouvre la barrière.
> Leur bras n'est point chargé du poids d'un bouclier ;
> Ils ne se cachent point sous ces bustes d'acier,
> Des anciens chevaliers ornement honorable,
> Éclatant à la vue, aux coups impénétrable ;
> Ils négligent tous deux cet appareil qui rend
> Et le combat plus long et le danger moins grand.
> Leur arme est une épée ; et sans autre défense,
> Exposé tout entier, l'un et l'autre s'avance.

Suivant cet épisode de *la Henriade*, le chevalier d'Aumale aurait succombé dans la lutte, et sa mort, en jetant l'épouvante dans les rangs des assiégés, aurait ouvert à Henri IV les portes de la capitale. Or ce chevalier ne vivait plus depuis trois ans, et il avait péri, comme on le verra plus loin, dans l'attaque de la ville de Saint-Denis du 3 janvier 1591.

Au sujet de cette courtoisie chevaleresque dont la noblesse donnait encore de si nombreux exemples, un historien remarque, en racontant la mort du maréchal de Biron, tué par un fauconneau sous les murs d'Épernay, en 1592, que ce fut le premier grand capitaine, le premier guerrier illustre, qui périt frappé d'un boulet. L'artillerie était connue depuis près de deux siècles ; mais on ne l'employait sans doute que contre l'infanterie, composée presque toujours de vilains ou de mercenaires étrangers. Une convention tacite, dictée par les souvenirs de l'ancienne chevalerie, faisait aux généraux un point d'honneur de ne point briser une vaillante épée sous ces engins qui frappent indistinctement le brave et le lâche, et contre lesquels reste sans défense le courage le plus héroïque.

> Jadis avec moins d'art, au milieu des combats,
> Les malheureux mortels avançaient leur trépas.
> Avec moins d'appareil ils volaient au carnage,
> Et le fer dans leurs mains suffisait à leur rage.
> De leurs cruels enfants l'effort industrieux
> A dérobé le feu qui brûle dans les cieux.
> On entendait gronder ces bombes effroyables,
> Des troubles de la Flandre enfants abominables.
> Dans ces globes d'airain le salpêtre enflammé
> Vole avec la prison qui le tient renfermé :

Il la brise, et la mort en sort avec furie.
Avec plus d'art encore, et plus de barbarie,
Dans des antres profonds on a su renfermer
Des foudres souterrains tout prêts à s'allumer.

Si telles étaient au siècle dernier les tristes réflexions que les armes à feu, les bombes, les obus et les mines inspiraient à l'auteur de *la Henriade* (chant VI), que dirait-il aujourd'hui en présence de nos chassepots, de nos engins à pétrole, de nos canons Krupp et de nos mitrailleuses?

La prise des faubourgs de Paris rendait la position de ses habitants de jour en jour plus pitoyable; on commençait à murmurer le mot de paix. En vain, pour ranimer leurs courages, les ligueurs et les princes lorrains leur annonçaient l'approche d'une armée que Philippe II envoyait à leur secours; en vain on multipliait les libelles contre Henri IV et ses partisans. On eut alors recours de nouveau à une recrudescence de fanatisme. Par des prédications l'on exalta la gloire de souffrir pour une cause aussi sacrée. A ceux qui succomberont l'on promet la palme des martyrs. Ce n'est plus que processions, pèlerinages, vœux particuliers ou solennels, indulgences, prières de quarante heures, confréries, assemblées spirituelles.

Dès le 3 juin, l'on avait organisé la plus étrange cérémonie, la fameuse *procession de la Ligue*. Des milliers de moines, dans un accoutrement moitié religieux, moitié guerrier, le capuchon abattu, le casque en tête, la cuirasse par-dessus le camail, l'épée au côté et la pertuisane sur l'épaule, défilèrent en chantant des hymnes, et représentant, au dire des plus zélés, *l'Église militante.* Cayet appelle cette procession une *monstre* (c'est-à-dire une *revue*), ce qui fait dire à un commentateur de Pierre de l'Estoile qu'elle fut regardée comme un monstre.

Aux tentatives pour relever le moral des habitants de Paris, l'on joignit des moyens plus pratiques, des mesures plus efficaces dans le but de pourvoir à leur subsistance. Des perquisitions furent faites dans les maisons importantes et même dans les couvents et les autres établissements religieux, et partout où l'on trouva des provisions pour plus de deux mois, on envoya le surplus au marché ou dans les réserves publiques.

Malgré ces précautions, au bout de six semaines de siége (vers la Saint-Jean), le blé doubla de prix, et, quinze jours après, il manqua tout à fait. Au coin des rues et sur toutes les places, des chaudières pleines de bouillies, faites de son, d'avoine ou d'herbes cuites sans sel, servirent à la nourriture des pauvres. A défaut de viande de boucherie, on mangea du cheval, de l'âne, du chat, du chien, et bientôt les rats et les souris furent aussi recherchés que les plus délicates pièces de gibier. Se souvenant de l'exemple des habitants de Sancerre, après avoir dévoré ces animaux immondes, on songea à mettre à profit comme nourriture les peaux elles-mêmes. Des marchands en achetèrent trois mille à raison de plus d'une livre tournois pièce. Au moment de la livraison, une horde de gens affamés se précipitèrent sur cette horrible denrée et la pillèrent. On vit plusieurs de ces malheureux déchirer à belles dents les peaux saignantes et encore couvertes de leurs poils.

Les riches eux-mêmes étaient en proie aux plus cruelles privations. Une femme de chambre de la duchesse de Montpensier mourut littéralement de faim, et un gentilhomme, cousin du prévôt des marchands, succomba sans pouvoir se procurer un bouillon de chien que le médecin lui avait prescrit. Il offrit, dit-on, jusqu'à trois mille livres tournois à cette princesse qui possédait un petit griffon, et qui refusa de le céder en disant qu'elle le conservait pour sa propre alimentation en cas de dernière nécessité. « On épargnoit le pain jusque dans les plus grandes maisons ; et chez le légat et l'ambassadeur d'Espagne on n'en donnoit que six onces par jour aux domestiques. Il manqua même absolument pendant plusieurs jours dans les couvents. Les Allemands, gens naturellement féroces, que des personnes aisées entretenoient pour la sûreté de leurs maisons, se mettoient au guet au coin des rues pour arrêter au passage tous les chiens qu'ils apercevoient, quoique la plupart pleins de gale, et, après les avoir attirés à eux à force de caresses, ils leur jetoient au col un lacet avec lequel ils les étrangloient, et les mettant en pièces, les dévoroient ensuite tout crus à la vue de tout le monde. » (De Thou ; traduction de Londres, 1734, tome XI, page 176.)

On imagina de faire, avec des ossements de morts, une farine qu'on mêlait à de vieilles graisses, à des huiles rances ou corrompues pour en composer une pâte dégoûtante qu'on appela, après la cuisson, le *pain de la Montpensier*. Mais il fallut renoncer à cette horrible alimentation, presque toujours mortelle. On brouta l'herbe des rues, on fouilla dans les fumiers. Les malheureux mourant de faim, enflés, hydropiques, expiraient dans les carrefours ou sur les seuils des maisons, et leurs cadavres répandaient des odeurs pestilentielles. A cette extrême détresse se mêlait la superstition. On prétendait que le diable, évoqué par les huguenots, manifestait son intervention par des prodiges. On assurait avoir vu des serpents venimeux et d'autres bêtes étranges s'acharner après les mourants jusque sur la voie publique.

« La nécessité croissant, dit un chroniqueur, les lansquenets, gens de soy barbares et inhumains, mourant de male rage de faim, commencèrent à chasser aux enfants et en mangèrent plusieurs. » Enfin, l'on raconte qu'une mère fit rôtir le cadavre de son fils, et de douleur rendit l'âme devant une si horrible nourriture.

Voltaire, en racontant cet épisode dans le célèbre passage :

Une femme, — grand Dieu ! faut-il à la mémoire
Conserver le récit de cette horrible histoire ? etc.

rend le tableau plus sombre encore en supposant que cette mère avait elle-même tué son fils, et que des soldats, attirés par l'odeur de la chair rôtie, la surprirent au milieu des apprêts de cet odieux repas.

Déjà plus de vingt mille personnes avaient succombé. Les bouches inutiles, sorties ou renvoyées de Paris, erraient hors des murs implorant la pitié et exposées aux coups des deux partis. Henri IV, les apercevant des hauteurs de Montmartre, ordonna de les laisser passer. « Il y a pour eux, dit-il, des vivres dans mon camp. » De pauvres paysans, ayant vendu un peu de pain aux assiégés, étaient menacés de la potence. Le roi leur fit grâce et leur remit de l'argent, tout en s'excusant sur la pauvreté du Béarnais s'il n'en donnait pas davantage. Plus de rigueur aurait sans doute hâté la fin du siége. Mais Henri IV aimait mieux n'avoir point Paris que de l'avoir en ruine et à l'état de cimetière. La ville, ainsi secourue par celui-même qui l'assiégeait, prolongeait depuis trois mois sa résistance.

A plusieurs reprises, les malheureux affamés firent des sorties, non pour repousser les assiégeants, mais pour aller dans les champs couper des épis encore verts, cueillir des feuilles et des herbes, et tromper ainsi leur faim. Heureux ceux qui réussissaient à échanger leur or contre du pain, du vin et d'autres vivres que les soldats de l'armée assiégeante, touchés de compassion, accordaient quelquefois à leurs supplications! Givry, surtout, commis à la garde de Charenton, esprit frivole et galant, est accusé par les historiens d'avoir favorisé ces échanges, et de les avoir pratiqués lui-même en faveur de dames de la cour.

Le peuple, exaspéré par la souffrance, avait fini par ne plus pouvoir se contenir. Les premiers qui avaient osé se plaindre avaient été jetés à la Seine pour aller à Saint-Cloud, disait-on avec ironie, porter au Béarnais des paroles de paix. En dépit de l'arrêt du parlement (15 juin), qui défendait sous peine de mort de parler de capitulation, des rassemblements se formèrent aux cris de : « La paix ou du pain! » Deux des plus mutins furent pendus. Les lansquenets badois, envoyés pour disperser les groupes, en vinrent aux mains avec le peuple et firent usage de leurs armes. On appela cette émeute la journée du *pain ou la paix*.

Pour éviter de pareils désordres, on distribua de l'argent, on livra au pillage les riches hôtels abandonnés par leurs propriétaires. L'ambassadeur de

Philippe II semait l'or à profusion afin d'entretenir et de ranimer l'esprit de rébellion des ligueurs. Le peuple avait des pistoles et des doublons; mais il continuait à mourir de faim. Plus d'une fois, tandis que le diplomate espagnol prodiguait ces largesses, des voix sorties de la foule criaient : « Gardez votre or ; mais donnez-nous du pain. »

Les défenseurs de Paris, minés par la souffrance, ne sont plus en état de porter leurs armes. Ils seront obligés de se rendre à la première attaque sérieuse. Mais Henri IV ne veut pas donner l'assaut ; il craint que les huguenots ne vengent par un horrible carnage les massacres de la Saint-Barthélemi. Cédant aux cris lamentables du peuple, la Ligue se résigne à négocier. Le cardinal de Gondi et d'autres prélats obtiennent un sauf-conduit pour venir au camp du roi préparer un traité qu'ils iront soumettre au prince lorrain, réfugié dans la citadelle de Laon.

Les conférences s'ouvrirent dans l'abbaye de Saint-Antoine des Champs, à une demi-lieue de la Bastille. Henri IV était au milieu de ses courtisans, qui se serraient autour de lui au point de le presser. Les députés de Paris en semblaient étonnés. « C'est bien autre chose, dit le Béarnais, en un jour de bataille. »

Le duc de Mayenne, tandis qu'il faisait affirmer à Henri IV par ces négociateurs son désir ardent de la paix, écrivait aux Seize et au duc de Nemours de ne point s'alarmer des conférences, qu'il mourrait plutôt que de signer un accommodement avec le roi de Navarre. En tout cas, il ne pouvait conclure honorablement un traité sans l'acquiescement et le concours du duc de Parme, qu'il avait engagé si avant et compromis si fortement dans cette guerre. Le roi, voyant que les ligueurs ne cherchaient qu'à gagner du temps pour attendre l'arrivée des troupes espagnoles envoyées à leur secours, rompit les négociations. Les hostilités recommencèrent. Dans une sortie désespérée, les Parisiens firent prisonnier d'Andelot, frère de Châtillon et fils de l'amiral de Coligny (massacré le jour de la Saint-Barthélemi). Malgré ce souvenir de famille, il se laissa si bien gagner par les ligueurs, qu'il fut libre sur parole d'aller d'un camp à l'autre. Il se chargea de reprendre les négociations; mais Henri IV était trop éclairé sur l'intention de ses ennemis pour se laisser endormir de nouveau. Il fit dresser, dans la nuit du 17 au 18 août, deux batteries contre la porte Saint-Germain, côté où les murailles étaient très-faibles. Le duc de Nemours s'empressa de fortifier ce point par des redoutes et par de grands retranchements. Henri IV fut alors obligé de renoncer à l'espoir de l'emporter d'assaut.

Le 20 août, les troupes espagnoles que le duc de Parme amenait au secours de Paris entrèrent en France par la Picardie. A leur tête il y avait le prince de Chimay, le marquis de Renty, commandant des chevau-légers, les comtes d'Arenberg, de Lannoy, de Berlaymont et beaucoup d'autres princes et seigneurs. Le duc de Mayenne quitta Laon et vint recevoir à Meaux ces alliés.

Henri IV, craignant d'être assiégé à son tour, marcha au-devant de l'ennemi, qu'il atteignit à Chelles, et se hâta d'occuper les hauteurs de Montfermeil, poste avantageux que convoitaient ses adversaires. Mais il ne put leur faire accepter le combat, et, après être resté huit jours en bataille en face de l'ennemi, il fut contraint par la disette de lever le camp.

Le 30 août, lorsqu'au point du jour du haut des murailles les sentinelles parisiennes n'aperçurent plus d'assiégeants, la nouvelle s'en répandit dans la capitale et y causa un véritable délire. La population se précipita vers les portes et les remparts pour vérifier le fait et pour se procurer quelque nourriture. Beaucoup de malheureux, épuisés par ce dernier effort, expirèrent en route. L'avidité avec laquelle d'autres se jetèrent sur les premiers aliments fit aussi un grand nombre de victimes.

Le duc de Parme, curieux de voir Paris, s'y rendit *incognito*. Il fut consterné à la vue des faubourgs ruinés, des boutiques vides, des rues presque désertes, sillonnées par quelques spectres hâves et décharnés, rendant le dernier soupir à l'heure de la délivrance.

Le siége avait duré trois mois et demi.

XIV

Henri IV essaye de prendre Paris par surprise. — La ruse est découverte. — Tentative nocturne des Parisiens contre la ville de Saint-Denis. — Journées des farines. — Excès des Seize. — Convocation des états généraux à Paris. — Triste position et misère de la capitale. — Conférences de Suresnes. — Brissac ouvre au roi les portes de Paris. — La Bastille et Vincennes capitulent.

En levant le siége de Paris pour aller à la rencontre du duc de Parme et du prince lorrain, Henri IV n'avait pas complétement débloqué (ou, comme on disait alors, *débouclé*) la capitale. Il était resté maître de Melun, de Mantes, de Meulan, de Corbeil, de Lagny, et de la plupart des places qui fermaient les passages. Saint-Denis, qu'il désirait conserver à cause de son voisinage de Paris, dont il commandait les approches par le nord et par la basse Seine, n'avait que de faibles murailles et des fossés peu profonds. De Gonesse il y envoya Jean de Beaumanoir de Lavardin avec une garnison nombreuse. Il avait même, avant de s'éloigner, fait construire, ainsi que nous l'avons vu, deux forts au confluent de la Seine et de la Marne pour rendre le ravitaillement difficile.

Le roi, ayant adressé aux ligueurs, campés à Chelles, un héraut pour leur proposer le combat, le duc de Parme le refusa, disant qu'il n'était venu que pour secourir Paris, et qu'il n'avait pas besoin pour cela de livrer bataille.

Alors Henri IV se décida à tenter un nouvel effort contre la capitale, dans l'espoir, soit d'y entrer par surprise, soit de contraindre ses adversaires à sortir de leur camp et à accepter son défi. Il massa toutes ses troupes dans la plaine de Bondy, au-dessous de la forêt de Livry, et au milieu de la nuit du 10 septembre, il en détacha une partie qu'il envoya donner l'assaut à la ville par le faubourg Saint-Germain, côté le plus propice à ce genre d'attaque. On eut beau s'avancer dans un profond silence, les sentinelles ayant entendu quelque bruit du côté des glacis, donnèrent l'alarme. On sonna le tocsin, et tous les bourgeois coururent aux remparts.

Les assaillants, avertis de leur côté que leur tentative était découverte, se tinrent cois pendant plusieurs heures, et les Parisiens, n'entendant plus de bruit, crurent qu'ils pouvaient sans crainte regagner leurs logis. Six ou sept pères jésuites du faubourg Saint-Jacques, accourus, armés de hallebardes (car les moines et les religieux concouraient eux-mêmes au service de la défense), restèrent encore aux pieds de la tour papale avec quelques bourgeois pour y veiller jusqu'au lendemain.

Vers quatre heures du matin, l'un d'eux crut remarquer dans l'ombre un mouvement inaccoutumé au fond des fossés Saint-Jacques. Tous prêtèrent l'oreille et sondèrent du regard les ténèbres pour reconnaître le danger. C'étaient bien des soldats ennemis, armés d'échelles qu'ils plantaient contre les murailles. Déjà quelques archers atteignaient les créneaux et luttaient corps à corps avec les assiégés. Mais n'ayant pas encore eu le temps de sauter sur le rempart et de s'y affermir, ils furent rejetés dans l'abîme.

On culbuta les échelles et ceux qui montaient à l'escalade se renversèrent les uns sur les autres. Les bourgeois, qui accouraient en foule, allumèrent des bottes de paille et les lancèrent au pied des murailles pour démasquer les assaillants, qui se retirèrent au plus vite et regagnèrent leur camp. (Pierre de l'Estoile.) L'entreprise manqua, si l'on en croit de Thou, parce que les échelles s'étaient trouvées trop courtes.

Voici comment les faits sont rapportés dans le récit du ligueur Pierre Corneio :

« Pour se venger (de la prise de Lagny), le roy de Navarre leva son camp secrètement et le dimanche suivant, sur les unze heures de nuit, envoya grande quantité des siens dans le fauxbourg Sainct-Jacques de Paris, qui donna une alarme à toute la ville; mais demeurèrent là sans faire bruict, et que personne les vist.

« Les premiers qui sortirent après l'alarme donnée, furent les jésuites, qui s'en allans incontinent à la muraille proche de leur maison, qui est depuis la porte de Sainct-Jacques jusqu'à celle de Sainct-Marcel ; et voyant qu'il n'y avoit point de garde, s'y mirent en sentinelle dix d'entre eulx ; et comme ceulx de la ville virent l'alarme passée, et qu'on ne voyoit paroistre personne, la plus grande partie s'en retourna en sa maison. Mais ces bons pères, ou pour rendre meilleur compte de ce qui se passeroit ceste nuict, ou pour inspiration divine pour le salut de la ville, ne se voulurent encores retirer et demeurèrent ainsi quasi jusques sur les quatre heures du matin ; et lors ouyrent quelque petit bruict au fossé, à l'endroit où ils estoyent et, s'arrestans tout coi, jugèrent bien qu'il y avoit là grande troupe de gens, mais l'obscurité estoit si grande, à cause d'une bruine qu'il faisoit, qu'ils ne les povoyent voir ; qui fut cause qu'ils commencèrent à crier à l'arme ; mais les ennemis ne laissèrent pourtant de planter six ou sept eschelles et monter à la muraille. Et le premier qui parust vint droit au lieu où estoit un des jésuites qui lui donna un si grand coup d'une vieille hallebarde qu'il avoit, qu'il la rompit en deux sur sa teste et le fit tomber du haut de la muraille en bas ; et en firent autant de deux autres ces bons pères ; et à un qui avoit desjà jetté une eschelle dans la ville pour descendre, mais ils l'acoustrèrent si bien avec deux pertuisanes qu'ils avoyent qu'ils lui ostèrent l'eschelle qu'il tenoit avec la main gauche, et ne lui donnèrent loisir de se servir d'un coutelas qu'il avoit en la main droite, encore qu'il leur en tirast beaucoup de coups. Mais à la fin lassé et blessé à la gorge, il tomba comme les autres. A ce bruit arriva un advocat Anglois nommé Guillaume Balden et un libraire nommé Nivelle (demeurant rue Sainct-Jacques, aux deux Colonnes), lesquels trouvans un de ces bons Pères après un qui vouloit monter et le vouloit empescher, lui aidèrent à le jeter par terre et le tirèrent ; et cest advocat en voyant un qui estoit desjà sur la muraille et prest de mettre son eschelle dans la ville, lui donna un si grand coup d'espée sur la main qu'il lui couppa, et le contraignit se retirer bien vistement. Cependant chacun de la ville arriva en cest endroit, et jetta-on tant de paille allumée dans le fossé que les ennemis (qui estoyent bien là deux mil), voyans la clarté et qu'ils estoyent descouverts, sonnèrent la retraite et laissèrent là leurs eschelles. Ce fut là le troisième et plus apparent moyen que ces gens aveuglez eurent de prendre la ville ; parce que si, au lieu de six eschelles qu'ils mirent, ils en eussent mis six cens et en divers lieux, comme ils povoient faire, en ayant plus de quinze cents, le peuple et tout le monde estant las et fatigué, ils fussent venus à bout de leur entreprinse. »

Au mois de janvier suivant, les Parisiens ouvrirent la campagne par une tentative contre la ville de Saint-Denis, qui les tenait en bride, et dont l'occupation eût rendu beaucoup plus difficile la reprise du siége. Cette place, située dans un terrain coupé de marais, avait une assiette avantageuse ; mais ses murs étaient de plâtre, peu élevés et sans défense, ses fossés étroits et sans profondeur. Il n'y avait point de remparts fortifiés en dedans. Biron y avait autrefois construit à la hâte quelques ouvrages qui, n'ayant point été achevés, étaient entièrement ruinés par les injures du temps. Les soldats de Lavardin, chargés de la défense de la place, avaient ravagé les maisons abandonnées, et les hôtelleries où logeaient les marchands à l'époque des deux grandes foires, notamment celle du Landit. Ils avaient ruiné les bâtiments, en avaient vendu les matériaux ou s'en étaient servis comme bois de chauffage. (De Thou, liv. CI.) Les Parisiens, au nombre de huit-cents fantassins, soutenus par deux cents hommes de cavalerie, s'avancèrent jusqu'au pied des murailles, par un grand froid, dans la nuit qui précède la fête de sainte Geneviève ; ils traversèrent les fossés sur la glace, ouvrirent les portes avec des pinces, et baissèrent les ponts-levis.

Arrivés au centre de Saint-Denis, ils furent arrêtés

tout court par le comte de Vic, gouverneur de la place, et la mort de Claude de Lorraine, chevalier d'Aumale, chef de l'expédition, entraîna leur déroute complète. On fit à ce sujet les vers suivants :

Saint Antoine, pillé par un chef des Unis,
Alla comme au plus fort se plaindre à saint Denis,
Qui lui dit : « À tort la vengeance est promise. »
Un peu de temps après ce pillard entreprit
De prendre saint Denis; mais saint Denis le prit,
Et vengea dessus lui l'une et l'autre entreprise.

Dominique de Vic, seigneur d'Ermenonville, capitaine aux gardes, n'était gouverneur de Saint-Denis que depuis deux jours, et il avait été appelé à ce poste sur la démission de Lavardin. Il s'était déjà distingué à la journée d'Ivry, où il avait combattu comme sergent de bataille, et le roi Henri IV lui avait donné pour armes, en récompense de ses éclatants services, d'azur, à une fleur de lis d'or, chargée de...

Deux semaines après, Henri IV essaya à son tour de surprendre la capitale. Il répandit le bruit qu'il allait prendre ses quartiers d'hiver. Le prince Louis de Gonzague, duc de Nevers, leva le siège de Provins et lui amena ses troupes comme pour des licenciés; le duc d'Épernon vint de Beaumont avec les siennes; Anglure de Givry arriva aussi de Lagny. Tous ces mouvements militaires, quelque fût le secret qu'on y apportât, ne pouvaient manquer d'être bientôt connus dans Paris. Les

19.

ligueurs se tinrent sur leurs gardes. Les postes et les sentinelles furent doublés. Des éclaireurs furent envoyés hors de la ville. Les bourgeois reçurent l'ordre de se tenir prêts à sortir de chez eux au premier signal; les réfractaires devaient être traînés en prison. Jean-François de Faudoas, dit d'Averton, comte de Belin, gouverneur de la ville, accompagné de son frère Faudoas de Sérillac, visita les troupes placées sous les ordres de Louis de Beauvau, Roger de Gramont, Gauville, Beaujeu, Halwin (marquis de Maignelais), et le régiment allemand, commandé par le comte de Collalto. Il s'assura de l'état des remparts et fit clore par des terrassements la porte Saint-Honoré, qui paraissait la plus exposée.

Ces précautions prises, on resta deux jours sans voir les craintes se justifier. Dans la nuit du 20 janvier, une dizaine de paysans, conduisant des chevaux chargés de farines, se présentèrent vers trois heures du matin pour entrer dans la ville par la porte Saint-Honoré. Leur démarche ne parut point suspecte, car ceux qui apportaient des vivres à Paris venaient ordinairement la nuit, à cause des garnisons ennemies qui infestaient les environs. Louis de Beauvau qui commandait ce poste, leur dit que la porte était murée, qu'ils allassent à celle du quartier Montmartre ou qu'ils descendissent vers la rivière; que là des bateaux pourraient charger leurs farines.

Derrière cette petite troupe de paysans, venaient une soixantaine de voituriers amenant avec eux des charrettes chargées de sacs de sable en guise de blé. C'étaient les uns et les autres des officiers déguisés mais bien armés et ceints de leurs écharpes blanches sous leurs vêtements de toile bleue. Ils devaient s'emparer de la porte, l'embarrasser de leurs voitures dès qu'elle serait ouverte, et livrer ainsi le passage à Lavardin, qui commandait cinq cents cuirassiers, et à Charles de Biron, suivi de mille hommes d'infanterie. Plus loin, dans le faubourg, attendaient les sieurs de la Noue, de Givry, de Sourdis, de Balzac, avec des détachements, et enfin les Suisses traînant des pièces d'artillerie, portant des échelles, des mantelets, des haches, des pontons, et tous les instruments nécessaires pour tenter l'escalade. Le roi lui-même, accompagné des ducs d'Épernon et de Longueville, s'avançait en silence, laissant les bagages et la cavalerie du côté de la Ville-l'Évêque.

Tandis que la clôture de la porte Saint-Honoré les obligeait à rebrousser chemin, des habitants du faubourg avaient donné l'alarme. Le tocsin appelait les bourgeois aux remparts, les troupes se mettaient sous les armes. Le roi, voyant que la ruse était découverte, tint un conseil de guerre dont l'avis fut de ne rien hasarder, et l'on regagna la plaine Saint-Denis en faisant couvrir la retraite par les arquebusiers et les Suisses.

Les Parisiens, joyeux d'avoir échappé au péril, instituèrent une fête commémorative de la *Journée des farines*; et deux jours après on fit une procession générale pour remercier Dieu d'avoir protégé la ville contre les stratagèmes de l'hérétique, et pour célébrer l'élection du pape Grégoire XIV.

Henri IV, frustré dans ses espérances, dirigea alors ses troupes du côté de la Normandie, s'empara de Chartres, de Louviers, et fit rentrer dans le devoir la plupart des villes encore rebelles. Les ligueurs pour éviter une nouvelle surprise, firent, à grand regret de tous ceux qui avaient conservé quelque sentiment d'honneur national, consentir les Parisiens à recevoir une forte garnison espagnole. Mais bientôt les excès des Seize, devenus plus audacieux, fatiguèrent la population.

On supportait avec grande impatience le joug tyrannique de ces gens-là. Au moment où le cardinal de Bourbon, frère du roi, dont le nom avait servi à donner à la Ligue une espèce d'autorité légitime, affaiblit la puissance des factieux. Les princes ligueurs se lassaient de donner à ces rebelles les exemples sanguinaires dont leur massacre était le triste président Brisson, savant jurisconsulte, et de deux autres vénérables magistrats, tels conseillers au parlement Jean Tardif, Claude Larcher, qui, craignant de ne pas échapper à la fureur des assassins, se soustraire à la tyrannie des

Seize, avaient refusé d'obéir à leur injonction d'exercer des poursuites juridiques contre les huguenots et les royalistes. Ces trois victimes, jetées dans les cachots du petit Châtelet, y furent mis à mort après un simulacre de procédure, le 16 novembre 1591. Plusieurs des Seize qui les jugèrent, ayant subi jadis des condamnations pour divers méfaits, avaient à se venger d'eux.

> Qui sont ces magistrats que la main d'un bourreau
> Par l'ordre des tyrans précipite au tombeau?
> Les vertus dans Paris ont le destin des crimes.
> Brisson, Larcher, Tardif, honorables victimes,
> Vous n'êtes point flétris par ce honteux trépas :
> Mânes trop généreux, vous n'en rougissez pas.
> Vos noms toujours fameux vivront dans la mémoire ;
> Et qui meurt pour son roi, meurt toujours avec gloire.
> (LA HENRIADE, chant IVe.)

Le duc de Mayenne sentit alors la nécessité de comprimer les factieux et de détourner de sa propre tête la haine que ses ennemis voulaient faire retomber sur lui, en publiant qu'il laissait commettre impunément ces crimes, qu'il les autorisait même et qu'il abandonnait les plus riches familles à la discrétion de la populace de Paris, dans le dessein de fonder un nouvel empire en France, après avoir renversé les lois de l'État et avoir anéanti la noblesse, la magistrature et la bourgeoisie elle-même. (De Thou, liv. CII.) Il força Bussy le Clerc à lui remettre les clefs de la Bastille, en transigeant toutefois et lui accordant la vie sauve.

Il plaça dans cette forteresse une garnison aguerrie sous les ordres du brave du Bourg. Quatre des membres du conseil des Seize, les plus acharnés et les plus coupables, furent arrêtés et enfermés dans une salle basse du Louvre, où on les pendit le 4 décembre 1591, malgré l'intervention de don Diègue d'Ibarra, ambassadeur d'Espagne, qui avait trempé dans leurs crimes.

Tandis que le duc de Mayenne raffermissait son autorité dans l'intérieur de Paris, les avantages remportés en province par les troupes du roi le firent enfin songer à négocier. Des conférences s'ouvrirent à plusieurs reprises, tantôt à Saint-Denis, tantôt à la Roquette, maison de plaisance qui avait appartenu au chancelier Chiverny, et qui n'était pas éloignée de la porte Saint-Antoine. Mais ces négociations échouèrent parce que les princes lorrains mettaient pour condition préalable l'abjuration de Henri IV, à laquelle ce prince était déterminé, mais que, par un sentiment d'honneur, il ne voulait pas avoir l'air d'accorder à un calcul d'intérêt. Ils s'avisèrent alors de convoquer à Paris les états généraux, dans l'espoir de faire sanctionner leur gouvernement spontané et même de voir déférer à l'un d'eux la couronne de France. Les membres de la noblesse catholique, restés fidèles au Béarnais, répondirent à cette convocation par une demande de conférences sans pouvoir l'obtenir.

La position de Paris était loin cependant de s'améliorer. Le commerce était nul. Les arrivages de vivres offraient tant de difficultés que la disette était permanente. La mortalité continuait à faire de grands ravages. Il est à remarquer que de tout temps, dans les villes assiégées, les habitants, soutenus par l'énergie morale, ne paraissent pas d'abord trop fortement atteints par les effets de la mauvaise nourriture. Mais lorsque la lutte a cessé par une capitulation ou par la retraite de l'ennemi, l'affaissement s'empare des esprits avec une sorte de recrudescence et, agissant sur la population maladive, elle entraîne la consomption, l'anémie, qui enlèvent une foule de malheureux dont la constitution épuisée est incapable de reprendre le dessus.

A la cherté des subsistances il fallait ajouter les charges énormes de la guerre, les exactions des ligueurs qui, encore plus cupides que fanatiques, rançonnaient ou pillaient, sous prétexte de religion, ceux dont ils convoitaient les richesses. On profitait des perquisitions faites dans les plus riches hôtels pour s'emparer de toutes les valeurs qui s'y trouvaient et qui servaient à faire face aux dépenses journalières. Le parlement, voulant soulager la misère du peuple, fit remise des deux tiers des loyers pour les baux antérieurs au 15 avril 1589, de la moitié pour ceux qui avaient été faits du 15 avril au 1er août de la même année, et d'un tiers pour ceux qui étaient postérieurs à la levée du dernier siége. Défense fut faite de procéder à la vente des meubles des locataires qui ne pouvaient pas payer les loyers ainsi réduits. (Arrêt du 8 janvier 1592 ; de Thou, liv. CIII.)

Les communications avec les partisans du roi Henri IV, maîtres de Saint-Denis, de Chelles, de Melun, de Corbeil et de Suresnes, étaient défendues sous peine de mort, et l'on était obligé de confier sa correspondance à des bouteilles vides. (*Journal de Henri IV.*) La population parisienne supportait toutes ces privations, tous ces maux, avec une résignation héroïque ; ce qui avait fait dire aux Rouennais, fiers d'avoir forcé par de vigoureuses sorties la levée du siége de leur ville : « qu'ils aimaient mieux combattre que jeûner, tandis que les Parisiens aimaient mieux jeûner que combattre. »

Pour contraindre les ligueurs à écouter ses propositions d'accommodement, Henri IV, au mois d'octobre 1592, fit courir le bruit, en quittant Saint-Denis, qu'il allait à Melun ; mais s'arrêtant en face de Chelles, il fit construire à la hâte dans l'île de Gournay-sur-Marne une forteresse dont les bastions étaient protégés par la rivière qui baignait leurs pieds. Il la plaça sous le commandement d'Odet de la Noue, fils de François, dit Bras de fer, et y laissa six pièces de canon et des munitions considérables. Ce fort, qui commandait le passage et qui interceptait toute communication entre Meaux et la capitale, fut appelé par dérision *Pille-Badauds*.

Quand les Parisiens en furent informés, ils tremblèrent d'être réduits à la famine, et ils murmurèrent contre les princes lorrains, qui ne cherchaient qu'à prolonger la guerre afin de conserver le pouvoir. On leur demandait de procéder à l'élection d'un roi ; on réclamait la paix qui seule pouvait apporter « un remède aux misères que Paris, dit Pierre de l'Estoile, souffre depuis quatre années, étant cette ville sans commerce pour les marchands, sans travail pour les ouvriers, sans revenus de leurs biens de campagne, sans rentes ni loyers de leurs maisons ; mais avec la faim, la pauvreté et les cruels Espagnols au dedans et des ennemis au dehors. »

Après avoir longtemps repoussé toute demande de conférence, les états généraux, au mois de mars 1593, consentirent enfin à négocier avec les catholiques du parti du roi. On chercha dans les environs de Paris un lieu convenable pour cette assemblée. On proposa Montmartre, Chaillot ou Saint-Maur ; mais les bâtiments de ces localités parurent insuffisants et l'on choisit Suresnes comme étant un des villages de la banlieue les moins dévastés, et l'un des plus riches à cause de ses vignobles, alors si excellents et si renommés. Les ligueurs mirent tout en usage pour gagner du temps, espérant toujours être secourus par les troupes que le roi Philippe II leur envoyait sous la conduite du comte Charles de Mansfeld.

D'armistice en armistice, il ne fallut pas moins de quatre mois pour arriver à la conclusion d'une trêve qui devait expirer au 1er novembre 1593 et qui fut prolongée jusqu'au 1er janvier 1594.

Henri IV profita de ces délais pour se faire instruire dans la religion catholique, et, le 22 juillet 1593, il vint à Saint-Denis afin d'abjurer entre les mains de l'archevêque de Bourges. La cérémonie eut lieu le dimanche 25 juillet. Henri IV, revêtu d'un pourpoint de satin blanc et d'un haut-de-chausses de même, coiffé d'une toque noire à plumes blanches, traversa les principales rues de Saint-Denis, tapissées et jonchées de fleurs. Il se présenta à l'entrée de l'église devant l'archevêque, assisté du cardinal de Bourbon et d'un grand nombre de prélats, de princes et de grands officiers de la couronne. Introduit dans la nef, il assista aux divers offices de la journée; après les vêpres il monta à cheval et il alla à Montmartre rendre grâces à Dieu dans l'église de Saint-Pierre.

Le duc de Mayenne avait expressément défendu aux Parisiens de se rendre à Saint-Denis pour assister à cette solennité. Mais on ne tint aucun compte de cette prohibition, qui ne fit qu'accroître le désir d'y aller. « Il arriva, dit Sully, une si grande affluence de peuple, noblesse et autres gens de qualité de la Ligue, à Saint-Denis, que l'on ne se pouvoit quasi tourner par les rues ; lesquels ne pouvant encore adjouster foy à ce que l'on publioit de la conversion du roy, cherchoient des lieux de tous costez dans l'église Sainct-Denis et sur les chemins du logis du roy en icelle (car le roy la voulut allonger exprès pour les contenter), afin de le voir à la messe ou pour le moins en passant pour y aller. Tous lesquels ne l'eurent pas plutost veu avec sa bonne mine, que depuis les grands jusqu'aux plus petits (fort peu exceptez) ils ne criassent : Vive le roy ! avec acclamations, levant les mains au ciel ; et une infinité, sur toutes les femmes, jeter des larmes de joye et crier sans cesse : Hé ! Dieu le bénie et le vueille bientost amener en faire autant dans nostre église Nostre-Dame... »

« Les peuples de Paris, dit encore le fidèle ministre de Henri IV, ayant gousté quelque petite liberté d'aller voir ce qu'ils appellent leur lieu à l'entour de Paris, pendant la conférence de Suresnes (pour laquelle tenir plus librement l'on avoit fait une trêve de quelques deux lieues à la ronde), l'avoient trouvée si doulce que voyans le roy fait catholique, ils ne laissèrent jamais M. du Mayne en repos qu'il n'eust requis du roy (sans y adjouster de Navarre), une trêve générale au moins pour six mois. »

Le premier usage que la Ligue fit de cette suspension d'armes, ce fut pour attenter à la vie du roi (de

Navarre, comme le disaient avec affectation ceux qui ne voulaient pas reconnaître en lui leur souverain légitime). Vers la fin du mois d'août, un nommé Pierre Barrière, soldat, ancien batelier d'Orléans, vint de Lyon à Saint-Denis, où se trouvait alors Henri IV, dans le dessein de le poignarder. L'occasion ou l'audace lui ayant manqué, il suivit le roi à Gournay, à Crécy, à Brie-Comte-Robert. S'attachant toujours à ses pas, il venait d'arriver à Melun, lorsque son projet fut découvert. Il périt sur la roue, et ceux qui l'avaient poussé à ce crime furent condamnés par contumace à être écartelés en effigie. Le roi ne répondit à cette odieuse tentative des ligueurs qu'en publiant une amnistie générale pour tous ceux qui rentreraient dans le devoir.

A l'expiration de la trêve, le 1er janvier 1594, la paix n'ayant pas encore été signée, les hostilités recommencèrent aux environs de Paris. Les troupes royales, sorties de Saint-Denis, attaquèrent quelques compagnies de gens de pied des ligueurs, campées à Charenton, et les repoussèrent dans la ville, où les fuyards et les blessés répandirent la consternation.

Les ligueurs saisirent le prétexte de cette défaite pour augmenter la garnison espagnole de la capitale; mesure qui ajouta au mécontentement de la majeure partie de la population parisienne, dont le patriotisme était encore vivace. Le parlement ordonna l'expulsion des troupes étrangères, et quoique son décret ne fût pas exécuté, les Seize ne purent se faire illusion sur la fin prochaine de leur règne. Si Henri IV eût voulu profiter de cette disposition des esprits, il se serait facilement rendu maître de la capitale. Mais il lui répugnait d'engager une lutte trop sanglante. Il préférait temporiser et ramener peu à peu ses sujets dans le devoir. Il désirait vivement depuis sa conversion se faire sacrer ; mais Reims, la ville traditionnelle, était au pouvoir des Guises et il n'avait pas de Jeanne d'Arc pour l'y conduire. Rome, sous l'influence de l'Espagne, s'opposait aussi à cette cérémonie et affectait de douter de la sincérité du retour de Henri IV à la foi catholique.

La joie fut grande dans Paris, parmi les royalistes, lorsque l'on apprit que, le dimanche 17 février 1594, ce prince avait été sacré dans l'église de Notre-Dame de Chartres par Nicolas de Thou, évêque de cette ville. Une pareille consécration achevait d'enlever aux ligueurs un de leurs derniers motifs de persévérer dans leur rébellion. Effrayé de l'imminence du danger, le duc de Mayenne redoubla de vigilance et de rigueur contre les royalistes ; leur expulsion fut mise en délibération, mais on n'osa pas la voter.

Le comte de Belin, gouverneur de Paris, soupçonné de trahison, avait en réalité conçu un vif regret de sa rébellion contre son souverain légitime. La courtoisie et la générosité de Henri IV, dont il avait eu déjà l'occasion d'éprouver les effets à l'époque de la bataille d'Arques, l'avaient depuis longtemps touché. La haine des Espagnols et le dégoût de les voir régner en maîtres avec les Seize dans la capitale, achevèrent de l'ébranler. Il médita le projet d'ouvrir au roi les portes de Paris. Ses menées furent découvertes par le duc de Mayenne, qui le révoqua et lui donna pour successeur Charles de Cossé, comte de Brissac. Le nouveau gouverneur avait « formé dans son esprit, disent les Mémoires de Sully, l'idée d'une république semblable à celle de Rome, dont il lisoit souvent l'histoire; » mais il reconnut bientôt l'impossibilité de réaliser ses utopies républicaines, et, à son tour, il ne songea plus qu'à mettre Henri IV en possession de sa capitale. Il négocia secrètement avec Antoine de Silly, comte de Rochepot, son proche parent, un des plus dévoués partisans du Béarnais.

Le duc de Mayenne, n'espérant plus pouvoir prolonger lontemps encore la résistance, quitta Paris sous prétexte d'aller au-devant des troupes allemandes, mais en réalité pour conclure sa paix particulière. Les Seize s'alarmèrent vivement de ce départ et du retour du roi, qui avait passé à Rueil et avait regagné son quartier général de Saint-Denis. Ils firent rendre par le parlement un arrêt contre les réunions, les propagateurs de faux bruits, les amas d'armes. Ils méditaient, dit-on, un massacre général de tous les *politiques*. Des tentatives de corruption furent faites sur la garnison de la Bastille, à l'instigation peut-être des Espagnols, qui voulaient éprouver sa fidélité ou se rendre maîtres de la place. Le bruit s'étant répandu qu'un convoi considérable d'argent, adressé à Henri IV, était arrivé à Palaiseau, les ligueurs envoyèrent le capitaine Jacques Ferrarais, avec deux compagnies de soldats de la garnison étrangère, pour l'intercepter lorsqu'il passerait le bac. Ce détachement sortit le soir par la porte Saint-Jacques et il battit la campagne inutilement toute la nuit. C'était un faux avis que le comte de Brissac avait répandu pour tenir les Seize en alerte et pour éloigner de la capitale une partie des troupes étrangères. Le bruit courut aussi que des cavaliers de l'armée royale avaient été vus par des espions du côté de la plaine de Montrouge ; ce qui fit croire aux Espagnols et aux ligueurs que les assiégeants passaient par le pont de Saint-Cloud pour tenter quelque attaque du côté de l'Université et du faubourg Saint-Germain.

Le comte de Brissac préparait toujours activement l'exécution de son projet de livrer au roi les portes de la ville. Il profita de cette rumeur pour armer ses gens, poser des sentinelles et faire la ronde le long des remparts. Il affecta de diriger du côté du sud de Paris tous les moyens de défense. On avait dû confier à trop de gens l'entreprise qu'il méditait pour que les

Seize n'en eussent pas quelques soupçons. Ils le firent surveiller par des capitaines espagnols. Mais il sut déjouer leur vigilance, et, à son tour, il plaça auprès du logis du duc de Féria, ambassadeur de Philippe II, un corps de garde de bourgeois royalistes, avec ordre de tirer sur les étrangers s'ils tentaient le moindre mouvement. Il envoya ensuite un messager prévenir le roi que tout était prêt pour que, le lendemain, les portes du nord-ouest de la ville lui fussent ouvertes. En effet, le mardi, 22 mars, à quatre heures du matin, le comte de Brissac et Jean Lhuillier, prévôt des marchands, se rendirent à la Porte-Neuve, ou porte de la Conférence (près des Tuileries), qu'on avait bouchée avec des sacs de terre et qu'ils firent promptement déblayer. La nuit avait été très-pluvieuse, les troupes du roi tardaient à se présenter et le gouverneur de Paris commençait à s'inquiéter. François d'Espinay-Saint-Luc et Dominique de Vic parurent enfin, à la tête de cinq cents arquebusiers et de deux compagnies de cavalerie, qui avaient mis pied à terre, et qui, introduits dans la ville, se portèrent vers Saint-Thomas du Louvre et la croix du Trahoir (au carrefour des rues Saint-Honoré et de l'Arbre-Sec).

Le maréchal de Matignon, avec un autre corps d'armée, longea la rivière et rencontra sur le quai de l'École un détachement de lansquenets badois. A la vue des écharpes blanches, les Allemands se mirent en mesure de lui barrer le passage. La résistance ne fut pas longue. Dès le premier choc, une trentaine de lansquenets restèrent sur le carreau ; les autres s'enfuirent ou se précipitèrent dans la Seine pour gagner l'autre rive. Dans le quartier de l'Université, auprès des Mathurins Saint-Jacques, quelques ligueurs et une troupe de gardes wallones, à l'instigation des Seize, élevèrent des barricades. Mais à l'approche des royalistes, un de leurs chefs, Charles Usur, épicier, dit la Jambe de bois, ayant fait une chute et s'étant blessé, ils jetèrent leurs armes presque sans coup férir. Les garnisons de Corbeil et de Melun arrivèrent par la Seine et s'emparèrent de l'Arsenal. Avant le milieu du jour, les portes, les remparts, les avenues de tous les ponts, le Palais, les deux Châtelets, furent occupés ; il n'y eut plus dans la ville une seule écharpe noire, signe distinctif des ligueurs, et de toutes parts retentissaient les cris de : « Vive le roi ! vive la paix ! »

Le comte de Brissac offrit au duc de Féria et aux troupes espagnoles une composition honorable pourvu qu'ils rendissent la liberté au capitaine Saint-Quentin, sieur de Beaurepaire, colonel des gardes wallones, qu'ils avaient arrêté la veille comme suspect. A cette condition, il leur permit de sortir de la ville, tambours battants, enseignes déployées, avec armes et bagages. Le baron de Salignac et François d'Espinay-Saint-Luc eurent la mission de les escorter jusqu'au

Bourget. Si l'on s'en rapporte au récit de Le Grain, témoin oculaire, elles ne défilèrent par la porte Saint-Denis que dans la soirée, « les mèches éteintes, les enseignes ployées et les caisses derrière le dos en façon de paquets des pèlerins de Saint-Jacques. » Henri IV, qui s'était mis à une fenêtre du Louvre pour les voir partir, dit aux ambassadeurs d'Espagne : « Messieurs, recommandez-moi à votre maître; mais n'y revenez plus. »

Vers midi, le roi, à la tête de ses gardes et des troupes de la garnison de Chartres, avait fait son entrée dans Paris. Il s'était dirigé vers l'église de Notre-Dame, dont le clergé vint en grande pompe au-devant de lui et où fut chanté un *Te Deum*. Des hérauts et des trompettes parcoururent la ville, proclamant une amnistie générale. La tranquillité se rétablit si promptement et si complétement, que dans l'après-dînée les boutiques se rouvrirent, et que le silence et le calme de la soirée ne furent troublés que par le son des cloches, les réjouissances et les cris d'allégresse.

La Bastille et le château de Vincennes tenaient encore pour la Ligue. Leurs garnisons se préparaient à la résistance. Elles ne pouvaient espérer, vu leur petit nombre et leur défaut de munitions, soutenir un long siége. Mais il fallait pour leur honneur ne pas ouvrir leurs portes sans coup férir. Antoine du Mayne, dit du Bourg l'Espinasse, gouverneur de la Bastille, brave officier, dévoué au duc de Mayenne, se hâta d'envoyer des soldats dans les maisons et les moulins à vent des environs pour des réquisitions de vins et de farines. Il tira quelques coups de canon dont les boulets enfilèrent la rue Saint-Antoine et firent plusieurs victimes. Ayant demandé une trêve de cinq jours, il envoya à Laon consulter le prince lorrain, qui lui déclara ne pouvoir le secourir. Au bout de ce délai, il se rendit, à la condition de sortir avec les honneurs de la guerre et de gagner en sûreté la plus prochaine place forte des ligueurs. Beaulieu, commandant du château de Vincennes, obtint les mêmes conditions.

Paris, qui depuis cinq ans avait soutenu quatre siéges, ou plutôt un siége perpétuel, car le blocus n'avait jamais été complétement levé, fut enfin délivré des horreurs de la guerre civile. La lutte contre l'étranger se reporta sur les frontières et continua jusqu'au traité de paix de Vervins, en 1598. Mais les ressources et les éléments de prospérité de la capitale et ceux de toute la France sont tels, que quelques mois de repos et de paix suffirent, sous l'administration du sage Sully, pour ramener l'abondance et fermer toutes les plaies du royaume, déchiré depuis près d'un demi-siècle par les fureurs des guerres civiles de religion.

XV

Paris est menacé par l'invasion des Allemands en 1636. — Préparatifs de défense. — Une levée de 40,000 hommes arrête la marche de l'ennemi. — Commencement des troubles de la Fronde en 1648. — Blocus de Paris. — Condé est chargé de faire le siége de la capitale. — Première aux Corinthiens. — L'investissement est complété par la prise du fort de Charenton. — Évasion du Roi des halles. — La famine commence à sévir. — Négociations des parlementaires. — Prise de Brie-Comte-Robert. — Conférences de Rueil et conclusion de la paix.

Paris ayant rouvert ses portes et fait sa soumission au roi Henri IV, le 22 mars 1594, le succès des armes de ce prince reporta le théâtre de la guerre sur nos provinces frontières ou sur le territoire ennemi. La capitale jouit alors pendant un demi-siècle d'une paix qui ne fut troublée qu'une seule fois par le bruit des armes. Ce fut en 1636, lorsque le duc de Lorraine et le comte de Werth, étant entrés en Picardie à la tête des troupes de l'empereur d'Allemagne, forcèrent facilement à capituler plusieurs petites places fortes de cette province dépourvues de vivres et de munitions; circonstance qui n'empêcha pas d'accuser leurs gouverneurs de trahison et de les condamner à mort.

Corbie et Roye étaient tombés au pouvoir des ennemis qui, ayant franchi la Somme, n'étaient plus qu'à vingt lieues des rives de la Seine. Le comte de Soissons et sa petite armée, poursuivis par dix mille hommes de cavalerie légère, se repliaient sur Compiègne. L'alarme se répandit dans Paris, mais non le découragement. Le cardinal de Richelieu fut seul d'avis de se retirer au delà de la Loire. Louis XIII se prépara à la résistance. Les enrôlements se multiplièrent ; les bourgeois se cotisèrent pour subvenir aux frais de la défense. Ceux qui possédaient des chevaux en fournirent pour la cavalerie ou l'artillerie ; ceux qui avaient plusieurs apprentis ou laquais en équipèrent. Les gentilshommes furent convoqués à Saint-Denis et n'eurent que six jours de délai pour s'y rendre. Le roi se vit alors à la tête d'une armée de 40,000 hommes, et, sans attendre son approche, les ennemis battirent en retraite et regagnèrent la frontière en abandonnant leurs conquêtes.

Le calme, rétabli dans Paris, y régna jusqu'à la mort de Louis XIII. « Mais la capitale, cette tête du royaume, est, suivant les expressions de Henry III (rapportées par madame de Motteville), trop grosse et trop pleine d'humeurs nuisibles au repos de ses membres ; la saignée de temps en temps lui est nécessaire. » Malgré les brillantes victoires de Rocroi, Fribourg, Nordlingen et Lens, le peuple murmurait, parce que, les dépenses de la guerre ayant absorbé des sommes considérables, il avait été écrasé de subsides et d'impôts, et il était tombé dans une extrême misère. En vain l'on alléguait que, pour obtenir une paix honorable, il fallait continuer la guerre et se résoudre à de grands sacrifices ; que le trésor royal était épuisé et que sa pénurie rendait nécessaire de créer des ressources nouvelles.

On eut recours à des édits bursaux; l'on créa douze charges de maître des requêtes, et l'on retint à titre de prêt, quatre années de gages de messieurs de la Chambre des comptes, du grand Conseil et de la Cour des aides, sous prétexte du rétablissement de la paulette. Les membres de ces compagnies souveraines, qui avaient accepté et vérifié plusieurs édits ruineux pour les particuliers, mais que ces deux dernières mesures atteignaient dans leurs intérêts personnels, refusèrent de les enregistrer en se couvrant du prétexte du bien du peuple. Le parlement de Paris se joignit à eux et rendit un arrêt d'union, auquel plusieurs autres cours de province donnèrent leur adhésion, et que l'on nomma par dérision l'arrêt d'*oignon*, pour faire allusion à la prononciation italienne du cardinal Mazarin. Les bourgeois à leur tour firent cause commune avec la magistrature, qui, au lieu d'accorder des subsides, répondit à la cour par des remontrances hautaines. Dans sa harangue, l'avocat général Talon

« supplia la reine de se rappeler, du fond de son oratoire, combien était grande la misère des gens du peuple, qui n'avaient plus rien à eux que leurs âmes, parce qu'elles ne pouvaient se vendre à l'encan. » Le 26 août 1648, le conseil de régence tenta un coup d'État ou, comme on le disait alors, un coup d'autorité. Tandis que l'on chantait à Notre-Dame un *Te Deum* pour célébrer la victoire de Lens, il fit arrêter le président de Blancmesnil et le conseiller Broussel. Des lettres de cachet furent aussi lancées contre plusieurs autres magistrats qui se dérobèrent à leur exécution par la fuite.

A cette nouvelle, Paris se hérissa de barricades ; le parlement se rendit à pied et en grand cortége au Palais-Royal, et il réclama la délivrance des prisonniers, qu'après quarante-huit heures de négociations il finit par obtenir. L'esprit de révolte de la capitale et la lutte de la magistrature contre l'autorité du roi, encouragés par cet acte de faiblesse, redoublèrent d'audace. L'évasion de François de Vendôme, duc de Beaufort, surnommé *le roi des Halles*, petit-fils de Gabrielle d'Estrées et de Henri IV, rendit à la populace un chef hardi et entreprenant. Il était détenu depuis le commencement de la régence dans le donjon de Vincennes, sous une accusation d'attentat à la vie de Mazarin. La révolte de Masaniello à Naples, les troubles de l'Angleterre, où Olivier Cromwell venait de faire déposer Charles Ier, échauffaient les esprits par leurs funestes exemples. Le conseil de régence commença à réfléchir à la nécessité de dompter l'insubordination parisienne.

Le prince de Condé et le maréchal de la Meilleraye proposaient à la régente de se retirer à l'Arsenal, de faire sortir l'armée de ses quartiers, sous prétexte d'arrêter la marche des Espagnols, et de la diriger promptement sur Paris, où elle se posterait entre la Seine et le faubourg Saint-Antoine. On rallierait autour du roi les sujets restés fidèles ; et si les Parisiens répondaient à cet appel par une prise d'armes et par des barricades, les troupes se rendraient maîtresses des portes Saint-Antoine et Saint-Bernard et des quais des Célestins et de la Tournelle. On établirait dans l'île Notre-Dame (aujourd'hui île Saint-Louis) une sorte de quartier général, d'où l'on irait attaquer à coups de canon les barricades. Une fois la ville rentrée dans le devoir, on tirerait des principaux factieux un châtiment exemplaire. La réussite de ce plan semblait assurée. Quelle résistance pouvait-on craindre d'une population immense, il est vrai, mais amollie par le luxe, les plaisirs, et dépourvue de généraux, de munitions et d'artillerie ?

Mazarin, qui craignait d'être cerné dans Paris et de tomber aux mains de ses ennemis implacables, préférait tenir la campagne et prétextait les maux terribles auxquels serait exposée la ville la plus florissante de l'Europe, le centre des arts, des sciences et de l'industrie. Quelques jours d'investissement suffiraient pour affamer ses habitants et les forcer à se rendre à discrétion. L'avis du cardinal ministre prévalut. Dans la nuit du 5 au 6 janvier 1649, la cour, menacée jusque dans sa liberté et n'espérant plus triompher par la douceur, se réfugia à Saint-Germain-en-Laye et se mit sous la protection de l'épée du grand Condé. On dénonça le blocus de la capitale, et l'on donna l'ordre au parlement et aux autres compagnies souveraines de se transporter à Montargis. La magistrature résista à cette injonction, et alors à la sédition succéda la guerre civile de la *Fronde*, dont le nom, emprunté à un jeu d'enfant, est l'expression exacte pour rendre l'insouciance et la légèreté avec lesquelles elle fut entreprise et conduite.

Le départ de Paris avait eu lieu tellement à l'improviste qu'aucuns préparatifs d'installation n'avaient été faits à Saint-Germain. La cour s'y trouva sans argent, sans meubles, sans linge, dans le dénûment de tout ce qui était indispensable à son service. Des dames de qualité, la duchesse d'Orléans et sa fille elles-mêmes, furent, malgré la rigueur de la saison, contraintes pendant les premiers jours de coucher sur la paille, qu'elles ne purent se procurer qu'à des prix exorbitants.

La nouvelle de cette fuite et la crainte d'un siége répandirent d'abord la consternation dans la capitale. Le parlement s'assembla quoique ce fût la fête de l'Épiphanie, et, déterminé à s'humilier et à faire sa soumission, il envoya quelques-uns de ses membres supplier la cour de revenir. Il ne tenait qu'à la régente de rentrer dans Paris triomphante et absolue. Mazarin fit congédier sans audience la députation, qui revint triste et confuse. Les Parisiens, n'ayant plus rien à espérer d'un pouvoir inexorable, se préparèrent à la résistance. L'excès de la frayeur enfanta l'audace et le dévouement. L'ambition et la vengeance donnèrent à la Fronde de nombreux partisans. Le prince de Conti, les ducs de Bouillon, d'Elbeuf, de Beaufort, de Brissac et de Luynes se mirent à la tête des Parisiens. La noblesse se cotisa; la magistrature souscrivit dix millions pour les frais de la défense, et un arrêt du parlement ordonna la levée de douze mille hommes. La belle duchesse de Longueville, nouvellement accouchée d'un fils, appelé Charles-*Paris*, comme filleul de la capitale, s'installa avec ses enfants à l'Hôtel de Ville pour diriger les affaires et pour répondre à titre d'otage du dévouement de son mari et du prince de Conti son frère. Mazarin fut déclaré perturbateur du repos public, ennemi du roi et de l'État, et comme tel condamné à sortir du royaume dans les huit jours, sinon il était enjoint à tous sujets de lui courir sus. On arrêtait, l'on maltraitait, l'on menaçait de mort ceux qui sur les ordres de la cour cherchaient à quitter Paris pour se rendre à Saint-Germain. On arrachait aux dames le masque de velours que les femmes de distinction avaient alors coutume de porter, et si elles étaient reconnues comme dévouées au parti de la régence, elles couraient les plus grands dangers. Le duc d'Elbeuf, nommé d'abord général des armées du roi sous l'autorité du parlement, fut remplacé par le prince de Conti, qui, quoique frère cadet de Condé, avait embrassé le parti de la Fronde, et qui prit le titre de généralissime des Parisiens. Il eut bientôt sous ses ordres plus de cent mille hommes armés; mais ce n'étaient point des soldats. Les généraux n'auraient pas manqué de courage, s'ils avaient pu compter sur la discipline et la solidité de leurs milices.

Le Parisien est trop léger de caractère pour que, la première terreur passée, il ne revînt pas à son insouciance et à sa gaieté ordinaires. Les chansons, les épigrammes inondèrent les rues. Scarron, dans ses vers burlesques, n'épargnait même pas les frondeurs. Vingt conseillers de création récente ayant versé chacun quinze mille livres tournois, on répondit à ce sacrifice par une raillerie en les appelant les *quinze-vingts*. Chaque hôtel fournit un homme et un cheval pour organiser un corps de cavalerie sous le commandement du marquis de la Boulaye, auquel on donna le sobriquet de général *des portes cochères*. Le régiment que leva à ses frais le coadjuteur de Paris, Paul de Gondi (depuis cardinal de Retz), fut nommé le régiment de Corinthe, parce que le prélat était archevêque titulaire de cette ville.

L'inquiétude semblait avoir changé de camp. La cour n'avait pas vu sans effroi des princes du sang, des ducs et pairs se jeter dans Paris, et entraîner par leur exemple une foule de gentilshommes à se déclarer en faveur de l'insurrection. On soupçonnait Condé lui-même d'entretenir des intelligences avec eux et d'avoir autorisé son frère à déserter la cause du roi; car sans cela le jeune prince de Conti, âgé de vingt ans à peine, eût-il osé se déclarer ouvertement pour la Fronde? On n'avait ni argent, ni magasins de vivres ou de munitions, et l'armée assiégeante comptait à peine dix mille fantassins et trois mille cavaliers. Une circonstance vint augmenter les craintes. Condé, parti de Saint-Germain pour aller établir des postes sur la Seine aux environs de Paris, et pour commencer les opérations du siége, était resté deux jours sans donner aucune nouvelle. Était-il passé à l'ennemi? Son retour calma les terreurs. Il n'apprit qu'avec une violente indignation la rébellion de son frère, et faisant allusion à sa petite taille et à son apparence chétive, il présenta à la reine un nain, armé de pied en cap, et lui dit : « Madame, voilà le généralissime des Parisiens. » Les troupes de Condé sont peu nombreuses, il est vrai, mais elles sont aguerries ; elles ont déjà combattu avec lui aux glorieuses journées de Rocroy, de Nordlingen et de Lens. Le nom, la bravoure, et les talents de leur chef valent une armée ; il procède sans retard à l'investissement de la capitale. Pontoise, Saint-Cloud, Saint-Denis, Vincennes, Charenton et Corbeil sont occupés, et il ferme ainsi tous les passages de vivres, excepté celui par Brie-Comte-Robert, pour lequel il manque de troupes disponibles, mais qui ne fournit que des ressources de ravitaillement bien insuffisantes.

Avec la disette se répandirent dans Paris le mécontentement et le désordre. On se livra à des perquisitions, à des violences contre les partisans de Mazarin. On craignait le pillage. Ceux qui voulurent s'échapper furent maltraités et les beaux villages de la banlieue devinrent la proie des maraudeurs.

Le 9 janvier, les hostilités commencèrent. Dans une des premières escarmouches, du côté de la Villette, un cornette du régiment du coadjuteur fut pris et conduit à Saint-Germain. Le grand prévôt reçut, disent les Mémoires du cardinal de Retz, l'ordre de lui trancher la tête. Mais ce prélat, en ayant été instruit, empêcha l'exécution en menaçant d'user de représailles envers ses prisonniers, au nombre desquels se trouvait le comte d'Olonne (Louis de la Trémoille), qu'on avait arrêté au moment où il se sauvait de Paris sous un costume de laquais.

Le 17 janvier, on contraignit le gouverneur de la Bastille à ouvrir les portes de cette forteresse, dont le commandement fut confié au conseiller Broussel et au sieur de Louvières, son fils et son lieutenant. L'attaque avait été si peu sérieuse, que les dames venaient s'asseoir dans les jardins de l'Arsenal pour assister à ce simulacre de siége. Les Parisiens s'emparèrent ensuite de Charenton, que les troupes royales avaient abandonné. Ces deux exploits suffirent pour leur inspirer une telle confiance qu'ils tentèrent une sortie dans la direction de Corbeil. Condé, avec une poignée d'hommes, se posta au-devant d'eux. Sa présence répandit l'épouvante dans leurs bataillons. Des compagnies entières jetèrent leurs armes sans combattre. En rentrant dans Paris, ils prétextèrent que leur respect pour les troupes de Sa Majesté les avait empêchés de tirer les premiers. Le régiment de Corinthe, ayant voulu tenir ferme, avait été culbuté. On appela par dérision cet échec *la première aux Corinthiens*. Quand l'abbé de Retz vint au-devant de ses soldats leur faire un compliment de condoléance, il avait sous son manteau un poignard dont on apercevait la garde enrubannée de blanc et de rose. Ce sont, disait la foule, le *bréviaire* et les *signets* de notre coadjuteur.

Le 29 janvier, le marquis de Vitry ayant fait une sortie à la tête d'un détachement de cavalerie, pour aller au-devant de sa femme qui rentrait dans Paris, l'on rencontra au bois de Vincennes, dans la vallée de Fescamp, un parti d'Allemands que l'on repoussa jusques à l'entrée du fort. Tancrède, fils de la duchesse de Rohan, et désavoué à sa naissance par son père, succomba en cette rencontre dans les rangs de la Fronde, à laquelle il s'était rallié la veille.

Condé, pour compléter l'investissement, résolut de reprendre Charenton, que les frondeurs avaient fortifié et où ils avaient mis une garnison de 3,000 hommes. Le 8 février, il attaque cette position, derrière laquelle sont rangés en bataille 15,000 assiégés, qui couvrent la plaine depuis Bercy et Saint-Mandé jusqu'à Picpus et qui sont soutenus eux-mêmes par des masses de Parisiens s'étendant du faubourg Saint-Antoine jusqu'à la place Royale. Clanleu, commandant du fort, l'un des plus vaillants et des plus expérimentés généraux de la Fronde, opposa à l'assaut une vigoureuse résistance; il espérait être secouru. Mais les troupes des frondeurs restent l'arme au bras, sans oser sortir de leurs lignes.

Les assaillants forcent six barricades; le comte de Boutteville, entré le premier dans la place, offre généreusement quartier à son adversaire. Le brave Clanleu aime mieux périr que de se rendre. Il se précipite dans les rangs des royalistes, où il trouve la mort. L'artillerie, les bagages, les drapeaux portant pour devise : *Regem nostrum quærimus*, tombent entre les mains des vainqueurs. Le marquis de Cugnac, après avoir combattu avec bravoure à la tête de son régiment, se sauve, au moment de la prise du fort, sur un glaçon qui le descendit dans Paris ; c'est presque le seul officier de la place qui survécut à cette défaite. Ce brillant succès fut chèrement acheté par la perte du duc de Châtillon, blessé mortellement à l'attaque de la dernière barricade. Il expira le lendemain, à l'âge de vingt-sept ans et à la veille d'être nommé maréchal de France. Le prince de Condé, dont il était le compagnon d'armes et l'ami intime, pleura amèrement sa mort et obtint pour lui l'honneur d'être enterré dans les caveaux de Saint-Denis. Ce combat, le plus sanglant de cette campagne, coûta la vie à plus de cent officiers, dont quatre-vingts du côté des vaincus. L'armée parisienne, qui n'avait osé franchir la vallée de Fescamp pour porter secours aux défenseurs de Charenton, accueillit par des insultes et des sarcasmes leurs débris échappés au carnage.

Le duc de Beaufort, surnommé le *roi des Halles*, qui avait fait une tentative inutile pour s'emparer de Corbeil et rouvrir le passage des convois de vivres par la Seine, voulut prendre sa revanche. Il partit le 10 février, à la tête des troupes parisiennes, pour aller au-devant d'un convoi de blé et de bestiaux qui arrivait d'Étampes. Attaqué près de Montlhéry par le maréchal de Gramont, il vit ses soldats, dès le premier choc, fuir à la débandade. Avec une poignée de gentilshommes, il se plaça à l'arrière-garde pour protéger la retraite et l'entrée du convoi dans Paris. On dit que, si le maréchal l'eût voulu, il aurait pu les écraser et s'emparer de tout le butin. Il recula devant l'horreur d'un carnage dont des parents ou des amis auraient été les principales victimes. Quand les Parisiens apprirent le danger que courait leur idole, ils volèrent à son secours en si grand nombre, qu'au retour le défilé dura toute la nuit.

Quelques jours après, le marquis de Noirmoutiers fut chargé de faciliter l'arrivée d'un convoi de vivres par Grosbois et la vallée d'Yères. L'entreprise fut sur le point d'échouer. Les troupes qu'il avait échelonnées dans cette direction, s'étant laissé entraîner par leur ardeur, quittèrent leur poste pour charger des escadrons de l'armée royale. Les Parisiens essuyèrent un échec, dans lequel le marquis de Silly fut fait prisonnier, et François de la Rochefoucauld (l'auteur des *Maximes*), alors prince de Marsillac, fut blessé dangereusement à la gorge d'un coup de pistolet. Le convoi eût été perdu, si Noirmoutiers ne fût accouru avec sa réserve pour rétablir le combat. Tandis que les chariots filaient par Crosne, le long de la rivière d'Yères, et gagnaient Villeneuve-Saint-Georges, il marcha en bon ordre dans la direction de Grosbois, à la rencontre de Grancey, qui n'osa pas l'attaquer et franchir le pont qui les séparait. Il rejoignit ensuite le convoi dans la plaine de Créteil et rentra dans Paris à onze heures du soir, amenant avec lui toutes les voitures de ravitaillement (19 février).

Afin d'éviter le retour de pareils faits, Condé résolut, dit-on, de saisir ou de jeter à l'eau toutes les farines de Gonesse et des environs. Le maréchal de la Motte-Houdancourt, chargé de prévenir l'exécution de ce dessein, partit avec mille cavaliers, et, tandis que les Parisiens, rangés en bataille dans la plaine de Saint-Denis et d'Aubervilliers, tenaient l'ennemi en échec, il enleva tout ce qu'il put trouver de vivres à Gonesse et ramena le convoi sans avoir perdu un seul homme, malgré une attaque assez vive des gendarmes de la reine.

Il y eut encore plusieurs autres engagements dans les environs de Vincennes, de Chelles et de Saint-Denis; mais les frondeurs y essuyèrent des échecs plus honteux que sanglants, parce qu'ils n'opposaient qu'une faible résistance et se hâtaient de se réfugier derrière leurs remparts. Ils étaient accueillis à leur retour par des huées et des quolibets. Ils s'en dédommageaient en rejetant la faute sur leurs généraux, auxquels ils demandaient sans cesse d'être menés au combat et qu'ils accusaient de trahison, après avoir eux-mêmes lâché pied au moment de la bataille. Le 26 février, Brie-Comte-Robert, assiégé par Grancey, fut obligé de se rendre, faute d'être secouru par les troupes de Paris, qu'il fut impossible de faire sortir à temps de la ville. Le coadjuteur était d'avis qu'au lieu de rester dans la capitale, où elle se trouvait pour ainsi dire bloquée, l'armée tînt la campagne et facilitât l'arrivée des convois. On se rendit à ses raisons, et les troupes de la garnison allèrent camper au confluent de la Seine et de la Marne. L'infanterie fut postée à Villejuif et à Bicêtre ; la cavalerie, à Vitry et à Ivry. On jeta un pont de bateaux sur le fleuve, en face du Port-à-l'Anglais, que défendaient plusieurs redoutes armées de canons.

Malgré ces mesures, la famine commençait à se faire sentir. Le fléau eût été bien plus terrible, si, comme au siège qui eut lieu sous Henri IV, les Parisiens n'eussent été secourus par leurs adversaires, qui leur vendaient secrètement des vivres. Les paysans, alléchés par l'appât du gain, profitaient aussi des ténèbres de la nuit pour se glisser jusqu'au pied des murailles avec des hottes chargées de légumes, de pain et de viande, qu'ils troquaient contre de l'or. Les membres du Parlement, en appelant à leur aide les généraux qu'ils avaient placés à leur tête, n'avaient fait que changer de maîtres et avaient acheté ce triste avantage au prix de leurs fortunes particulières. Ils n'osaient encore exprimer leurs vœux tout haut, de crainte d'exciter les soupçons et la haine des zélés et de ceux qui, déguisant leurs passions ou leurs intérêts sous le prétexte spécieux de la liberté et du bien public, refusaient de traiter avec la reine. Bientôt la disette augmentant les regrets, les murmures devinrent presque unanimes.

La cour, de son côté, était effrayée par l'entrée en France de l'archiduc d'Autriche et par la rébellion des divers parlements du royaume, qui faisaient cause commune avec celui de Paris. Elle était impatiente de terminer cette lutte. Elle envoya donc un héraut d'armes qui se présenta à la porte Saint-Honoré et que, sur une décision du parlement, on refusa de laisser entrer dans la ville.

Pour justifier cette détermination, sans fermer complétement toute voie aux négociations, on prétexta qu'il était d'usage de n'adresser des hérauts qu'à un souverain ou à un ennemi, et que le peuple de Paris n'était ni l'un ni l'autre.

En réponse à la démarche bienveillante de la reine, les frondeurs envoyèrent à Saint-Germain-en-Laye des députés, pris dans la magistrature, que les mauvais plaisants appelèrent à double titre des *parlementaires*.

Ces premières négociations n'aboutirent point, parce que les Parisiens posaient pour base préalable le renvoi et l'exil du cardinal de Mazarin. Plusieurs nouvelles du dehors les soutenaient dans leurs prétentions et leurs exigences. Le maréchal de Turenne, qui commandait l'armée du Rhin, venait de se déclarer en faveur de la Fronde. Le duc de la Trémoille promettait d'amener du Poitou une armée de dix mille hommes, si le parlement l'autorisait à saisir les deniers royaux dans les recettes générales de Poitiers et de Niort (ce qui lui fut octroyé avec actions de grâces). Bussy-Lameth, gouverneur de Mézières, offrait de livrer cette place à la Fronde, et un commandant de Péronne, le comte d'Hocquincourt, depuis maréchal de France, envoyait à Paris, à la duchesse de Montbazon, ce billet laconique : « Péronne est à la belle des belles. » Enfin, ce qui répugnait, il est vrai, au patriotisme des Parisiens et surtout à celui de la magistrature, le comte de Fuensaldagne, au nom de l'Espagne, proposait aux frondeurs de contracter avec eux une alliance et de marcher au secours de la capitale, à la tête de son armée des Pays-Bas.

Il se forma alors un double courant de négociations, qui se prolongèrent pendant la première quinzaine de mars. Les princes continuaient d'écouter les propositions des Espagnols et de tourner leurs regards et leurs espérances vers l'armée de Turenne. Les magistrats, fatigués de l'anarchie et supportant à regret la domination des nouveaux maîtres qu'ils s'étaient donnés, cherchaient à se ménager un accommodement avec la cour de Saint-Germain. Un armistice de trois jours, avec ravitaillement proportionnel, lui avait été accordé. A l'expiration de ce délai, l'on n'avait pas encore pu arriver à s'entendre. Enfin, le 11 mars, un projet de traité fut arrêté entre le parlement et la reine. Mais, à l'instigation des princes, cette nouvelle fut accueillie avec colère et menaces par la population parisienne, qui criait : « Trahison ! point de paix ! point de Mazarin ! »

Sur ces entrefaites, on apprit que les troupes de l'armée du Rhin, auxquelles Condé avait laissé de si glorieux et si chers souvenirs, s'étaient prononcées contre Turenne et avaient refusé de le suivre dans sa défection. Le maréchal, avec quelques officiers qui s'attachèrent à sa fortune, avait été obligé de passer à l'ennemi et de chercher un asile dans le camp des Espagnols. Dans ces temps de désordres, l'alliance avec l'étranger ne semblait pas coupable, surtout quand il s'agissait de combattre un ministre étranger lui-même. Cette nouvelle et le retour de la famine humilièrent l'arrogance du peuple de Paris. Le Parlement pressa les négociations, et les princes, craignant d'être réduits à leurs propres forces, ne songèrent plus, chacun en particulier, qu'à faire sa paix avec la cour, aux conditions les plus avantageuses possibles. La reine accorda une prolongation de la trêve, et finit même par lever complétement le blocus. Cette modération fut loin d'être accueillie par les rebelles avec toute la reconnaissance qu'on eût eu le droit d'en attendre. Les prétentions des princes et des généraux de la Fronde devinrent exorbitantes. Le don de la France entière n'eût pas suffi à satisfaire toutes ces ambitions gigantesques.

Le prince de Conti demandait, pour sa sûreté personnelle, une place forte avec son rétablissement dans le gouvernement de Champagne; le comté de Sedan était réclamé par le duc de Bouillon; le gouvernement de Bretagne, par le duc de Beaufort; celui de l'Alsace, par Turenne; le comté de Roussillon, par la Trémoille; le Poitou, par le prince de Marsillac. Le duc de Luynes, un des plus humbles et des plus modernes ducs et pairs, homme d'argent avant tout, demandait d'abord le payement de 22,000 écus pour quatre ans de traitement de sa charge de grand fauconnier de France, fonctions qui avaient été le premier échelon de la fortune de son père, primitivement oiseleur de Louis XIII et du maréchal d'Ancre. Il exigeait pareille somme pour l'indemniser des dégâts que ses propriétés et ses meubles avaient eu à souffrir et il dictait en outre quelques autres conditions. Il n'y avait pas jusqu'au moindre hobereau qui ne demandât des places, des honneurs, des indemnités, des pensions considérables.

C'est ainsi que le bien public, ce masque de toutes les révolutions, s'évanouit devant les intérêts particuliers et que chacun ne chercha qu'à vendre le plus cher possible sa soumission, comme si la révolte eût, à son retour dans le devoir, mérité une récompense.

Les conférences, tenues au château de Rueil, à mi-route de Paris à Saint-Germain, se continuèrent jusqu'au 1er avril. La cour mit ce temps à profit pour jeter de la défiance entre les princes, qui s'empressèrent de conclure séparément des traités en abandonnant une partie de leurs exigences primitives. Il ne fut plus question de l'éloignement du Mazarin, qui avait été le premier prétexte de la guerre. La paix signée, l'agitation continua encore quelque temps de régner à Paris, où l'esprit belliqueux semblait se réveiller à mesure que le danger s'éloignait. Il surgit de nouveaux libelles, des écrits séditieux, dont quelques-uns attaquaient le principe même de l'autorité royale et proclamaient le droit du peuple à disposer de la couronne. Pour laisser aux esprits le temps de se calmer, le jeune roi Louis XIV et toute la cour ne firent leur rentrée dans la capitale que le 18 août 1649. Ainsi finit cette première période de la guerre de la Fronde, où tout aurait été ridicule, si la misère et le sang n'y eussent été mêlés.

XVI

Mazarin, jaloux de la gloire de Condé et blessé par ses manières hautaines, le fait arrêter et enfermer à Vincennes. — Après treize mois de captivité, le prince sort de prison et se met à la tête d'un troisième parti, également ennemi de la Fronde et de la Cour. — Il se retire dans son gouvernement de Guienne. — Revenu pour lutter contre Turenne, il remporte un avantage à Bléneau et se jette dans la capitale. — Il repousse une attaque du pont de Saint-Cloud. — Le duc de Lorraine s'avance de son côté, jusqu'aux environs de Paris. — La cour achète sa retraite. — Condé, cerné par Turenne, voit la capitale lui fermer ses portes. — Combat du faubourg Saint-Antoine. — Condé rentre dans Paris. — Une sédition éclate. — L'Hôtel de Ville est pris d'assaut. — Les Parisiens, fatigués de l'anarchie, font leur paix avec la Cour.

Le prince de Condé, vainqueur de Paris, comme il l'avait été quatre fois des Espagnols sur les champs de bataille de Rocroy, de Fribourg, de Nordlingen et de Lens, avait acquis, quoique encore fort jeune, une gloire éclatante et tous les droits à la reconnaissance de son pays et de son roi. Naturellement hautain, fier de sa naissance et de ses exploits, il crut pouvoir faire plier tout sous lui. Le cardinal de Mazarin, dont la souplesse et l'astuce italiennes égalaient la roideur impérieuse et la brusque franchise de ce rival, lui portait envie et le haïssait d'autant plus qu'il le craignait et qu'il se voyait éclipsé par lui. Il cachait, il est vrai, ses sentiments hostiles avec habileté; car, au dire de son historien, ou plutôt de son panégyriste lui-même, le comte Galeazzo Gualdo Priorato (*Histoire du ministère de Mazarin*, Amsterdam, 1671), la dissimulation était la principale qualité du cardinal, si l'on en excepte sa cupidité.

Une tension ne tarda pas néanmoins à se glisser dans leurs rapports; leurs esprits s'aigrirent, et, dans sa morgue ironique, le prince, en prenant un soir congé du Cardinal, lui dit d'un ton railleur et méprisant : « Adieu, Mars! »

Il paya cher cette apostrophe plus insultante que coupable. Sans que l'on pût formuler contre lui aucune grave accusation, il fut, le 18 janvier 1650, arrêté et conduit au donjon de Vincennes avec le prince de Conti, son frère, et le duc de Longueville, mari de leur sœur. Aussitôt les frondeurs, dont il avait été le plus redoutable adversaire, embrassèrent sa cause et ne cessèrent de lutter contre l'autorité royale, en réclamant sa délivrance. La liberté ne lui fut rendue qu'après treize mois de captivité à Vincennes, à Marcoussis et au Havre-de-Grâce. Ce fut Mazarin en personne, qui, en s'exilant lui-même volontairement, lui porta la nouvelle de son élargissement. Le prince n'en sut gré ni à la cour, qui n'avait cédé qu'à la contrainte, ni aux frondeurs, dont il détestait l'esprit bourgeois et mutin et dont le chef était le cardinal de Retz, non moins jaloux de lui que le ministre exilé.

Il forma donc un troisième parti, se retira à Chantilly, et, sous prétexte que sa liberté et même ses jours étaient menacés, il refusa d'assister, le 6 septembre 1651, au lit de justice tenu en grande pompe pour la déclaration de la majorité du roi Louis XIV. Il ne rompit néanmoins complétement avec la cour qu'au mois de décembre suivant, quand il découvrit qu'on se préparait à l'arrêter et à faire rentrer en France le cardinal de Mazarin, qui n'avait pas cessé de diriger et de présider le conseil de régence du fond de sa retraite aux environs de Cologne.

Condé se rendit d'abord chez M. le président Perraut, à Augerville, propriété qui a depuis appartenu à Berryer, et où est mort naguère ce célèbre orateur. De là, il se retira dans son gouvernement de Guienne, dont le chef-lieu, Bordeaux, lui était entièrement dévoué. Il guerroyait, réduit à la défensive par l'armée du roi, dont les forces numériques étaient bien supérieures aux siennes.

Dans le nord de la France, le duc de Nemours, son allié, avait rassemblé les débris de ses vieilles bandes à Stenay et s'était avancé jusques dans le Gâtinais. Il avait passé par Mantes, et là il avait hésité un instant s'il ne marcherait pas contre la cour qui s'était retirée à Poitiers, et qui se serait trouvée entre son armée et celle du prince de Condé. Mais il préféra se rapprocher de Paris, d'où le duc de Beaufort, son beau-frère, lui amena un renfort considérable.

L'armée de Turenne, qui protégeait la marche du roi, revint alors avec lui de Poitiers à Tours, et de Tours à Blois et à Gien par la rive gauche de la Loire, tandis que celle des princes longeait le fleuve de l'autre côté pour empêcher l'ennemi de traverser l'eau et de se rapprocher de Paris.

Condé, ayant appris que la dissension s'était mise entre les deux beaux-frères et qu'ils étaient en danger d'être écrasés par leur habile adversaire, quitta précipitamment la Guienne, et n'ayant d'autre escorte que le duc de la Rochefoucauld et son fils (le prince de Marsillac), il traversa la moitié de la France au risque des plus grands périls. Arrivé auprès d'Orléans, il prend le commandement de l'armée de la Loire, rétablit l'ordre et la confiance dans le camp, attaque et culbute à Bléneau la division du maréchal d'Hocquincourt (Charles de Monchy), et s'empare de Montargis et de Châteaurenard. Le désir de rentrer triomphant dans la capitale, et de s'assurer le dévouement de ses habitants, lui fait prendre ses quartiers à Étampes, au lieu de profiter de ses succès. Il laisse ses troupes sous les ordres de Valon, de Clinchamp et de Saulx-Tavannes; et accompagné des ducs de Beaufort et de Nemours, il arrive le 11 avril à Paris, où il est reçu avec les plus grands honneurs.

Turenne, profitant de la faute de son adversaire, se dirige avec le roi par Melun et Corbeil, et vient camper à Châtres (Arpajon), d'où la cour se rend à Saint-Germain et d'où il coupe toute communication entre la capitale et l'armée des princes. On tint alors conseil pour savoir si l'on ferait le siége régulier de Paris, ou si l'on se contenterait de l'affamer et de le contraindre ainsi à faire sa soumission. Ce dernier avis, soutenu par Mazarin, fut adopté, et l'on abandonna les délicieuses campagnes des environs aux ravages des deux partis.

Condé, réduit à quelques misérables recrues, se hâta de les jeter dans Saint-Cloud, Neuilly et Charenton pour écarter Turenne des faubourgs de la ville, et pour maintenir les arrivages de vivres. (*Histoire de Condé*, par Desormeaux, t. III, p. 244.) Le parlement, touché des calamités du peuple, sollicita la neutralité sans pouvoir l'obtenir du vindicatif Mazarin, qui faisait resserrer de plus en plus la capitale pour lui faire sentir tout le poids et toutes les incommodités de la guerre. Des troupes réglées et une batterie d'artillerie reçurent de Saint-Germain l'ordre d'attaquer le pont de Saint-Cloud, qui était encore, à cette époque, défendu par un petit fort. Condé monta à cheval, parcourut les principales rues de Paris, appelant la population aux armes.

Trois cents gentilshommes et dix mille bourgeois accoururent à sa voix, et s'organisèrent dans le bois de Boulogne. Les assaillants, déjà repoussés par les défenseurs du pont, se retirèrent à l'approche de cette armée improvisée, après avoir tiré quelques coups de canon. Condé, voulant profiter de l'enthousiasme des Parisiens, les conduisit à Saint-Denis, où il y avait une garnison de trois cents Suisses. On arriva, vers le soir, aux portes de la ville. Mais à la première décharge de mousqueterie, l'épouvante se mit dans les rangs des milices, et le prince resta presque seul sur le glacis. Son exemple fit honte aux fuyards, qui, ne se voyant pas poursuivis, revinrent à la charge et emportèrent la place d'assaut. Les Suisses, réfugiés dans les tours de l'abbaye, capitulèrent et furent emmenés prisonniers à Paris. Les bourgeois, fiers d'avoir combattu sous le grand Condé, lui auraient volontiers déféré pour ce mince exploit les honneurs du triomphe. Leur ardeur ne se soutint pas longtemps. Turenne ayant envoyé des troupes pour reprendre Saint-Denis, cette ville résista trois jours, sans qu'il fût possible de faire sortir les Parisiens de l'enceinte de leurs murailles pour marcher à son secours.

L'armée d'Étampes, confiée à Tavannes et privée de son glorieux chef, s'était laissée aller aux plaisirs et au relâchement de la discipline. Pour fêter le passage de la grande Mademoiselle, fille du duc d'Orléans, les troupes se rangèrent en bataille et la proclamèrent leur généralissime, tandis que ses dames d'honneur, mesdames de Fiesque et de Frontenac, furent reçues maréchales de camp ; ce qui fut l'occasion d'une grande fête militaire. Turenne, qu'on croyait encore à Étrechy, arrive alors à marche forcée et par des chemins de traverse aux portes d'Étampes, s'empare d'un faubourg et anéantit un corps de deux ou trois mille Allemands, surpris dans l'ivresse et la débauche. Il enveloppe le reste de l'armée et la tient assiégée sous les murs d'Étampes.

Si la place fut attaquée avec vigueur, on doit dire qu'elle fut défendue avec bravoure et opiniâtreté. Chaque jour c'étaient des sorties sanglantes, de véritables combats. Louis XIV, impatient de triompher de cette résistance, vint lui-même au camp de Turenne. Suivant l'usage du temps, on somma Tavannes de suspendre son feu, attendu la présence du roi. Mais on envoya à dessein comme parlementaire, au-devant du héraut de Sa Majesté, un officier allemand, qui, ne sachant pas le français, se querella avec lui, faute de le bien comprendre.

L'arrivée du duc de Lorraine aux environs de Paris, à la tête d'une armée de neuf mille hommes et prêt à se vendre au plus offrant, contraignit Turenne à lever le siége d'Étampes pour surveiller sa marche. Le duc s'avançait à petites journées, s'arrêtait à chaque étape afin de piller à son aise, et campait sur les hauteurs de Villeneuve-Saint-Georges, d'où il poussait ses brigandages jusqu'aux portes de la capitale. Turenne passa la Seine à Corbeil, traversa la forêt de Sénart, franchit la rivière d'Yères, et tourna les Lorrains par le bois des Camaldules et Valenton ; cette habile manœuvre força le duc à signer un traité définitif et à se retirer par la Brie et la Champagne.

Les ravages des troupes du duc de Lorraine, l'interruption du commerce, la dévastation des campagnes, le voisinage des armées, qui engloutissaient toutes les provisions destinées à la subsistance du peuple parisien, avaient mis le comble à la misère publique. On comptait déjà dans la capitale plus de cent mille hommes nourris par les distributions gratuites de vivres. Le riche lui-même endurait de cruelles privations. On promena dans Paris la châsse de sainte Geneviève pour obtenir l'éloignement du Mazarin et le rétablissement de la paix. Le parlement recommença à négocier. Condé, qui n'avait pris qu'à regret les armes contre le roi, son cousin, ouvrit aussi de son côté des pourparlers. La reine Christine de Suède offrit sa médiation. Mais les intrigues du cardinal de Retz, également ennemi de Mazarin et du prince de Condé, firent avorter toutes les tentatives d'accommodement.

L'armée d'Étampes, délivrée du blocus et réduite

à cinq mille hommes, avait été ramenée par Condé, de Linas à Villejuif, puis à Saint-Cloud, où, maîtresse du pont, elle se transportait d'un côté du fleuve à l'autre, suivant qu'elle était menacée par Turenne. Pour l'envelopper et la forcer au combat, on fit venir le maréchal de la Ferté avec toutes les troupes disponibles de la frontière du Nord. Un pont fut jeté à Épinay, afin d'attaquer le camp des ennemis par Suresnes et la rive gauche, tandis que Turenne devait leur couper toute retraite par la droite du fleuve. La cour, qui s'était établie à Melun pendant le siége d'Étampes, vint à Saint-Denis pour animer le courage de ses partisans.

En voyant les préparatifs de l'ennemi du côté d'Épinay, le prince pénétra les plans de ses adversaires. Sûr d'être écrasé par deux armées, dont la plus faible est double de la sienne, au lieu d'attendre leur attaque, il forme le projet d'aller se retrancher du côté de Charenton, au confluent de la Marne et de la Seine, où il sera protégé par les rivières et par le voisinage du fort de Vincennes. Le temps presse, l'ennemi approche. Le 2 juillet, à la pointe du jour, Condé se met en marche, traverse le bois de Boulogne, le Cours-la-Reine et le faubourg Saint-Honoré. La ville a fermé ses portes de peur de devenir le théâtre d'une lutte sanglante. Le cardinal de Retz, jaloux des princes, a conseillé cette mesure, qui a été aussi appuyée par les partisans et par les agents secrets du Mazarin. Il faut donc, en longeant les remparts, gagner les faubourgs Montmartre, Saint-Denis et Saint-Antoine.

Déjà la première colonne, conduite par Saulx-Tavannes, atteignait Charenton, que le prince avec l'arrière-garde était encore à la hauteur de la porte Saint-Martin, où l'attaquait la cavalerie du comte de Noailles. Le régiment de Conti et quelques escadrons qui l'appuyaient furent entamés dans cette première attaque. Condé monte sur les buttes Chaumont pour observer l'ennemi et mande à Tavannes de rebrousser chemin et de se fortifier derrière les retranchements dont on avait récemment entouré le faubourg Saint-Antoine, dans la crainte de l'invasion des Lorrains. Il y rassemble toutes ses troupes ; on barricade les rues, les maisons sont trouées et crénelées ; l'artillerie est braquée sur un plateau qui domine les jardins de Reuilly (appelés aussi jardins de Rambouillet). Malgré ces habiles préparatifs, le triomphe de l'armée du roi, bien supérieure en nombre, paraissait si certain, que l'on apprêta un carrosse pour ramener Condé prisonnier, et que le jeune monarque fut conduit par Mazarin sur les hauteurs de Charonne pour être témoin de la victoire ; la reine Anne d'Autriche restait en prières aux pieds des autels, dans l'église des Carmélites de Saint-Denis.

La marche des rebelles avait été conduite avec tant de promptitude et d'habileté, que Turenne, n'espérant plus arriver à temps pour les écraser en rase campagne, fait un détour et va se poster entre le faubourg Saint-Antoine et les villages de Bercy et de Charenton, tandis que le maréchal de la Ferté-Senneterre occupait les abords de Charonne et de Montreuil. L'armée de Condé se trouvait ainsi investie, d'un côté par le demi-cercle des troupes du roi, de l'autre par la Seine et par les murailles de la ville, dont les portes lui restaient fermées. Si Turenne venait à triompher, comme la grande supériorité du nombre devait le faire croire, pas un seul ennemi ne pouvait lui échapper, à moins de traverser la Seine à la nage. C'est dans ces conditions que s'engagea la bataille.

Cette lutte fratricide de Français contre Français, ayant mêmes armes, mêmes uniformes, même langage, donnait à craindre des méprises. Pour se reconnaître, les soldats de Condé mirent loyalement des brins de paille à leurs chapeaux, ceux de Turenne des morceaux de papier. Le marquis de Saint-Mégrin, à la tête de la cavalerie royale et de quelques bataillons suisses, commence l'attaque par la prise des retranchements et des premières barricades de la rue de Charonne; mais il se trouve en face de Condé, qui l'arrête, le culbute. Dans la retraite, il est renversé de cheval et périt avec le marquis de Mancini, reveu du cardinal Mazarin, le marquis de Rambouillet et un grand nombre d'officiers. Les royalistes, ébranlés par cet échec, lâchent pied et se replient vers les villages de la Roquette et de Popincourt. Du côté de Picpus et de la rue de Charenton, le duc de Navailles, chassant devant lui les troupes du duc de Nemours malgré leurs efforts héroïques, s'était emparé des retranchements, avait forcé la barrière et emporté plusieurs barricades. Condé paraît, charge et taille en pièces l'avant-garde commandée par le marquis d'Esclainvilliers, maréchal de camp, et le fait lui-même prisonnier. Navailles se retire en bon ordre, sans être poursuivi par son adversaire, que des dangers appellent sur d'autres points.

Dans la grande chaussée du faubourg, la lutte est encore plus vive et plus sanglante. C'est là que Turenne en personne conduit l'assaut. Trois fois sa colonne, malgré le feu partant des maisons crénelées et de leurs meurtrières, s'avance jusqu'à l'extrémité de la rue du côté de la Bastille; trois fois elle est refoulée vers l'entrée de l'avenue de Vincennes (où est aujourd'hui la barrière du Trône). Le duc de Beaufort, qui n'a pu réussir à faire déclarer les Parisiens en faveur du prince de Condé, accourt avec la ferme résolution de vaincre ou de mourir. Il amène une poignée de gentilshommes aussi déterminés que lui. Ce renfort ne pouvait survenir dans un moment plus opportun. Condé, secondé par Valon et par Clinchamp, avait beau se multiplier, ses soldats, harassés, fatigués de vaincre, allaient succomber au nombre. L'arrivée de ce secours rétablit le combat sur tous les points; chaque maison est l'objet d'un siége; on jette le mousquet pour combattre au pistolet et au sabre; on démolit les murs ébranlés et l'on s'arme de pierres. Les mousquetaires du roi débusquent les défenseurs des maisons et s'y installent eux-mêmes. Des fenêtres leur feu plonge et fait un horrible carnage. Cette vicissitude de succès et de revers moissonna l'élite des officiers. Le duc de Nemours reçut treize mousquetades dans son armure et deux blessures à la main droite. Montmorency, de Castries, Grossolles-Flamarens sont mortellement atteints. Le duc de la Rochefoucauld, frappé en pleine figure, tombe dans les bras du prince de Marsillac, son fils. Soutenu et conduit par lui, il parcourt aveuglé et baigné de sang, toute la rue Saint-Antoine, et cherche à émouvoir, en faveur de ses compagnons d'armes, les milices parisiennes, qui se contentent d'observer la bataille du haut des remparts et de la demi-lune de la Bastille.

Turenne, ne pouvant enfoncer des lignes que la présence de Condé rend invincibles, s'arrêta et envoya des renforts au duc de Navailles, qui regagnait du terrain dans la rue de Charonne et menaçait de tourner les princes et de leur couper la retraite. Le maréchal de la Ferté essaye un mouvement semblable du côté de Bercy et de la Seine. Si ces tentatives réussissent, l'armée entière de Condé est perdue. A ce moment décisif, le canon tonne du haut de la Bastille et jette la confusion et la mort dans les rangs des troupes royales. La porte Saint-Antoine, dont le guichet n'était qu'entre-bâillé pour le passage des morts et des blessés, s'ouvre toute grande et laisse passer les milices bourgeoises, qui viennent au secours des princes et protégent leur retraite dans la ville.

C'est *Mademoiselle*, la fille du duc d'Orléans, qui, malgré le cardinal de Retz, a obtenu des ordres de son père, pour le sieur de Louvières, fils de Broussel (gouverneur de la Bastille) et pour le capitaine de la milice bourgeoise de service à la porte Saint-Antoine. Cette princesse a, dit-on, mis elle-même le feu à la première pièce de canon. Un boulet est allé mourir aux pieds de Mazarin, qui s'est écrié : *Il a tué le mari de Mademoiselle !* Elle ne pouvait plus, en effet, compter sur l'appui du ministre pour contracter quelque alliance royale.

L'armée de Turenne, épuisée d'hommes et de fatigues, était hors d'état de tenter un assaut. Elle regagna ses quartiers autour de Saint-Denis. Condé, précédé de l'élite de ses braves, la plupart couverts de sang et de poussière, entra l'un des derniers dans Paris, au bruit des acclamations de ce peuple qui naguère lui fermait ses portes. Le soir même, ses troupes allèrent camper dans la plaine d'Ivry et sur les bords de la rivière des Gobelins, aux faubourgs Saint-Victor et Saint-Marceau. Cette bataille, l'une des plus sanglantes de l'époque, n'avait pas coûté plus de cinq mille hommes hors de combat ; mais c'était la fleur de l'armée et de la noblesse française.

Condé, rentré dans Paris en vainqueur plutôt qu'en vaincu, semblait devoir désormais y régner en maître. Turenne lui-même rendait hommage à la brillante conduite de son adversaire, et, lorsqu'il était revenu à Saint-Germain, après le combat du faubourg Saint-Antoine, il avait dit à la reine : « Votre Majesté m'avait envoyé contre un prince de Condé ; mais il s'est multiplié, et ce n'est pas un, mais dix que j'ai eu à combattre. » Le 4 juillet, une assemblée de notables avait été convoquée à l'Hôtel de Ville. On devait y déférer au duc d'Orléans la lieutenance générale ; Broussel remplacerait Lefebvre comme prévôt des marchands, et le duc de Beaufort serait substitué au maréchal de l'Hôpital dans le gouvernement de Paris. Après une vive discussion, les partisans de la paix et les amis du cardinal de Retz (plus jaloux que jamais de la gloire de son rival) proposèrent de renvoyer la séance à un autre jour, sans rien conclure. Le bruit s'en répandit parmi les groupes réunis sur la place de

Grève. Mille cris de rage retentirent contre les mazarinistes, et le peuple furieux assiégea la maison de ville. Les compagnies bourgeoises, au lieu d'en défendre l'entrée, se retirèrent ; mais le maréchal de l'Hôpital, gouverneur de Paris, la fit barricader par ses gardes. Sur ces entrefaites, un ouvrier fut tué d'un coup de mousquet, au pied de la croix qui s'élevait au milieu de la place de Grève. On promène son cadavre. On va, sur les bords de la Seine, chercher, dans les bateaux amarrés à la rive, du bois et de la paille pour mettre le feu à la grande porte de l'Hôtel de Ville. Les assiégés battent la chamade, arborent le drapeau blanc et jettent de l'argent par les fenêtres.

Loin de se calmer, les séditieux s'enhardissent ; la fusillade commence ; des tourbillons de flamme enveloppent *le parloir aux bourgeois,* et les membres de l'assemblée se précipitent par les portes et par les fenêtres, à travers la mousqueterie. Toutes les salles sont envahies par des hordes de brigands, armés de barres de fer, de pistolets, de sabres et de poignards. Ils se livrent au pillage, vendent au poids de l'or, aux notables, le droit de se retirer sains et saufs. L'Hôtel de Ville ne sera bientôt plus qu'un monceau de ruines. Le curé de Saint-Jean, dont l'incendie gagnait l'église, sortit alors en procession avec son clergé ; mais il fut reçu par des coups de feu. Ferrand, Savary et Lefebvre, conseillers au parlement ; Miron, maître des comptes ;

Le Gras, maître des requêtes, et une vingtaine d'autres notables, périrent dans cette horrible journée. Le duc de Beaufort et le marquis de la Boulaye, qu'on a soupçonnés d'avoir ameuté la populace, firent de vains efforts pour arrêter ses excès. Il fallut l'approche de la nuit et l'intervention de Mademoiselle pour mettre fin à ces scènes de carnage, dont chacun des partis voulut rejeter la responsabilité sur les autres. Peut-être aucun d'eux ne fut-il complétement étranger à cette émotion populaire ; car ils espéraient tous y trouver quelque profit. Mais le but que s'étaient proposé les partisans du prince de Condé fut dépassé, et sa cause en reçut un échec fatal.

L'anarchie la plus complète régna dans Paris. Le cardinal de Retz, ayant enrôlé cinq ou six cents soldats sous prétexte que sa vie était en danger, se retrancha dans le quartier de la cathédrale, fit des amas de bombes et de grenades dans son archevêché et remplit de vivres et de munitions les tours elles-mêmes de Notre-Dame. Les gens du roi, comme l'on appelait alors le parlement et les cours souveraines, rendaient des arrêts de proscription contre le cardinal de Mazarin. L'Hôtel de Ville s'érigeait en gouvernement et invitait les provinces à faire cause commune avec lui. Mais son appel rencontrait peu d'échos ; car on était las de la guerre civile. Il votait des impôts sur les portes cochères et ordonnait la levée de 800,000 livres tournois pour l'entretien des troupes et des fortifications. Dans ses délibérations, il décidait la vente des statues et des meubles du palais Mazarin, pour faire les fonds de la mise à prix de la tête du cardinal. Il avait proclamé le duc d'Orléans lieutenant général du royaume, et le prince de Condé, généralissime des troupes de la capitale.

Malgré cette exubérance d'activité, tous les partis étaient fatigués de la lutte. Chacun aspirait à traiter séparément ; les négociations se multipliaient, mais on y formulait de telles exigences qu'elles ne pouvaient aboutir. Sur l'invitation du roi, la plus grande partie des membres des quatre cours souveraines se transportèrent à Pontoise. Vainement des décisions du Conseil prohibèrent l'émigration des fonctionnaires que le gouvernement royal ralliait autour de lui. Le vide se faisait dans la capitale. Le crédit et l'autorité du prince de Condé s'affaiblissaient de jour en jour depuis les excès commis à l'Hôtel de Ville. Deux des assassins ou incendiaires, poursuivis à sa requête, ayant été condamnés à mort, les milices bourgeoises s'opposèrent à leur exécution, et le bruit se répandit qu'il n'avait invoqué contre eux les rigueurs de la loi que pour dissimuler sa complicité.

Une mesure, plus habile que sincère, acheva de porter un coup fatal au parti des princes ; ce fut l'exil volontaire du cardinal Mazarin, qui sortit du royaume et se retira à Bruxelles, d'où, par son influence sur Anne d'Autriche, il continuait à gouverner la France. C'était enlever aux rebelles leur principal prétexte. Condé n'avait plus d'autre soutien de son autorité dans Paris que sa petite armée, campée dans les faubourgs Saint-Victor et Saint-Jacques. Le maréchal de Turenne, maître de Pontoise, de Melun et de Corbeil, empêchait les arrivages de vivres. La population parisienne était exaspérée par une disette continuelle et par les exactions des troupes chargées de la protéger. Les princes se sentirent perdus, s'il ne leur venait des secours du dehors. La province s'était complétement prononcée contre la capitale. Restait l'étranger.

Le duc de Lorraine, qui s'était engagé trois mois auparavant à sortir du royaume, prétendit avoir satisfait à sa parole en repassant la frontière. Il rentra en France avec son armée renforcée par un corps de trois mille chevaux allemands sous les ordres d'Ulrich, duc de Wurtemberg. Il traversa la Champagne et vint camper sous les murs de Paris. Cette fois, ce fut le maréchal de Turenne qui, pour empêcher sa jonction avec l'armée des princes, se porta à Villeneuve-Saint-Georges, dans l'angle formé par le confluent de la Seine et de l'Yères. Tandis que les Lorrains lui barraient le chemin du côté de la Brie, Condé jetait dans Ablon une garnison considérable et coupait tous les points de communication avec Corbeil, où son adversaire avait ses munitions et ses vivres. Ainsi bloqué entre deux armées, Turenne avait à craindre d'être affamé. La négligence du duc de Lorraine et une maladie du prince de Condé, retenu au lit dans Paris, le tirèrent de ce mauvais pas. Dans la nuit du 4 au 5 octobre, trompant la surveillance du comte de Tavannes, resté seul à la tête des alliés, il traversa la Seine sur le pont de Corbeil, et il alla se poster entre Meaux et Lagny pour observer les démarches de l'ennemi. Il rejoignit ensuite la cour à Pontoise. Quelques escarmouches et un petit combat de cavalerie furent les seuls faits militaires de cette campagne.

Tavannes, confus de s'être laissé mettre en défaut, ramena les troupes sous les remparts du fort de Vincennes, à l'extrémité du faubourg Saint-Antoine, pour mettre la capitale à couvert. Les Parisiens furieux crièrent à la trahison, arrêtèrent et pillèrent les équipages du duc de Wurtemberg aux portes de la ville, et le duc de Lorraine fut insulté et poursuivi dans les rues par la populace.

Le nombre et la hardiesse des partisans de la cour croissaient d'une manière alarmante. Les modérés, dont le rôle ne commence qu'à la suite de la lassitude des factions, se prononçaient ouvertement pour la paix. Les Mazarins, un papier au chapeau, coudoyaient fièrement les frondeurs au bouchon de paille, les Lorrains aux écharpes jaunes, les Espagnols aux couleurs isabelle et noir. Le prince de Condé sentait s'évanouir son influence. Ne pouvant obtenir aucune concession de la cour, dont l'exigence et la raideur augmentaient à mesure que l'influence et le crédit de ses adversaires diminuaient, il songea à évacuer la capitale. Le 15 octobre 1652, il sortit de la ville par la porte Saint-Martin, en compagnie des ducs de Wurtemberg et de la Rochefoucauld, du prince de Tarente (la Trémoille), et de plusieurs autres grands seigneurs entraînant sur leurs pas une armée de dix mille hommes. Les environs de Paris avaient été tellement ravagés qu'ils ne pouvaient offrir la moindre ressource comme subsistance. Les troupes des princes se dirigèrent sans s'arrêter vers la Champagne ardennaise, et s'emparèrent de Rethel, Mouzon et Sainte-Menehould.

La lassitude des Parisiens était si grande, qu'aussitôt après le départ des princes, ils rouvrirent leurs portes à Louis XIV avant d'avoir stipulé aucune condition. La cour revint donc sans avoir accordé l'amnistie, sans avoir eu besoin de transiger sur un seul point avec la rébellion. Elle fut accueillie par les plus vives acclamations du peuple. Le duc d'Orléans et sa fille furent exilés à Blois, le cardinal de Retz fut jeté dans les cachots du donjon de Vincennes, et Condé déclaré coupable du crime de lèse-majesté, et condamné à mort par contumace, alla mettre son épée au service des Espagnols. Mazarin ne tarda pas à reparaître lui-même à la cour, plus triomphant et plus puissant que jamais.

Paris, rentré dans le devoir, jouit enfin d'un peu de repos. Il y avait plus de quatre ans qu'il était en proie aux fureurs des dissensions civiles, à des blocus fréquents, et à une disette presque perpétuelle. Sous l'administration de Colbert et de Louvois, son industrie et son commerce reprirent leur essor et le firent entrer dans une ère de prospérité telle, que, malgré la guerre, la révocation de l'édit de Nantes, sa population tripla en cent ans, et qu'elle absorba dans son effrayante centralisation presque toutes les forces vives de la France.

XVII

Prise de la Bastille. — Massacres du 10 août. — La prise de Longwy et de Verdun jette l'effroi dans Paris. — On propose de transférer l'Assemblée législative au delà de la Loire. — Journée du 13 vendémiaire. — Campagne de France en 1814. — Combat des buttes Chaumont. — Défense de la barrière de Clichy et du faubourg Saint-Antoine. — Armistice et capitulation. — État de la défense de Paris en 1815.

En 1789, le canon n'avait pas retenti dans les murs de Paris depuis que celui de la Bastille avait, le 2 juillet 1652, repoussé l'armée de Turenne et protégé la retraite de Condé, après le combat du faubourg Saint-Antoine. Il y avait de cela un siècle et demi; c'est à la Bastille qu'il tonna de nouveau, le 14 juillet 1789. Entre les deux époques, ce n'est pas l'unique rapprochement. Le ministère du Mazarin et la Fronde avaient préparé beaucoup plus directement qu'on ne le croirait au premier abord l'avénement de la révolution.

Pour maintenir sa douteuse position auprès d'Anne d'Autriche, le cardinal-ministre avait tout sacrifié. Il avait acheté à prix d'argent et d'honneurs la soumission de la noblesse rebelle, qui se disputait les « lambeaux des libéralités royales.» Titres, dignités, grâces, bénéfices, il lui avait tout prodigué, et il avait ainsi semé la corruption dans les rangs de l'aristocratie. Seul autrefois en possession du glorieux privilége de verser son sang pour la patrie, le gentilhomme n'avait conservé d'autre trace de ce monopole que l'épée, arme du duel plutôt que du combat, depuis surtout que l'invention et le perfectionnement des armes à feu tendaient de jour en jour à annihiler la bravoure personnelle.

La magistrature, jalouse de la haute noblesse et impatiente du joug du souverain, avait appris quelle était sa force par son arrêt d'union et par toutes les concessions qu'elle avait arrachées au pouvoir. Un instant domptée par l'ascendant de Louis XIV, elle avait relevé la tête sous le règne de son successeur, qu'elle troubla par des luttes perpétuelles. Exil, bannissement, prison, confiscation des biens et des charges, la royauté avait tout employé pour triompher de cette résistance. Louis XVI, esprit bienveillant, conciliateur, maintint la noblesse dans ses immunités et rendit aux parlements leurs anciens droits et leur influence politique; son amour du bien du peuple lui fit abolir les derniers restes du servage féodal, adoucir ou supprimer les corvées, introduire des réformes et des économies. Il ne rencontra que malveillance et ingratitude. La noblesse et les parlements, insatiables et mécontents, appelèrent à leur aide, contre le pouvoir royal, le tiers état qui devait les engloutir.

Les états généraux s'ouvrirent sous les plus tristes auspices. L'incendie de la fabrique Réveillon, celui des barrières de l'octroi, les émeutes du jardin des Tuileries et de l'Hôtel de Ville, rendirent nécessaire une agglomération de trente mille hommes de troupes autour de Paris. Mais Louis XVI ne voulait pas repousser la force par la force, et son armée resta immobile tandis que la rébellion procéda à la prise de la Bastille. On ne saurait donner le nom d'assaut et de siège à l'attaque dirigée, par des hordes innombrables, le 14 juillet 1789, contre une garnison de 32 suisses et de 82 invalides sans vivres et sans munitions.

Duruy, le collaborateur de l'historien de Jules César, dit que l'avant-veille de cet exploit populaire, « on fabriqua 50,000 piques en trente-six heures; on enleva de l'hôtel des Invalides 30,000 fusils, des sabres, des canons ; » puis il ajoute quelques lignes plus loin : « D'anciens militaires dirigent le peuple ; mais un petit nombre ont des armes et peuvent prendre part à l'action. Enfin ils pénétrèrent après avoir perdu près du tiers d'entre eux, 171 hommes tués ou blessés. » Le nombre des assaillants n'aurait donc été que cinq à six cents? Que sont alors devenus les sabres, les canons et les 30,000 fusils de l'hôtel des Invalides? et les 50,000 piques? et les compagnies du régiment des gardes françaises, conduites par Hulin et d'autres anciens officiers, avec lesquelles Hoche fit ses premières armes? Tous les écrivains de bonne foi reconnaissent que ce jour-là cent mille hommes prirent part à l'insurrection.

Après un échange de quelques coups de canon et de décharges de mousqueterie, on offrit aux défenseurs de la Bastille une capitulation qu'ils acceptèrent et qui fut le signal de massacres, dont le gouverneur Delaunay, le major Salbray et des soldats furent les premières victimes. Enivrés et altérés de sang, les braves vainqueurs allèrent à l'Hôtel de Ville, où, sous les yeux d'une Commune impuissante et créée sans titres ni mandats réguliers, ils mirent en pièces Flesselles, le prévôt des marchands. L'esprit de parti s'est efforcé d'élever ces massacres à la hauteur d'un glorieux triomphe. L'année suivante, à pareil jour, on institua la grande fête de la fédération. Huit ans après, le général Bonaparte, auteur du *Souper de Beaucaire*, célébrant ses brillantes campagnes d'Italie de 1796 et 1797, fêtait à Milan, par un banquet jacobin, l'anniversaire de la prise de la Bastille, cette triste journée de désordre et de sang, premier pas vers le régicide et les crimes de la Terreur. Fidèle à ce précédent, il continua de faire du 14 juillet une solennité publique jusqu'à son avénement au trône impérial. Alors le modèle en plâtre d'un éléphant gigantesque fut dressé sur la place de la Bastille, et plus tard il a été remplacé par une colonne. Mais qui oserait comparer ce monument, souvenir de carnage et de fureur populaire, au lion de Lucerne, symbole de courage et de généreux dévouement, humblement couché au fond d'un petit bosquet aux portes de la ville suisse?

Ce qu'il y a de remarquable, c'est que cette forteresse redoutable, dont le nom faisait trembler quiconque, n'a jamais soutenu plus d'un ou deux jours de siége. Si c'est comme prison d'État que, grâce à des exagérations, on en a fait un monument si terrible, Pignerol, Sainte-Marguerite, le fort de Joux, méritaient incontestablement une plus grande renommée.

Nous n'avons pas à parler ici de la journée du 10 août et de la *prise* des Tuileries, qui furent encore moins une lutte qu'un massacre. Ce serait honteux que de représenter ces événements comme des faits militaires, dont d'ailleurs les principaux acteurs ne furent pas les Parisiens, mais les Marseillais et les fédérés de Brest. Commencée par l'assassinat de Mandat de Grancey, commandant des gardes nationales de Paris, terminée par la boucherie des Suisses désarmés, cette page doit être effacée de nos annales comme une flétrissure.

Quelques jours après (le 1er septembre), les Prussiens, commandés par le prince Frédéric-Guillaume, s'emparaient de Longwy et de Verdun. Leur marche sur Paris, dont leurs uhlans ne sont plus éloignés que de trente lieues, sans camps retranchés ni places fortes intermédiaires, jette l'irritation et l'effroi dans cette immense capitale « qui n'avait jamais vu l'ennemi dans son sein, dit M. Thiers, et qui, se faisant de sa propre puissance une idée proportionnée à son étendue et à sa population, se figurait difficilement qu'on pût pénétrer dans ses murs. » Quelques membres de l'Assemblée législative croyaient prudent de transporter le gouvernement au delà de la Loire. « On vous propose, s'écrie Danton, de quitter Paris. Vous n'ignorez pas que, dans l'opinion des ennemis, Paris représente la France ; reculer c'est nous perdre. Il faut nous sauver par l'audace et *faire peur aux royalistes.* » Ces paroles sont le signal des horribles massacres des prisons, qui, à défaut de panégyristes, ont trouvé des écrivains capables de les excuser, de les atténuer. Ainsi, tandis que la plume impartiale de M. Thiers écrit : « L'évaluation du nombre des victimes diffère dans tous les rapports du temps ; cette évaluation varie de six à douze mille dans les prisons de Paris, » Duruy, l'ex-ministre du second Bonaparte, dit, dans une de ses histoires de France, que « *le chiffre des morts s'élève à* 996. » (*Hist. de Fr.*, classe de rhétorique, p. 371.)

Trois ans plus tard, la Convention était sur le point de céder les rênes du pays au Corps législatif. Ses membres, voulant se perpétuer au pouvoir et craignant que les partisans de l'*ordre*, appelé alors *réaction*, n'eussent la majorité dans les élections de cette nouvelle assemblée, décrétèrent, au mépris des droits du suffrage universel, que les deux tiers des élus seraient pris parmi les conventionnels eux-mêmes. C'était diamétralement le contraire de ce qu'avait fait l'Assemblée nationale, qui, en 1791, avait interdit la réélection de ses membres. Ils soumirent, il est vrai, cette mesure à l'approbation du peuple, pour lui donner une apparence de légalité. Mais, si elle obtint en province une grande majorité dans les assemblées primaires, de toutes les sections de Paris, une seule, celle des Quinze-Vingts (faubourg Saint-Antoine), donna un vote favorable. On sait, d'ailleurs, ce que vaut un plébiscite, surtout dans les campagnes.

De sourdes rumeurs agitaient la capitale. Dans la crainte d'un soulèvement, la Convention réunit six à sept mille hommes et un nombreux parc d'artillerie au camp des Sablons, près la porte Maillot. Elle arma les volontaires ou *patriotes* des faubourgs. De leur côté, les gardes nationaux de presque toutes les sections de Paris s'insurgèrent. Ils établirent une sorte de quartier général au couvent des filles Saint-Thomas (aujourd'hui la place de la Bourse).

Menou commandait les troupes de la Convention. Il voulut éviter l'effusion du sang et entama des négociations qui enhardirent les sectionnaires. On lui retira le commandement. Barras, appelé à le remplacer, s'adjoignit le général Bonaparte qu'il affectionnait en considération de la veuve d'Eugène Beauharnais, leur amie commune, et qui s'était distingué comme chef de bataillon, commandant l'artillerie au siége de la ville de Toulon.

Cet officier était alors en disgrâce. Il avait été proposé par Robespierre jeune, avec lequel il avait une assez grande intimité, pour remplacer Henriot, commandant de Paris. Après le 9 thermidor, à cause des principes exagérés qu'il avait professés même dans ses écrits (le *Souper de Beaucaire*), il avait été déclaré suspect et mis un moment en état d'arrestation. Rentré au service, il avait refusé de changer d'arme et d'accepter les fonctions de général de brigade d'infanterie et il avait été rayé de la liste des officiers généraux en activité. Telle était encore sa position lorsqu'il fut appelé par Barras au commandement en second de l'armée de l'intérieur, le 13 vendémiaire, an III, correspondant au 4 octobre 1795.

Le choix d'un officier supérieur d'artillerie était d'autant plus heureux et plus opportun, qu'il s'agissait de mitrailler des bourgeois n'ayant pas une seule pièce de canon. Les sections s'avancèrent néanmoins avec audace et courage, en colonnes profondes, par la rue Saint-Honoré, sans même se retrancher dans les maisons ou derrière des barricades. Les Parisiens

ne voulaient qu'une lutte franche et loyale. Arrivés à la hauteur de l'église Saint-Roch, ils furent accueillis à l'improviste par les décharges d'une batterie postée dans le cul-de-sac du Dauphin. Le carnage et le désordre se mirent dans leurs rangs et les forcèrent à reculer, laissant un assez grand nombre de cadavres et de blessés sur les degrés et sur le parvis de l'édifice religieux. Les artilleurs débouchèrent avec leurs pièces dans la rue Saint-Honoré et les braquèrent à droite et à gauche pour balayer la voie dans toute sa longueur. Des colonnes de gardes nationales se précipitèrent en avant dans l'espoir de s'emparer des canons ; mais une pareille attaque regardée comme désespérée, même en pleine campagne, devenait un acte de folie dans des rues étroites que le feu de l'ennemi enfilait d'un bout à l'autre. Il fallut plier et battre en retraite vers le Palais-Royal. Une attaque des sectionnaires de l'autre rive de la Seine, fut repoussée de même à la tête du Pont-Neuf et du Pont-Royal. En moins d'une heure la déroute était complète, et les patriotes lancés sur les fuyards en firent un horrible massacre, que la nuit ne tarda pas à suspendre. « Bo-
« naparte, dit M. Thiers, avait mis une impitoyable
« énergie dans l'action et avait tiré sur la population
« de la capitale comme sur des bataillons d'Autri-
« chiens. » Parmi les morts, raconte comme excuse Bonaparte lui-même, dans une note autographe, on

reconnut partout des *émigrés*, des *propriétaires* et des *nobles*. (*Mém. de Bourrienne* ; tome I, p. 93.) Le lendemain l'ordre régnait dans Paris.

Mais hâtons-nous de détourner nos regards des horreurs de la guerre civile pour les porter sur le siége de Paris en 1814. Là du moins, l'ennemi n'était pas français. Napoléon, par de savantes manœuvres, se multipliait pour tenir tête aux diverses armées des alliés. En un mois, il avait livré quatorze batailles, remporté dix victoires et repoussé trois fois les étrangers marchant sur la capitale. Après le sanglant combat d'Arcis-sur-Aube, dont l'avantage resta indécis, l'empereur, serré de près entre les Austro-Russes de Schwartzenberg et les Prussiens du général Blücher, avait deux issues pour opérer sa retraite ; l'une vers Paris, qui se trouverait ainsi protégé, l'autre vers Saint-Dizier et les provinces de l'Est, qui lui permettrait de se porter sur les derrières de l'ennemi. Ce dernier plan fut préféré, car il ressemblait plus à une offensive qu'à une retraite.

Mais Paris, ainsi abandonné à lui-même, était-il bien en état de se défendre contre les deux armées des alliés? Déjà un convoi de vivres et de munitions, escorté par cinq mille hommes de recrues ou de gardes nationales parisiennes, avait été enlevé par la cavalerie de Blücher à la Fère-Champenoise. Les divisions de Mortier, duc de Trévise, et de Marmont, duc de Raguse, refoulées, écrasées par des forces trop supérieures en nombre, se repliaient sous les murs de la capitale, ne ramenant que sept à huit mille hommes, débris d'armées décimées par les victoires. Elles arrivèrent le 29 mars au soir ; celle de Marmont vint par Charonne et Montreuil s'établir sur le plateau de Romainville, celle du duc de Trévise s'avança par Stains et Pierrefitte vers la plaine de Saint-Denis. La garnison de Paris, en dehors de ces renforts ne se composait que de quelques milliers de recrues mal équipées et de vingt à trente mille gardes nationaux, pères de famille, bourgeois établis, dont réellement la moitié à peine étaient armés de fusils. Les autres n'avaient que des piques, cet instrument de guerre, supprimé dans nos armées en 1703, rétabli dans nos insurrections, en 1789, et devenu plus ridicule qu'utile.

Cependant les divisions de Blücher et du prince de Schwartzenberg ayant opéré leur jonction, s'avançaient par Meaux, Claie et Ville-Parisis, dispersant à chaque étape les petits corps de troupes qui s'opposaient à leur passage. Le prince royal de Wurtemberg marchait sur Vincennes, pour débusquer les Français des bords de la Marne et de Charenton et pour tourner les hauteurs de Charonne et de Belleville. Le général russe Rajeffski dirigeait trois fortes colonnes, avec leur artillerie et leurs réserves, à l'attaque de front des villages de Romainville et des Prés-Saint-Gervais. La garde impériale russe et la garde royale prussienne s'avançaient par la route de Bondy et de Pantin contre les buttes Montmartre, que l'armée de Silésie devait prendre à revers. C'était en total un effectif d'environ deux cent mille hommes.

Malgré ces formidables préparatifs, malgré le départ de l'impératrice et du conseil de régence pour Blois, le courage de la population parisienne n'avait pas été ébranlé. L'arrivée des habitants des campagnes chassant devant eux leurs troupeaux ; celle de voitures sanglantes, chargées de blessés et de mourants, le bruit lointain du canon exaltaient tous les cœurs au lieu de les ébranler, et l'on attendait l'ennemi de pied ferme en répétant ce refrain :

> Non, non, jamais de la ville immortelle
> Ils n'oseront insulter les remparts.

Le 29 mars, deux parlementaires furent envoyés pour sommer la ville de capituler. On refusa de les recevoir. Le lendemain, dès cinq heures du matin, un feu roulant d'artillerie et une vive fusillade, se firent entendre du côté des buttes Chaumont. C'était le duc de Trévise qui soutenait avec avantage les premiers efforts de l'ennemi. A Romainville, le prince de Wurtemberg essayait de tourner les Français ; mais les batteries du duc de Raguse contraignirent les assaillants à reculer et nos tirailleurs reprirent, après une lutte acharnée, le village de Pantin qu'on avait abandonné la veille, et qu'on ne put conserver à l'arrivée de masses badoises et prussiennes, soutenues par de fortes réserves. Un bataillon de la vieille garde défendait la position. Malgré d'incroyables prodiges de valeur, il fut obligé de battre en retraite. Ses rangs s'éclaircissaient sans pouvoir se recruter comme ceux de l'ennemi. Quelques-uns de ces braves, blessés, épuisés par la fatigue et par la perte de leur sang, tombaient sur la chaussée de Belleville. Un capitaine cherchait à ranimer leur courage. « Ah! cette fois ils « sont trop! » répondirent ces malheureux vaincus près de rendre le dernier soupir. Raguse accourt pour rétablir le combat, il ne peut tenir contre les grenadiers russes. Dans sa retraite, il est serré de si près que des détachements ennemis entrent avec lui par la barrière du faubourg du Temple. Il reprend l'offensive, les rejette hors la ville et en fait un horrible carnage.

Blücher, après avoir investi Saint-Denis, envoyait ses colonnes contre Clichy, Monceaux et Montmartre ; mais elles rencontraient une résistance héroïque. Les volontaires, les élèves de l'École polytechnique déployaient à la barrière de Clichy autant d'intrépidité que les troupes les plus aguerries ; sous la conduite du maréchal Moncey, duc de Conegliano, commandant de la garde nationale, ils soutenaient avec succès tous les efforts de l'ennemi. Le sang coulait à flots ; mais celui des assiégés était d'autant plus précieux que leurs rangs étaient bien inférieurs en nombre à ceux des alliés, et qu'épuisés par la victoire elle-même, il était à craindre qu'ils fussent presque anéantis et réduits à ne plus défendre le terrain et l'entrée de Paris que par les monceaux de leurs cadavres.

A la barrière du Trône, dont la défense était confiée à quelques bataillons de vétérans soutenus par un détachement de dragons et par une batterie de la garde nationale, le prince de Wurtemberg avait écrasé les assiégés en lançant sur eux des masses innombrables, tandis que ses ailes se déployaient sur les hauteurs de Charonne et de Conflans. Les élèves de l'École vétérinaire d'Alfort avaient en vain tenté de disputer le passage du pont de Charenton. L'ennemi, poussant des hourras, franchissait l'enceinte des murs par les trois grandes rues du faubourg Saint-Antoine, d'où un parti de cosaques venait d'être refoulé par un effort sublime d'une poignée d'hommes mal armés et conduits par quelques jeunes gens de l'École polytechnique.

Quoique de tous les chefs alliés, l'empereur Alexandre fût celui qui avait à venger sur la France les injures les plus récentes et les plus cruelles, il était le mieux disposé à éviter la prise d'assaut et le pillage de la capitale, seulement il refusait de traiter avec Napoléon, dont la déchéance était pour lui la première base de toute négociation. « C'est à Bonaparte que je « fais la guerre, disait-il dans ses proclamations, et « non pas à la nation française. » Encouragés par cette déclaration dont les événements ultérieurs ont prouvé la sincérité, les partis commençaient à s'agiter dans le sein de la capitale. On parlait d'une régence avec Napoléon II, d'une royauté avec Bernadotte ou le duc d'Orléans, d'une nouvelle république ou enfin du retour des Bourbons.

Joseph Bonaparte, frère aîné de l'empereur et chargé du gouvernement (au nom de sa belle-sœur), avait établi son quartier général sur les buttes Montmartre. Il crut longtemps n'avoir à combattre que contre une division ennemie. Ayant appris, par un prisonnier que lui renvoyait en parlementaire l'empereur Alexandre, combien les forces des alliés étaient considérables, il s'enfuit pendant la bataille pour aller à Blois, où déjà s'étaient réunis l'impératrice et son fils, la cour, les ministres et le conseil de régence. Un décret du 31 décembre 1813 avait prorogé le Corps législatif qui avait osé montrer quelques velléités d'indépendance et d'opposition. Il y avait à peine une soixantaine de sénateurs dans la capitale, qui se trouvait ainsi privée de tout gouvernement civil.

Les généraux restés à la tête du commandement

militaire et de la défense de Paris, étaient autorisés à capituler par une instruction que Joseph Bonaparte avait laissée avant de partir et qui était ainsi conçue :

Si M. le maréchal duc de Raguse et M. le maréchal duc de Trévise ne peuvent plus tenir, ils sont autorisés à entrer en pourparlers avec le prince de Schwartzenberg et l'empereur de Russie qui sont devant eux. Ils se retireront sur la Loire avec leurs troupes.

Montmartre, le 30 mars 1814, à midi et demi.

La défense avait été aussi glorieuse que possible. Dans une ville ouverte, n'ayant d'autres forteresses, d'autres remparts que les murs de son octroi et quelques redoutes élevées à la hâte pour protéger les barrières, trente mille hommes, composés presque exclusivement de recrues ou de gardes nationales, sans artillerie suffisante, avaient soutenu le choc de quatre-vingt mille Austro-Russes et de cent mille Prussiens. Les assiégés avaient eu quatre ou cinq mille tués ou blessés; mais ils avaient fait subir à l'ennemi une perte trois fois plus considérable. Toute prolongation de résistance ne pouvait attirer que la ruine de la capitale sans le moindre espoir de succès. L'honneur était satisfait. Ainsi raisonnaient les bourgeois de Paris, dont l'orgueil n'avait pas altéré le bon sens et dont néanmoins on ne pouvait contester la bravoure et le patriotisme.

Mais les classes inférieures, sur lesquelles les maux

de la guerre ont moins de prise, puisque par leur pauvreté elles n'ont rien à perdre, rien à craindre des dévastations et des contributions, se déclaraient pour la continuation des hostilités. A la haine de l'étranger, plus vive peut-être chez les hommes du peuple que dans les autres rangs de la société, se joignait chez eux la passion de cette gloire militaire de son pays, dont la part est égale pour l'indigent et pour le riche. Les satisfactions de l'orgueil personnel et de l'amour-propre national leur fournissaient un ample dédommagement des dangers qu'il y avait à courir sur le champ de bataille. Les ouvriers des faubourgs réclamaient donc à grands cris des armes et la guerre à outrance. Mais on n'avait point osé condescendre à leur désir. Qu'auraient pu faire ces masses indisciplinées contre deux armées régulières, si supérieures en nombre? D'ailleurs, dans leurs rangs, se serait glissée cette écume sociale que l'on retrouve dans toutes les grandes villes et à Paris plus que dans aucune autre capitale. Que n'avait-on pas à craindre de ces hommes dégradés, avilis, déjà flétris par la justice ou vivant dans une débauche grossière au fond de leurs bouges, d'où leurs spectres étranges ne sortent et n'apparaissent qu'à l'heure des révolutions et des calamités publiques? Au jour de l'assaut, une partie de ces volontaires ne se seraient-ils point unis aux vainqueurs pour consommer le pillage et la ruine de la capitale?

Au lendemain d'un succès ou d'une paix chèrement achetée, n'auraient-ils point fait succéder la guerre civile à la guerre étrangère? Avait-on enfin la moindre chance de triompher? Il ne fallait même plus compter sur l'avantage des positions ; l'ennemi s'étant avancé par les plateaux d'Avron et de Romainville, avait enlevé toutes les hauteurs qui dominent le nord de Paris et avait rejeté les assiégés dans l'enceinte de leurs murs d'octroi. Les défenseurs des buttes Montmartre prolongeaient encore leur résistance ; mais les alliés débouchant par Stains et Pierrefitte et laissant derrière eux le blocus de la ville de Saint-Denis, étaient sur le point de les déloger. Sur la hauteur, quelques pièces de canon formaient une petite batterie, protégée par de si faibles détachements, que les Prussiens, lorsqu'ils s'en furent emparés, étaient honteux de s'être laissé si longtemps arrêter devant l'apparence redoutable de cette position.

Déjà quelques bombes lancées sur le quartier de la Chaussée-d'Antin, y avaient porté l'épouvante. Les maréchaux de Raguse et de Trévise comprirent que c'était un orgueil insensé que de prétendre continuer une lutte sanglante et inutile, et d'exposer à une ruine complète la reine des arts, des sciences et de l'industrie.

L'empereur Alexandre reculant devant la pensée de livrer Paris aux horreurs d'une prise d'assaut, envoya un parlementaire offrir un armistice pour entrer en négociations. C'eut été un crime que de refuser de profiter d'une démarche aussi généreuse. Le duc de Raguse consentit à une suspension d'armes, et quelques heures après, assisté du maréchal de Trévise, il signait une capitulation avec les comtes Orloff et de Nesselrode dans une modeste auberge de Pantin. L'armée française devait évacuer la ville le lendemain matin, 31 mars, par les barrières du Sud, et les alliés ne devaient entrer par celles du Nord que quelques heures plus tard. Cette acceptation de conditions honorables était un acte de dévouement, dont l'humanité faisait une loi au duc de Raguse et qu'il n'accomplit pas sans une douleur profonde. Il se retira à la tête des troupes avec armes et bagages et les conduisit au delà de la rivière d'Essonne, d'où il se rendit ensuite lui-même à Fontainebleau auprès de l'empereur qui le reçut avec cordialité et le retint à dîner à sa table. La capitulation n'avait rien d'humiliant ; mais l'orgueil national ne permit pas à la population parisienne de se résigner à l'idée d'avoir été vaincue et forcée de se rendre. La noble conduite du maréchal devint aux yeux de ceux qui auraient dû le bénir, un crime honteux, une trahison infâme, et seize ans après on accolait encore à son nom les épithètes les plus odieuses. Ce qui se passa en 1815, après la bataille de Waterloo, peut, comme nous le verrons plus loin, servir de critérium certain de l'injustice de ces attaques.

La garde nationale de Paris, à laquelle on avait laissé ses armes, était chargée de l'ordre intérieur de la ville pendant l'évacuation de l'armée française et l'entrée des alliés. La population, qui, avec son insouciance ordinaire et son mépris du danger, s'était portée par curiosité aux barrières au moment du combat, n'afflua pas avec moins d'empressement sur le passage des vainqueurs. Le lendemain, les membres du Sénat présents à Paris nommèrent un gouvernement provisoire, composé de cinq membres, dont Talleyrand fut élu président, et qui, deux jours après, proclama la déchéance de l'empereur. Le 6 avril, il vota une constitution nouvelle et le rétablissement des Bourbons, dont le chef remonta sur le trône de ses pères sous le nom de Louis XVIII.

Napoléon, après avoir renoncé à la couronne en faveur de son fils, avait révoqué cette abdication conditionnelle. Il voulait, avec les débris de ses armées, marcher sur Paris et en chasser les alliés. Mais ses généraux les plus dévoués, Ney, Berthier, Macdonald, le détournèrent de ce projet désespéré, dont l'unique résultat eût été de transformer la ville en un champ de bataille, où des milliers de victimes auraient trouvé leur tombeau sous les ruines de la capitale. En l'absence du duc de Raguse, ses généraux levèrent le camp d'Essonne et se dirigèrent vers la Normandie par Versailles, où ses troupes, partageant les illusions de Napoléon, se révoltèrent, aux cris de : « Vive l'empereur ! à Paris ! à Paris ! » Le maréchal accourut rétablir l'ordre par sa présence au péril de ses jours, et il empêcha la reprise des hostilités, dont les conséquences eussent été des malheurs incalculables. Le 12 avril, l'entrée à Paris du comte d'Artois en qualité de lieutenant-général du royaume et la publication au *Moniteur* de l'abdication définitive de Napoléon, signée la veille, achevèrent de rassurer les habitants de la capitale.

En 1815, lorsque le retour de l'île d'Elbe remit en question les destinées de la France, le génie, sous la direction du général Haxo, fut chargé de fortifier Paris. Dans la zone septentrionale, on construisit une double ligne de retranchements, de telle sorte que si la première tombait au pouvoir de l'ennemi, les assiégés pourraient se retirer derrière la seconde, au lieu d'être obligés, comme l'année précédente, d'abandonner les hauteurs et de se réfugier dans la ville. La partie méridionale, restée complétement ouverte en 1814, fut protégée par des ouvrages, qui n'étaient pas terminés, il est vrai, à l'approche des alliés, après la bataille de Waterloo, mais, qu'avec un peu d'activité il eût été facile de compléter en quelques jours. La Seine, d'ailleurs, cette barrière naturelle, n'avait-elle pas suffi, lors de la première invasion, pour arrêter l'ennemi de ce côté et lui faire diriger tous ses efforts contre le nord de la capitale.

Quant aux forces militaires de la défense de Paris, l'armée de Grouchy, qui comptait plus de trente mille hommes et qui n'avait pas combattu à Waterloo, était revenue intacte sous ses murs. Elle y avait été rejointe par les débris de la garde impériale, que Soult ramenait de Mézières et de Laon. Des renforts arrivaient de tous côtés. Trente mille gardes nationaux ou fédérés étaient sous les armes. Il restait, tant à Paris qu'à Vincennes, cinq cents bouches à feu pour remonter l'artillerie. La présence de Napoléon électrisait les troupes, qui défilaient sous les fenêtres de l'Élysée aux cris de « Vive l'empereur ! » et en demandant la bataille.

Le peuple et les deux Chambres, l'une, celle des pairs créée au retour de l'île d'Elbe, l'autre, celle des députés, élue sous les influences et l'autorité du gouvernement des Cent jours, devaient être d'autant plus dévoués à Bonaparte qu'il n'avait épargné aucune avance pour se les concilier. Reniant son despotisme passé, affirmant qu'il n'avait plus à quarante-cinq ans les mêmes idées politiques, les mêmes principes qu'à trente, l'empereur avait promulgué une nouvelle constitution et laissé entrevoir les concessions les plus libérales. Il avait tendu la main à la démagogie pour s'en faire une alliée, comme plus tard son neveu la tendit au socialisme. Triste mesure, qui manquait de sincérité et qui ne réussit ni à l'un ni à l'autre. Le vaincu de Waterloo, comme celui de Sedan, avait, avec la bataille, perdu tout son prestige.

La Chambre des députés extorqua de l'empereur son abdication et nomma un gouvernement provisoire, dont la présidence fut confiée à Masséna, duc de Rivoli, quoiqu'elle semblât revenir de droit au général La Fayette, l'ancien prisonnier d'Olmütz, l'un des chefs du mouvement actuel, d'autant plus ingrat que c'était le général Bonaparte qui jadis avait brisé ses fers. La proposition de proclamer Napoléon II, faite par quelques membres de l'Assemblée, fut écartée à l'aide d'un ordre du jour insidieux. Malgré les efforts de Lucien Bonaparte et du général de Labédoyère, elle n'eut pas un meilleur sort à la chambre héréditaire, où le maréchal Ney lui-même disait : « Oui, je le répète, vous n'avez d'autre voie de salut que la négociation. Il faut que vous rappeliez les Bourbons. Quant à moi, je me retirerai aux États-Unis. Je ne suis pas de ces hommes pour qui l'intérêt personnel est tout. Que gagnerai-je au retour de Louis ? D'être fusillé pour crime de désertion. Mais je dois la vérité à mon pays. »

Cependant l'armée anglo-prussienne, restée maîtresse du champ de bataille à Waterloo, où ses pertes avaient été presque doubles des nôtres, marchait droit sur Paris sans rencontrer de résistance. Voulant attaquer la capitale du côté du sud et de la rive gauche de la Seine, elle s'avançait de Saint-Denis sur Saint-Germain et Versailles, laissant à découvert son flanc gauche. Napoléon, retiré depuis trois jours au château de la Malmaison, juge de son regard d'aigle le moment favorable pour profiter des imprudentes manœuvres de l'ennemi. Il offre au gouvernement provisoire de se mettre comme général à la tête de l'armée française et d'écraser les alliés en se jetant sur leurs flancs et sur leur arrière-garde. Après la victoire, il remettra le commandement qui lui aura été confié. On lui répond par un refus.

Le maréchal Davoust, prince d'Eckmühl, ministre de la guerre, chargé de la défense de Paris, avait sous ses ordres plus de cent mille hommes de troupes régulières et aguerries, qui brûlaient de prendre une revanche et demandaient à grands cris le signal du combat. Sur l'avis du gouvernement provisoire, il sollicita un armistice. Blücher exigeait que l'armée française se constituât prisonnière et que Paris se rendît à discrétion. Ces conditions n'étaient pas acceptables. Le général Excelmans, profitant de la négligence des Prussiens qui s'endorment à Versailles dans une fausse sécurité, fond sur eux à l'improviste, met en déroute un corps de douze à quinze mille hommes et revient triomphant à Paris avec quinze cents prisonniers et mille chevaux. Ce succès électrise nos troupes;

la population est prête à les soutenir. Les escarmouches se multiplient. Une victoire sous les murs de la capitale va peut-être rouvrir une page aux fastes de notre gloire et nous épargner bien des millions et de la honte. Sur l'injonction du gouvernement provisoire, le maréchal Davoust traite avec l'ennemi et signe une convention, dont les principaux articles sont : une suspension d'armes, l'évacuation de la capitale par l'armée française, qui doit se retirer au delà de la Loire, et son occupation par les alliés, qui en prirent possession le 6 juillet. Deux jours après, Louis XVIII rentrait dans Paris, qui allait enfin jouir de quinze ans de repos et de prospérité.

SIÉGE DE PARIS

PAR LES PRUSSIENS

SIÉGE DE PARIS PAR LES PRUSSIENS

18 SEPTEMBRE 1870. — 27 JANVIER 1871

Quoique les événements postérieurs à 1814 soient trop contemporains pour entrer déjà dans le domaine de l'histoire, le siége de Paris de 1870-1871 ne pouvait être passé sous silence dans un ouvrage consacré aux annales militaires de la capitale. Nous allons donc donner un résumé des principaux événements de cette lutte glorieuse.

La France, habituée depuis dix-huit ans à une confiance et à une soumission aveugles, avait docilement répondu au premier cri de guerre de son gouvernement par celui-ci : « A Berlin ! à Berlin ! » Nos arsenaux étaient pleins, nos magasins d'approvisionnements regorgeaient de vivres, nos chassepots avaient de grands avantages sur les fusils à aiguille, nous avions seuls le secret des redoutables mitrailleuses, notre armée comptait plus de quatre cent mille hommes réputés invincibles. Tels étaient les faits rassurants dont nous berçaient les rapports officiels des hommes que l'on devait considérer comme les mieux renseignés et les plus compétents.

Lorsque les événements de Forbach, de Reichshoffen et de Wissembourg eurent prouvé qu'il y avait au moins erreur dans les calculs, avec le théâtre de la guerre se déplaça le terrain des affirmations trompeuses. Paris était imprenable ; un million d'hommes ne pourraient sans folie l'assiéger ; deux millions ne suffiraient pas pour l'investir. Chaque jour la presse officielle ou officieuse nous le répétait sur tous les tons.

Tandis que l'on travaillait à compléter les fortifications et le système de défense de Paris, si un sourire errait sur toutes les lèvres, c'est que de pareilles précautions paraissaient inutiles, ridicules. Nos armées se concentraient par d'habiles manœuvres. Nous étions encore plus près de Berlin que les Allemands de Paris. Pour la seconde fois, on éprouva de cruelles désillusions à la nouvelle des désastres de Sedan. Une de nos deux armées étaient bloquée sous les murs de Metz ; l'autre n'existait plus. Paris, néanmoins, n'avait rien perdu de son assurance. Ils n'oseraient ! semblait-on dire comme autrefois le duc de Guise.

L'auteur de ce livre était alors aux bains de mer de Dieppe. Le 16 septembre, de nombreux Parisiens, fonctionnaires ou commerçants, arrivaient par les chemins de fer aux diverses stations des bords de la

Manche avec des billets d'aller et retour, valables du samedi au lundi. Ils avaient la plus grande confiance dans la possibilité de regagner la capitale. Le dimanche, il circula un bruit qui les frappa de stupeur. Tous les chemins de fer étaient coupés à l'exception de ceux de l'Ouest qui ne pouvaient tarder à l'être. On s'empressa de repartir le soir même. A la gare d'Oissel, où nous sommes arrivés à minuit, on nous annonça que la ligne était coupée à Mantes et qu'il fallait attendre le train de Serquigny, pour de là gagner la capitale par Dreux ou par Chartres. Buffets et salles d'attente étaient blindés et fermés. Après six heures passées sur les quais des gares d'Oissel et de Serquigny, sans autre toit que le ciel, sans autre literie que nos valises et nos sacs de voyage, nous étions transis de froid et accablés de fatigue. On nous annonça que les convois n'allaient plus au delà de Dreux ou de Chartres. Le jour commençait ; un seul hôtel s'offrait à notre vue ; on alla y chercher du secours contre la faim et les fluxions de poitrine. « Nous ne pouvons rien vendre, nous fut-il répondu. L'ennemi est à quelques lieues d'ici ; il va peut-être venir. » Il fallait bien sans doute avoir des provisions pour adoucir les farouches hulans. On nous permit toutefois de nous chauffer gratuitement aux fourneaux de la cuisine.

Nous ne rapportons ici de tels détails que pour montrer quelle confiance avait longtemps régné dans les esprits et quelle terreur subite lui avait succédé. Si l'on désire connaître toutes les péripéties de ce voyage, nous les avons publiées sous le titre de : *Une Caravane dieppoise*, dans un article du *Journal de Dieppe* (numéro du 25 septembre 1870), reproduit par le *Journal de Rouen* (26 septembre), par la *Vigie de Dieppe* (4 octobre) et par le *Nouvelliste de Rouen* (6 octobre).

Plusieurs littérateurs de talent ont écrit l'histoire anecdotique du siége de Paris par les Prussiens. Nous citerons entre autres l'ouvrage de M. Sarcey et celui de M. Dalsème. Nous nous bornerons ici à donner un résumé chronologique des événements.

Dès la nuit du 17 au 18 septembre, l'investissement de Paris était complet. Ce but avait été atteint à l'improviste par deux à trois cent mille hommes manœuvrant avec une précision, une discipline et une habileté remarquables. Il n'y avait pas, il est vrai, pour défendre la capitale, plus de trente mille hommes de troupes régulières. Des mobiles, des mobilisés, des recrues et des volontaires mal armés, des gardes nationaux ayant des fusils à pierre transformés en fusils à piston ou à tabatière, formaient le reste de l'armée de la défense, qui avait la garde d'une vingtaine de forts et de dix lieues de remparts.

Dix mille Allemands, venus par les plateaux de la Brie, avaient envahi Joinville, le 15 septembre, et telle était encore l'illusion que des journaux de province semblaient croire qu'il s'agissait de Joinville, en Champagne. Le même jour un train du chemin de fer du Nord avait été capturé à Senlis et un autre avait essuyé une vive fusillade aux environs de Chantilly.

La Seine offrait au sud de Paris une ligne de défense naturelle. Les éléments semblaient conjurés contre nous. Les eaux du fleuve n'avaient pas depuis longtemps été aussi basses et, après une courte canonnade, les Allemands, à défaut de ponts, passèrent la Seine à gué entre Athis et Juvisy. De là ils s'avancèrent par la route qui conduit de Choisy-le-Roi à Versailles, où ils devaient établir leur quartier général. Cette ville, bâtie sur un plateau et protégée de tous côtés par des bois et des hauteurs, leur offrait dans ce but une situation des plus propices.

Le 17, la division du général Exéa, dirigeant une reconnaissance sur la route de Choisy-le-Roi, livra un petit combat à l'arrière-garde d'une de leurs colonnes. Le lendemain, un engagement eut lieu au Plessis-Piquet et à la ferme de Trévaux, dont la position fut emportée par les zouaves. Les Allemands n'en continuèrent pas moins leur marche au nord de Paris ; les troupes allemandes, venues par Chantilly, ayant occupé Conflans, Andresy, Carrières et Triel, se préparaient à passer la Seine au-dessous de Poissy de manière à donner la main au corps d'armée arrivé à Versailles par le sud. La chaîne d'investissement allait se resserrer, il fallait s'opposer à la soudure de ses derniers anneaux. C'est ce que tenta le jour suivant le général Trochu, gouverneur de Paris, malgré l'insuffisance des forces dont il pouvait disposer.

SEPTEMBRE.

19. — Premier combat de CHATILLON. Dès la pointe du jour le général Vinoy, ayant sous ses ordres les divisions Susbielle et Blanchard, les brigades La Charrière et Dumoulin, se porte en avant de Clamart et de Bagneux. Il rencontre des forces prussiennes imposantes massées dans les bois et les villages. Il se replie sur Châtillon après un engagement assez vif. Quelques compagnies d'un régiment de zouaves nouvellement formé, sont saisies d'une terreur panique et rentrent dans Paris, tête nue et sans armes, ayant leurs cartouchières encore pleines. Ils crient à la trahison et répandent l'épouvante dans les faubourgs Saint-Marceau et Saint-Jacques. Cependant la gauche des troupes françaises se maintient sur les hauteurs de Villejuif. A la droite, le quinzième régiment de marche, colonel Bonnet, s'est retranché au Plessis-Piquet, où il lutte toute la journée. Les mobiles bretons (Ille-et-Vilaine) conservent leur position de Clamart jusqu'au dernier moment. Ils essuient le feu de l'ennemi avec l'intrépidité de troupes aguerries. Richard, comte de Nugent, simple volontaire et ancien officier au service d'Autriche, est tué. Le soir, il faut songer à la retraite devant les forces de l'ennemi, toujours renouvelées, toujours croissantes. Le général Ducrot encloue les canons et se retire sous la protection du fort de Vanves. Sans avoir les proportions d'une défaite, ce combat eut pour les assiégés les plus graves conséquences. Ayant repoussé les assiégés dans leurs lignes, les Allemands se hâtèrent de se fortifier et de rendre leurs positions inabordables. Dès lors Paris ne pourra plus être délivré de

leurs étreintes, s'il n'est pas secouru par une armée extérieure. Les élections de l'Assemblée nationale sont fixées au 2 octobre. Henri de Rochefort est nommé président de la Commission des barricades. Les habitants de Paris, absents pour toute autre cause qu'un service public, sont soumis à une taxe proportionnelle à leur loyer par un décret évidemment en contradiction avec les prescriptions données pour faire sortir de la ville les bouches inutiles.

20. — Les Allemands resserrent leurs lignes d'investissement; ils se massent au-dessus de Bondy, du plateau du Raincy; ils s'installent au Pecq, à Bougival, à Meudon; ils établissent des ponts au-dessous de Port-Marly et entre Vaux et Triel. Les tirailleurs de la Seine défendent les approches du pont de Sèvres, que l'on réussit enfin à faire sauter, ainsi que ceux de Billancourt et de la Grande-Jatte. La plaine de Colombes et de Gennevilliers, protégée par le Mont-Valérien reste libre. Le départ de M. Jules Favre pour le quartier général prussien ayant donné naissance à des bruits d'armistice et de paix, des officiers de la garde nationale de Belleville, Montmartre et Vaugirard protestent par une manifestation à l'Hôtel de Ville contre l'attitude du gouvernement de la défense nationale. Arrêté du général Trochu ordonnant la fermeture à dix heures et demie du soir, des cafés, des restaurants et des débitants de boissons.

21. — Déclaration du gouvernement qu'il entend ne céder « ni un pouce de notre territoire, ni une pierre de nos forteresses [1]. » De nombreuses manifestations ont lieu pour le 78e anniversaire de la république. La flottille lance des obus sur le bas Meudon et sur le poste de Brimborion (ancien château de la marquise de Pompadour, à mi-côte de Bellevue).

---

[1] Ces paroles célèbres avaient été, dit-on, prononcées par l'empereur de Russie à la nouvelle du désastre de Sedan. Le czar, quoique mécontent de la légèreté avec laquelle la guerre avait été déclarée, voulait d'abord intervenir et s'opposer à tout morcellement du territoire français. Mais quand il vit au pouvoir Floquet, qui l'avait injurié au Palais de Justice lors de l'exposition universelle, et Arago, qui avait plaidé pour Berezowski, il changea complètement de vues.

22. — La garde nationale de Rueil, après avoir soutenu le choc d'un corps d'armée considérable, se replie en emmenant avec elle à Paris la population du village.

23. — La division Maud'huy s'empare de Villejuif, du Moulin-Saquet et des Hautes-Bruyères; elle réduit au silence les batteries prussiennes et empêche les travaux que l'ennemi tente de faire à Bagneux. Des escarmouches à Pierrefitte et au Bourget, sous la conduite du général de Bellemare, prennent les proportions d'un petit combat. Les Allemands se massent derrière Épinay et se retranchent fortement autour d'Argenteuil.

24. — Le pont de Triel s'écroule sous le poids de trois pièces prussiennes, qui coulent à fond. Celui de Chatou est détruit par la mine. Escarmouche entre les canonnières de la Seine et les batteries allemandes de Sèvres et du parc de Saint-Cloud. L'ajournement indéfini des élections municipales et de celles de l'Assemblée constituante excite une vive émotion dans Paris.

25. — Le calme serait complet sur toutes les lignes, si les canonnières n'avaient descendu la Seine et n'avaient mitraillé Brimborion, où les Prussiens dressaient des batteries. Un ballon emporte cent kilogrammes de dépêches et un grand nombre d'exemplaires du rapport de M. Jules Favre, sur les négociations de Ferrières.

26. — Une vingtaine de jeunes soldats d'un régiment de ligne campé à Courbevoie s'enfuient en entendant l'artillerie du Mont-Valérien. Ils sont arrêtés aux remparts et conduits, la capote à l'envers, à la prison de la rue du Cherche-Midi. Le club de Belleville commence ses excitations séditieuses. On y demande la destitution du maire du dix-neuvième arrondissement et la mise en accusation de M. Godillot, fabricant d'équipements militaires, accusé d'exploiter et d'opprimer ses ouvriers.

27. — Le dépôt des huiles de pétrole aux buttes Chaumont est incendié. On croit d'abord dans Paris que c'est la forêt de Bondy qui brûle. Les énergumènes mettent à profit le patriotisme inquiet

de la population; des chefs de bataillon de la garde nationale réclament d'urgence à l'Hôtel de Ville les élections municipales.

28. — Des reconnaissances sont dirigées en avant de Neuilly-sur-Marne, de Saint-Maur et de Clamart. Les forts complètent leur armement. L'agitation électorale continue. Courbet, président de la commission des Musées, demande la destruction de la colonne Vendôme.

29. — Nul mouvement militaire, sauf quelques reconnaissances de tirailleurs et une canonnade de la redoute des Hautes-Bruyères contre un convoi ennemi entre l'Hay et Chevilly.

30. — Combat de Villejuif. Les Prussiens, maîtres de Choisy-le-Roy, Thiais, Chevilly, L'Hay, crénelaient les maisons de ces villages et faisaient de grands travaux sur toute la ligne pour protéger les communications entre l'est et Versailles. Les troupes placées sous les ordres du général Vinoy et massées vers les forts d'Ivry, de Montrouge et de Bicêtre sortent des lignes. La lutte s'engage sur tout le plateau de Villejuif. Les Prussiens sont chassés de Chevilly par la brigade du brave général Guilhem qui périt dans cette attaque. La colonne du général Blaise pénètre dans Thiais et s'empare d'une batterie de position. Des renforts considérables permettent à l'ennemi de reprendre l'offensive et nos troupes sont obligées de battre en retraite. Les pertes de l'ennemi sont plus considérables que les nôtres. Les généraux Ducrot et d'Exéa et le colonel de Pindray exécutent de brillantes reconnaissances vers Bougival, Créteil et Bondy.

OCTOBRE.

1er. — Les assiégés demandent une suspension d'armes pour procéder à l'enlèvement des morts et des blessés. Ils n'obtiennent pas de réponse favorable; mais il s'établit un armistice tacite. On suppose que les assiégeants désirent cacher l'étendue de leurs pertes.

3. — Les nouvelles arrivées coup sur coup de la capitulation de Toul, de celle de Strasbourg et de la retraite du général de Polhès au delà de la Loire, abandonnant Orléans à l'ennemi, jettent une vive inquiétude dans Paris, qui commence à craindre de n'être pas efficacement secouru par la province. Les clubs s'agitent ; des symptômes d'anarchie se manifestent.

4. — Flourens, à la tête de huit mille gardes nationaux, se dirige vers l'Hôtel de Ville. Il réclame du gouvernement de la défense : 1° les élections municipales ; 2° le rationnement des vivres égal pour tous ; 3° l'armement avec des chassepots de tous les volontaires disposés à faire des sorties immédiates ; 4° l'envoi en province de commissaires munis de pleins pouvoirs. Il est éconduit par le général Trochu et déclare donner sa démission. Le vicomte de Castries, dont le maréchal ac-Mahon a épousé une cousine, meurt des blessures qu'il avait reçues au combat de Villejuif. Une torpille éclate à la porte de Sablonville et atteint grièvement huit personnes, dont une femme. Des spahis et des mobiles se portent en avant du fort de Nogent-sur-Marne.

6. — A la faveur d'un brouillard intense, le général Carré de Bellemare fait occuper au delà de Saint-Denis une sorte de camp retranché demi-circulaire, qui rend la position presque inabordable. Les Prussiens de leur côté consolident leurs travaux de siége.

7. — Le général Vinoy occupe Cachan. Des reconnaissances meurtrières pour l'ennemi, sont faites à Bondy par les francs-tireurs des Lilas ; à Chatou par les éclaireurs de la Seine, à Clamart par les gardes mobiles. Gambetta part en ballon pour aller réchauffer le zèle des membres de la délégation de Tours (MM. Crémieux et Glais-Bizoin), accusés de faiblesse ou de modérantisme.

8. — Affaire de la MALMAISON. Le général Martenot, à la tête de six cents mobiles et de détachements de tirailleurs des Ternes et de francs-tireurs, s'avance par Nanterre et Rueil jusqu'à la Malmaison, d'où il déloge l'ennemi que l'on poursuit jusqu'aux

premières maisons de Bougival et sur les hauteurs de la Jonchère. Les éclaireurs de la Seine engagent dans la plaine de Gennevilliers une vive fusillade avec les Allemands embusqués sur l'autre rive entre Argenteuil et Bezons. Tandis que la canonnade attire les Parisiens hors des remparts dans plusieurs directions, les partisans de la Commune se portent à trois heures sur l'Hôtel de Ville en réclamant à grands cris les élections. Des bataillons de la garde nationale font évacuer la place de Grève. Les membres du gouvernement de la défense se présentent aux fenêtres et sont accueillis par les acclamations de la foule qui répond par les cris : Vive la France ! à bas la Commune ! à l'éloquente apostrophe de Jules Favre : « Écoutez le canon qui tonne et qui nous dit à tous où est le devoir. » Dans la soirée, le commandant Sapia, du 46° bataillon, essaye de ramener ses hommes contre l'Hôtel de Ville et de renverser le gouvernement. Il est arrêté et conduit à l'état-major de la place Vendôme.

10. — Après une journée de pluie et de repos, un engagement très-vif a lieu aux redoutes de Montreuil et de Noisy entre des troupes de ligne et les assiégeants. Le major Flourens fait battre le rappel pour essayer une nouvelle manifestation ; sa tentative avorte.

11. — On ne signale d'autres faits militaires que des mouvements de troupes allemandes, qui semblent se retirer en arrière pour se borner au blocus et prendre la ville par la famine.

12. — Reconnaissance exécutée avec succès sur le plateau d'Avron, par le lieutenant-colonel Reille à la tête des mobiles du Tarn, des chasseurs et des spahis. Le général Ducrot lance les mobiles du Morbihan sur la Malmaison, d'où les batteries prussiennes, réduites au silence par les feux du Mont-Valérien, sont forcées de rétrograder jusqu'à Bougival.

13. — Deuxième combat de CHATILLON. Le village de Bagneux est enlevé par les mobiles de la Côte-d'Or et par le 1ᵉʳ bataillon de l'Aube, dont le commandant, le comte de Dampierre, blessé griève-

ment, succombe le soir même et meurt en héros et en chrétien. Deux barricades à l'entrée de Châtillon et l'ouvrage du Moulin de Pierre du côté de Clamart sont emportés par la division du général Blanchard. Le 35⁰ de ligne a une grande part à cette brillante journée.

14. — Armistice en avant des forts du Sud pour enterrer les morts. Les éclaireurs du commandant Thierrard surprennent à Rueil un corps allemand et lui tuent une vingtaine d'hommes. Le château de Saint-Cloud est réduit en cendres par les obus du Mont-Valérien. On rationne la viande de cheval. La disette de légumes frais se fait sentir. Toutes les denrées atteignent des prix excessifs.

17. — On organise des compagnies de pourvoyeurs, qui procéderont à la récolte des fruits et légumes, dans les environs de Paris, sous la protection de détachements dirigés par le commandant Pindray. Reconnaissance dans la plaine de Gennevilliers par la brigade Berthaut; une vive fusillade s'engage entre les zouaves et les tirailleurs prussiens.

19. — Reconnaissance hardie en avant des forts de Nogent et de Noisy par les mobiles du Tarn, de la Drôme et de la Côte-d'Or. Le plateau d'Avron est occupé; les Allemands, débusqués du village du Bois de Neuilly, se retirent derrière leurs retranchements. Tous les fourrages existant dans Paris sont mis en réquisition.

21. — Combat de LA JONCHÈRE. Le général Ducrot dirige une sortie contre Rueil, la Malmaison, la Jonchère et le château de Buzenval. A midi, l'artillerie ouvre son feu sur toute la ligne; elle se tait à une heure et nos troupes s'élancent vers le ravin qui descend de l'étang de Saint-Cucufa. La colonne du général Noël gravit les pentes de la Jonchère. Les francs-tireurs de la 2ᵉ division entrent dans Buzenval. Le bataillon des mobiles de Seine-et-Marne dégage quatre compagnies cernées dans le parc de la Malmaison et se porte hardiment au-dessus de l'étang de Saint-Cucufa. L'arrivée de la nuit met fin à la lutte et les troupes rentrent dans

leurs cantonnements. La statue de Napoléon Ier, au rond-point de Courbevoie, est renversée et jetée à la Seine. On fait courir le bruit d'un grand succès dans la plaine de Gennevilliers, où un corps de dix mille Allemands aurait été fait prisonnier.

23. — Le major Flourens fait battre le rappel à Belleville et tente de nouveau une manifestation qui échoue par un temps froid et pluvieux. Le calme sur toute la ligne permet aux belligérants d'achever de part et d'autre l'enlèvement des morts qui ont succombé l'avant-veille.

24. — Explosion d'une fabrique de bombes à Clignancourt. Magnifique aurore boréale, saluée comme un pronostic favorable par une partie de la population parisienne, qui accueille avec crédulité de faux bruits de retraite des Prussiens et de rétablissement prochain du service des chemins de fer. La bibliothèque du Luxembourg est rendue publique; celle de Sainte-Geneviève et la Mazarine seront rouvertes à partir du 27 octobre.

26. — La viande de cheval et le riz deviennent la base de l'alimentation. Le beurre et le mouton ont disparu. La volaille est très-rare. Toute la cuisine se fait à la graisse ou au lard.

27. — Le Mont-Valérien, la batterie du rond-point Mortemart et les bastions 63 et 64 couvrent de feux Brimborion et l'orangerie de Saint-Cloud. Les forts de Vanves et d'Issy tirent sur le moulin de Châtillon et la Tour des Anglais. Les travaux de l'ennemi sont suspendus et bouleversés de ces divers côtés. — Des bons de pain de 500 grammes seront gratuitement délivrés par l'administration aux familles nécessiteuses des communes départementales comme aux indigents de Paris. La rue du Cardinal-Fesch prendra le nom de Châteaudun en l'honneur de la belle défense que cette ville a soutenue le 18 précédent contre cinq mille Prussiens, qui l'ont réduite en cendres. Le journal *le Combat*, de Félix Pyat, annonce sous le titre de : LE PLAN DE l'AZAINE, la capitulation de Metz, qu'il ne pouvait connaître encore puisqu'elle n'eut lieu que ce jour-là. On doute de la nouvelle et des députations sont envoyées à l'Hôtel

de Ville pour s'informer auprès du gouvernement, qui la déclare calomnieuse. Rochefort, à ce sujet, accuse Félix Pyat de lâcheté. Les brigades de la police impériale dites du Bois de Boulogne et du Château sont licenciées.

28. — Le général de Bellemare lance les francs-tireurs de la Presse sur le Bourget, qui est occupé, ainsi que Drancy. Trente pièces d'artillerie et des forces prussiennes considérables, descendues des hauteurs d'Écouen et de Villiers-le-Bel, tentent en vain de reprendre la position. — Félix Pyat publie que c'est de Rochefort qu'il tient la nouvelle de la capitulation de Metz. Victor Flourens, par qui elle lui a été transmise, affirme qu'elle vient d'un autre membre du gouvernement et qu'elle est exacte. Cette polémique très-vive impressionne les esprits et fait diversion à la joie causée par la prise du Bourget.

29. — Un décret réserve exclusivement aux services militaires la collation de la croix de la Légion d'honneur. Un bruit vague se répand le soir : le Bourget, quoique ce soit une position importante, est resté sans artillerie au lieu d'être mis en état de défense et il est retombé au pouvoir de l'ennemi. Le fait n'est que trop vrai. L'alimentation est de plus en plus difficile. Les conserves et les légumes secs commencent à manquer. La ration de viande est fixée à 50 grammes par habitant. A partir du 1er novembre on supprimera un bec de gaz sur deux et l'extinction de l'éclairage dans les établissements privés aura lieu à dix heures et demie.

30. — La nouvelle de la capitulation de Metz est officielle, ainsi que celle de la perte du Bourget, où un détachement est coupé par l'ennemi et fait prisonnier. La consternation se répand ; de sourdes rumeurs entretiennent l'agitation dans les faubourgs, à Montmartre et à Belleville. On accueille avec indifférence l'annonce d'un armistice prochain, dû à l'intervention des puissances étrangères, obtenu par les négociations de M. Thiers. Le parti du désordre réclame la levée en masse et la guerre à outrance.

31. — Nul mouvement militaire n'a lieu autour de Paris. Le

comte de Bismark passe la main à l'émeute. Sur les excitations des journaux radicaux, une foule hostile se groupe dès dix heures du matin devant l'Hôtel de Ville, aux cris : Vive la Commune! A bas Trochu! A Versailles! Des armes! Des armes! Elle est dispersée par une pluie violente. Dans l'après-midi, elle revient accompagnée de plusieurs bataillons sans armes de la garde nationale. Le tumulte prend des proportions menaçantes On force les portes de l'Hôtel de Ville. Le général Trochu et M. Jules Simon haranguent en vain la multitude, tandis que les maires et les adjoints des vingt arrondissements délibèrent dans la salle du conseil et décrètent le rejet de tout armistice, les élections de la Commune et l'établissement d'un gouvernement provisoire pour lequel on propose les citoyens Dorian, Louis Blanc, Félix Pyat, Victor Hugo, Blanqui, Flourens et Delescluze. La salle est envahie par la foule. On monte sur les tables. On brise des chaises et des fauteuils. On emporte quelques personnes suffoquées et évanouies. Félix Pyat cherche en vain à prendre la parole. Le tumulte n'est pas moindre dans la salle du Trône, où se forme une autre liste de membres de la Commune et où la candidature de Rochefort, objet d'un vif débat, est accueillie par la majorité aux cris : A bas Rochefort! C'est un comte, un aristocrate! On envahit le salon du gouverneur, dont les délibérations sont interrompues et dont on demande la déchéance. M. Jules Favre apostrophe les séditieux ; il s'écrie : Vous êtes le parti de la violence! Le tumulte est à son comble. Gustave Flourens entre dans la salle et proclame une troisième liste de candidats. On somme MM. Jules Ferry et Jules Favre de donner leur démission ; on les menace de les mettre en arrestation. Deux bataillons, partisans de la Commune, pénètrent dans la cour de l'Hôtel de Ville. Le 106ᵉ les repousse et monte jusque dans la salle où siége le gouvernement et protége la sortie du général Trochu. Cependant, M. Ernest Picard, qui était parvenu dès le premier moment à quitter l'Hôtel de Ville, fait battre le rappel, organise la résistance du parti de l'ordre. Ce n'est qu'à deux heures du matin que les communeux cèdent le terrain et que le calme commence à se rétablir.

NOVEMBRE.

1ᵉʳ. — Tous les esprits sont encore sous l'impression des événements de la veille. Les citoyens Edmond Adam, préfet de police, et Rochefort, membre du gouvernement de la défense nationale, donnent leur démission. Jules Vallès, qui avait tenté de s'emparer d'une mairie, est mis en arrestation.

2. — Décret qui appelle les électeurs de Paris à voter le 3 novembre sur le maintien des pouvoirs du gouvernement, et le 5 sur le choix d'un maire et de trois adjoints pour chacun des vingt arrondissements.

3. — La suspension des hostilités continue, par suite de négociations pour un armistice. Le scrutin se prononce, à une immense majorité de 557,996 contre 62,638, en faveur du gouvernement[1]. Le soir, deux bandes de femmes, précédées d'un drapeau rouge, se présentent à une heure d'intervalle à l'Hôtel de Ville et réclament la Commune. Ce sont des détachements du régiment des Amazones, dont des affiches vert-clair avaient annoncé la formation. Clément Thomas est nommé commandant supérieur des gardes nationales de la Seine.

5. — Les élections municipales se font dans le plus grand calme ; mais leur résultat est généralement favorable au parti révolutionnaire.

6. — L'armistice proposé par l'initiative des quatre grandes puissances neutres, l'Angleterre, la Russie, l'Autriche et l'Italie, pour procéder à l'élection d'une Assemblée constituante, ne peut être accepté par le gouvernement de la défense nationale, la Prusse ne voulant pas consentir au ravitaillement proportionnel de Paris et n'admettant qu'avec des réserves le vote de l'Alsace et de la Lorraine.

7. — Reprise des hostilités. Les canons des forts bouleversent

[1] Ce sont les chiffres proclamés officiellement à l'Hôtel de Ville, quoiqu'il manquât encore le vote de quelques communes.

es ouvrages que les Prussiens avaient élevés pendant les pourparers de l'armistice.

8. — Décret pour la mobilisation de la garde nationale, partageant les bataillons en compagnies de guerre et compagnies de réserve.

9. — Vive canonnade des forts. — Agitation au sujet du décret de la veille et de la détention de Ranvier, élu maire du 20° arrondissement de Paris, dont l'administration provisoire est confiée à une commission municipale.

10. — Les Prussiens démasquent une batterie derrière le mur du cimetière de Choisy-le-Roi. Leurs épaulements sont culbutés par le canon du moulin Saquet.

11. — Le bruit de négociations nouvelles se répand dans Paris. Il ne s'agirait plus seulement d'un armistice, mais d'une paix définitive par l'intervention des puissances neutres.

12. — Les assiégés occupent Créteil et s'y installent. La redoute de Gravelle tire avec succès sur les ouvrages de Montmély. Le capitaine de Neverlée, officier d'ordonnance du général Ducrot, à la tête de volontaires, enveloppe sur la place de l'hospice, à Saint-Cloud, une patrouille prussienne, dont cinq hommes sont tués et le sixième est grièvement blessé de deux coups de baïonnette.

13. — Proclamation du général Trochu, qui annonce la rupture de toute négociation. Le plan qu'il médite est de sortir par Chatou et de porter à Rouen le centre de ses opérations. Décret qui appelle à l'activité le contingent de la mobile de la classe de 1870 : les 266 bataillons de la garde nationale, divisés par catégories, prendront le titre de première armée.

14. — Les Prussiens sont maltraités à Thiais et à Châtillon par e feu de nos forts. Le capitaine Lavigne, à la tête des tirailleurs parisiens, fait subir des pertes sérieuses à l'ennemi, dans une reconnaissance à Champigny.

15. — La nouvelle de la victoire de Coulmiers et de la reprise

d'Orléans ranime l'ardeur des assiégés. Cédant à l'opinion publique, le général Trochu abandonne l'idée d'une trouée dans la direction de Rouen pour reporter tous ses efforts du côté de la Marne. Le commandant Poulizac, du 1ᵉʳ régiment des éclaireurs, fait une habile attaque contre les avant-postes de Drancy.

16. — L'ennemi est obligé, par le feu du fort de Nogent, de se retirer au delà de Champigny. Un obus lancé sur la maison dite la Pension des officiers prussiens, à droite de Chennevières, y porte le désordre. M. Étienne Arago, maire de Paris, démissionnaire, est remplacé par M. Jules Ferry. Il s'établit des boucheries de chien et de rat.

18. — Les maraudeurs, qui ravagent les restes des cultures maraîchères dans la banlieue, sont assaillis par une vive fusillade des Prussiens. Il y a des blessés et quelques tués. Cette rigueur contre des femmes et des gens sans armes révolte les esprits. L'alimentation est de plus en plus difficile.

20. — Un feu très-vif est dirigé contre les positions du Bourget et les avant-postes de Villetaneuse. Les citoyennes du 18ᵉ arrondissement forment un comité, dont font partie Mᵐᵉˢ Louise Michel, présidente; Louise Colet, vice-présidente; Adèle Esquiros, André Léo, etc. Elles demandent la fonte des cloches, la suppression des ouvrières religieuses et celle des maisons de prostitution.

23. — Les Prussiens tentent de traverser la Seine en reconnaissance du côté de Gennevilliers. Le tir de nos grand' gardes coule à fond leur barque. Des affaires d'avant-postes ont lieu sur les bords de la Marne.

24. — Le 4ᵉ bataillon des éclaireurs de la Seine et le 7ᵉ bataillon de guerre de la garde nationale, commandant de Brancion, attaquent les barricades de Bondy et refoulent l'ennemi le long du canal.

26. — Deux décrets sont publiés, l'un pour la réquisition des huiles de pétrole, l'autre pour le recensement des chevaux, ânes

et mulets dans Paris et dans la banlieue. Un banquet de membres de l'Académie des sciences est donné pour réhabiliter les viandes de cheval, de chien, de chat et de rat.

28. — Proclamations du général Trochu, gouverneur de Paris, du général Ducrot, commandant en chef la 2⁰ armée de Paris, et du gouvernement de la défense nationale pour préparer la population à une lutte énergique. Le sang va couler de nouveau ; qu'il retombe sur les envahisseurs avides de conquête ! La bataille est imminente. Le bataillon des tirailleurs de Belleville engage à Créteil une escarmouche et fuit en proie à la panique.

29. — Le feu est ouvert dès le milieu de la nuit entre Bezons et Argenteuil. A la pointe du jour, le contre-amiral Pothuau enlève la position de la Gare-aux-Bœufs, à Choisy-le-Roi, et l'ennemi se retire en désordre laissant quelques prisonniers entre nos mains. Le colonel Valentin attaque le village de l'Hay et s'empare des premières lignes ; un tir formidable des batteries des Hautes-Bruyères écrase nos colonnes de leurs feux. Les canonnières du capitaine de vaisseau Thomasset, en amont du Port-à-l'Anglais, les wagons blindés à Vitry, l'artillerie du moulin Saquet et du fort de Charenton infligent aux Prussiens de grandes pertes. Le chef de bataillon Cristiani de Ravaron, du 110⁰ de ligne, est tué ; le lieutenant-colonel Mimerel, de ce régiment, le commandant de Réals, du 4⁰ bataillon du Finistère, les comtes de Caraman et de Gontaut-Biron, sont blessés.

30. — L'action engagée la veille est reprise sur un vaste périmètre. Un corps d'armée du général Ducrot passe la Marne sur des ponts de bateaux et s'établit à Champigny et à Bry. La division Susbielle s'empare de Montmély, position trop meurtrière qu'elle est forcée d'évacuer. Au sud, l'amiral de la Roncière s'avance sur la route de Longjumeau. Au nord, la division de cavalerie de Bertin de Vaux occupe Drancy dans la plaine d'Aubervilliers et pousse ses opérations jusqu'à Groslay. La brigade Henrion s'empare du village d'Épinay, où s'étaient fortement retranchés les Prussiens. Les généraux Renault et Ladreit de la Charrière et le

commandant baron Saillard, du 1ᵉʳ mobiles de la Seine, sont grièvement blessés. Le capitaine de Neverlée est tué, ainsi que le capitaine de frégate Deprez.

DÉCEMBRE.

1ᵉʳ. — Une suspension d'armes permet d'enlever des deux côtés les morts et les blessés.

2. — Le combat recommence en avant du plateau d'Avron et des forts de Nogent, de Gravelle et de Charenton. Les Prussiens essuient de graves pertes et laissent entre nos mains près d'un millier de prisonniers. Nos troupes épuisées soutiennent avec fermeté le choc de troupes fraîches. Le comte de Podenas, le marquis de Trécesson et le vicomte Mandat de Grancey, colonel des mobiles de la Côte-d'Or, sont au nombre des morts.

3. — L'armée du général Ducrot repasse la Marne et bivouaque, malgré le grand froid, dans les bois de Vincennes. Les batteries d'Avron continuent d'inquiéter les Prussiens dans la direction de Chelles.

4. — Par une proclamation, le général Ducrot explique qu'après deux journées de glorieux combats, l'ennemi ayant eu le temps de concentrer toutes ses forces, il eût fallu sacrifier inutilement des milliers de braves pour continuer l'attaque; mais la lutte n'est que suspendue. Mort du général Ladreit de la Charrière, frappé de deux balles à la prise de Montmély. Le commandant Poulizac, du 5ᵉ bataillon des Éclaireurs de la Seine, enlève trois postes du chemin de fer de Soissons, en avant d'Aulnay.

6. — Une dépêche du comte de Moltke annonce la reprise d'Orléans par les Prussiens. Le général Renault succombe à l'amputation. Rueil est une espèce de territoire neutre; des mobiles ayant franchi les avant-postes pour s'y livrer à des orgies, le général Noël, commandant du Mont-Valérien, réclame l'établissement d'une cour martiale.

7. — Décret par lequel est dissous le bataillon des tirailleurs de Belleville; la conduite du capitaine Ballandier à la journée du 28 novembre sera soumise à une enquête; Flourens sera traduit devant un conseil de guerre.

8. — Des officiers prussiens, prisonniers sur parole, sont dans un restaurant l'objet d'insultes graves. Le général Trochu les échange contre des officiers français.

10. — Le seul événement de la journée est l'arrivée de deux pigeons apportant des dépêches apocryphes d'origine prussienne. On réquisitionne 800 chevaux et 500 hommes de la compagnie des Omnibus. Les clubs se livrent plus que jamais aux motions les plus excentriques.

13. — Le gouvernement, pour rassurer la population, déclare que le pain ne sera pas rationné. Le baron Saillard succombe aux blessures qu'il a reçues à Épinay.

15. — Le bataillon des Volontaires (147e) est dissous pour des motifs analogues à ceux de la dissolution des tirailleurs de Belleville. La canonnade continue toutes les nuits. La viande, réduite à celle de cheval, est rationnée à 30 grammes.

17. — Les pluies ont détrempé les routes et rendu tout mouvement militaire impossible. Des dépêches annoncent l'évacuation d'Orléans, la retraite du gouvernement à Bordeaux, la retraite de l'armée de Chanzy sur le Mans et la reprise de la Fère par le général Faidherbe à la tête des troupes du Nord.

20. — On se prépare à une grande sortie. Le gouverneur de Paris va se mettre à la tête de l'armée. Les opérations doivent commencer le lendemain matin. Dès le milieu de la nuit, les tambours et les clairons rappellent les bataillons de guerre de la garde nationale.

21. — Les généraux Susleau de Malroy et Blaise, appuyés par le canon du fort de Nogent et du plateau d'Avron, s'emparent de Neuilly-sur-Marne et de la Ville-Évrard. Le général Favé, comman-

dant l'artillerie, est blessé. Des marins, des troupes de ligne et des gardes mobiles de la Seine, conduits par l'amiral de la Roncière, pénètrent dans le Bourget et y font une centaine de prisonniers. Le général Ducrot fait avancer alors son artillerie et engage une action très-vive contre les batteries de Blancmesnil. Les troupes occupent la ferme de Groslay et Drancy. Les marins du Bourget sont exposés non-seulement au feu des Prussiens, mais aussi à celui des forts français, qui ignorent leur présence dans ce village. Malgré leur bravoure héroïque, ils sont forcés de se replier sur Saint-Denis. Les officiers de marine Lamothe-Tenet et Pierre Duquesne sont tués. Pendant la nuit, des soldats allemands, cachés dans les caves de la Ville-Évrard, attaquent nos postes. Ils sont presque tous tués ou pris. Le général Blaise est mortellement frappé en volant à la tête de ses troupes pour les ramener au combat. Du côté de l'ouest, le général Noël dirige une forte attaque contre Montretout, Buzenval et Longboyau. Le chef de bataillon Faure, commandant du génie du Mont-Valérien, descend dans la plaine et, secondé par les francs-tireurs de Paris, il s'empare d'une île de la Seine; mais il est grièvement blessé dans cette attaque et le capitaine Hans est tué raide.

22. — La journée d'hier, dit un bulletin officiel, n'est que le commencement d'une série d'opérations. Si elle n'a pas produit tous les résultats espérés, elle n'en est pas moins de bon augure. Les différents corps ont fait admirablement leur devoir et leurs efforts n'ont été arrêtés que devant des masses de l'ennemi trop nombreuses pour être percées.

23. — Un froid rigoureux force de suspendre les travaux de tranchée et les opérations militaires. Les clubs et les journaux avancés, tels que le *Combat* et le *Réveil*, profitent de l'émotion des esprits pour réclamer avec une nouvelle vivacité la Commune, qui seule peut sauver le pays. Le général Trochu est l'objet des plus violentes attaques et l'on propose d'appeler Garibaldi à la tête de la garde nationale.

24. — Le thermomètre descend à 15 degrés au-dessous de

zéro ; la Seine charrie. La canonnade, du côté de Bondy et du plateau d'Avron, et une reconnaissance sur le Raincy, sont les seuls événements militaires de la journée.

25. — Le froid ne diminue pas d'intensité. Beaucoup d'hommes ont eu des membres gelés ou ont succombé aux rigueurs de la température. Tous les bataillons dont la présence n'est pas nécessaire à la garde des positions rentreront dans Paris. Les autres seront cantonnés comme la troupe et relevés à tour de rôle. Mais le gouvernement persiste dans la résolution de se défendre au prix de tous les sacrifices jusqu'à la victoire définitive.

26. — Trois bataillons de la garde nationale mobile sont chargés d'attaquer le parc de la Maison-Blanche, dont les murs sont crénelés et dont ils s'emparent après une courte lutte. Les Prussiens font sauter le pont du chemin de fer de Saint-Germain et la Gare-aux-Bœufs de Choisy.

27. — L'ennemi démasque des batteries de gros calibre au Raincy, à Gagny, à Noisy-le-Grand et au pont de Gournay. Il dirige le feu sur les forts de Rosny, de Nogent et sur le plateau d'Avron, où nos troupes, abritées seulement par des tranchées, éprouvent des pertes sensibles. Le froid et la neige sévissent sur la population pauvre qui, privée de bois de chauffage, pille les chantiers, dévaste les clôtures en planches, les échafaudages.

29. — Le bombardement continue. Le plateau d'Avron, inondé par les projectiles ennemis, est évacué. 74 pièces d'artillerie sont ramenées presque intactes.

31. — L'ennemi augmente ses batteries de gros calibre et les rapproche des points d'attaque du côté du Nord. Ses projectiles atteignent Drancy, Bobigny, Bondy et Noisy-le-Sec.

JANVIER.

1er. — Le feu des Allemands est incessant toute la nuit et toute la matinée. Une reconnaissance, dirigée sur Bondy, est reçue par une vive fusillade de nos soldats, qui force les Prussiens à rentrer dans leurs lignes.

2. — L'absence totale de nouvelles de la province jette du découragement. Mais le silence des feuilles prussiennes sur les opérations des armées de Chanzy et de Faidherbe est favorablement interprété dans une note officielle. L'ennemi fait sauter la Tour-des-Anglais près Châtillon.

3. — Le bataillon Poulizac, des éclaireurs de la Seine, fait une expédition hardie en avant de Groslay. Un détachement de cent hommes déterminés surprennent un poste considérable, qui perd un assez grand nombre d'hommes et nous laisse six prisonniers. Le lieutenant Ruel est blessé mortellement.

5. — Le bombardement commence du côté du Sud. L'ennemi ne se contente pas de tirer sur les forts. Des projectiles sont lancés sur Vaugirard, Issy et même sur le faubourg Saint-Jacques. Ils font des victimes jusque dans l'intérieur des maisons. Le feu contre les forts redouble de tous côtés, mais sans résultats importants. Une attaque de l'ennemi sur Bondy échoue et lui coûte une quinzaine d'hommes. Le général Fournier pousse vigoureusement une reconnaissance nocturne sur le plateau d'Avron, chasse les postes prussiens et démolit un mur derrière lequel l'ennemi se retirait pendant le jour.

6. — Le gouverneur de Paris, par une proclamation énergique, répond aux bruits de capitulation et fait un appel au courage, à la confiance et au patriotisme. La veille il avait lancé une sorte de protestation contre le bombardement de la ville.

7. — Les batteries prussiennes continuent sans relâche leur feu. Celles de Meudon atteignent Boulogne et le Point-du-Jour, où elles font quelques victimes dans la population civile. L'Observatoire, le quartier Saint-Jacques, le Luxembourg, le boulevard Saint-Michel ont à souffrir du bombardement, qui dans les trois premiers jours a fait trente-cinq victimes, dont onze morts.

8. — L'acharnement de l'ennemi redouble. L'hôpital du Val-de-Grâce semblant être l'objectif de son tir, le général Trochu

commande d'y transporter des prisonniers blessés et en donne avis aux Prussiens. Il y a eu dans la nuit cinquante victimes, dont vingt-deux tués.

9. — Les projectiles atteignent le Panthéon, la Pitié et les établissements hospitaliers du faubourg Saint-Jacques. Pendant la nuit les ennemis ont tiré à toute volée sur la ville. Le nombre des victimes est à peu près le même que celui de la veille. Les Prussiens font de nouvelles tentatives d'attaque à la gauche de Rueil; ils sont repoussés par les tirailleurs de l'Aisne et les francs-tireurs de la mobile de la Loire-Inférieure. Des nouvelles de nos armées de la province annoncent des succès, malheureusement bien exagérés.

10. — Note du *Journal officiel* : Après un investissement de plus de trois mois, le 30 décembre a commencé le bombardement de nos forts, et, six jours après, celui de la ville. Une pluie de projectiles, dont quelques-uns pesant 94 kilogrammes, apparaissant pour la première fois dans l'histoire des sièges, a été lancée sur la partie de Paris qui s'étend depuis les Invalides jusqu'au Muséum. Le feu a continué jour et nuit sans interruption avec une telle violence que, dans la nuit du 8 au 9 janvier, la partie de la ville située entre Saint-Sulpice et l'Odéon recevait un obus par chaque intervalle de deux minutes. Le colonel Porion conduit de grand matin une colonne de marins, de mobiles, de gardes nationaux et de gardiens de la paix en avant du fort d'Issy, détruit les ouvrages construits par les Prussiens au Moulin-de-Pierre et ramène 21 prisonniers. Plus de 2,000 obus tombent sur Paris pendant la nuit. L'École de droit, le collège Sainte-Barbe et plusieurs autres monuments sont atteints. La Salpêtrière reçoit des obus quoiqu'elle soit surmontée du drapeau de la Convention de Genève. Les médecins de l'établissement publient une protestation.

11. — Des bruits de trahison, propagés par les journaux, jettent un grand émoi dans Paris. Des doutes planent sur un de nos généraux. Trochu, dans une note officielle, les attribue à une trame

coupable, à une manœuvre perfide, qui tend à décourager les dévouements.

12. — Une compagnie de zouaves et une autre de mobiles du Morbihan font une reconnaissance sur le plateau d'Avron. Le bombardement continue et atteint surtout le quartier Saint-Sulpice. Le canon tonne contre les forts d'Issy, de Vanves et de Montrouge. L'école polytechnique, l'entrepôt des vins déménagent.

14. — Le général Vinoy, avec les généraux Blanchard et Corréar, font une sortie contre le Moulin-de-Pierre. La tête de colonne est accueillie et repoussée par un feu des plus vifs. En revanche, à Drancy et à la Gare-aux-Bœufs, les Prussiens éprouvent le même sort.

15. — Toute quantité de farine excédant 5 kilos par ménage est soumise à la réquisition. M. Cernuschi offre vingt francs par quintal à quiconque découvrira du blé conservé en fraude; car l'on dit que les cultivateurs réfugiés dans Paris ont dissimulé de fortes réserves.

16. — Combat acharné d'artillerie sur toute la ligne du Sud. Le commandant de Mirandol remporte un avantage au pont de Champigny. Le lieutenant Laurent, des mobiles de l'Hérault, prend une belle part à cette affaire.

17. — Le bombardement redouble de violence et oblige un grand nombre d'habitants de la rive gauche à déménager. « La résistance de Paris est une héroïque folie.. »

16. — Après plusieurs jours de brume, le temps s'éclaircit et permet aux canons de l'enceinte de joindre leurs effets à ceux des forts. Des obus tombent au delà de la Seine dans l'île Saint-Louis. La toiture de l'amphithéâtre de l'École de droit est effondrée.

17. — La mesure de M. Cernuschi est adoptée, et 25 francs sont officiellement promis à tout dénonciateur de grains conservés en fraude. Le fils du vice-amiral Saisset est tué au fort de Montrouge. La canonnade continue sur toute la ligne.

18. — Le pain est rationné à 300 grammes, et quel pain ! Depuis l'affaire de Groslay et du Bourget du 21 décembre aucune action importante n'avait été tentée. Un appel du gouvernement de la défense et des mouvements de troupes annoncent que l'on prépare une sortie générale.

19. — Paris se réveille au bruit du canon. L'armée est partagée en trois colonnes ; celle du général Vinoy, à gauche, doit attaquer la redoute de Montretout, les châteaux de Béarn et de Pozzo di Borgo ; celle du général de Bellemare, au centre, se porte contre le plateau de la Bergerie ; le général Ducrot dirige celle de droite sur le parc de Buzenval et Longboyau, et de là sur le haras Lupin. Dès onze heures du matin les positions de Montretout sont enlevées et le général de Bellemare atteint la crête de la Bergerie après s'être emparé de la maison du curé. Mais sa droite n'est pas appuyée par la colonne du général Ducrot, qui arrive en retard de deux heures. L'ennemi, surpris d'abord, a le temps de se reconnaître. Des renforts considérables de troupes fraîches lui permettent vers le soir de reprendre l'offensive. La crête des hauteurs est reprise par les assiégés. Mais les terrains défoncés rendaient impossible d'y faire parvenir de l'artillerie et de s'y établir fortement. La nuit venait, les troupes étaient harassées par de longues marches et douze heures de combat. Il eût été dangereux d'attendre l'ennemi sur ces positions chèrement achetées. On regagna les lignes françaises. Nos pertes sont sérieuses ; mais celles de l'ennemi paraissent encore plus considérables. Cette journée, quoiqu'elle n'ait pas eu tous les résultats qu'on en attendait, a été une des plus glorieuses du siège pour les Parisiens, dont la bravoure ne s'est démentie sur aucun point. Le colonel de Rochebrune et le marquis de Coriolis, volontaire âgé de 68 ans, sont au nombre des tués.

20. — Tandis que des deux côtés on ramasse ses morts et ses blessés, le bombardement continue. Des incendies éclatent à Saint-Denis. La nouvelle de l'insuccès de la veille répand dans Paris l'agitation la plus vive.

22. — Pendant la nuit des agitateurs se portent à la prison de Mazas et mettent en liberté Flourens et les détenus politiques. Ils occupent un instant la mairie de Belleville, où ils pillent deux mille rations de vivres. Après une matinée fort agitée, l'insurrection marche contre l'Hôtel de Ville, défendu par le bataillon des mobiles du Finistère. La fusillade fait dans les rangs des insurgés une vingtaine de victimes, au nombre desquels se trouve le commandant Sapia. Plusieurs bataillons de la garde nationale et des détachements de gendarmes et de mobiles sous les ordres du général Corréard achèvent de comprimer le mouvement. Le général Vinoy est nommé commandant en chef de l'armée de Paris et le général Trochu conserve la présidence du gouvernement de la défense nationale.

23. — Le bombardement de Saint-Denis redouble de violence. Le fort de la Briche ne reçoit pas moins de mille projectiles lancés par les batteries d'Enghien, de Deuil, de Montmorency et de la butte Pinson. Le feu s'est ralenti du côté des forts du Sud ; la batterie du Moulin-de-Pierre a été démontée.

24. — Le brouillard du matin ralentit les feux de l'ennemi ; mais à partir de midi la canonnade recommence avec fureur. La population de Saint-Denis est obligée de se réfugier dans Paris.

25. — Les nouvelles désastreuses de nos armées extérieures se propagent. Le général Faidherbe, malgré ses avantages partiels, est contraint de se retirer sous les murs de Douai et de Lille. L'armée de la Loire a éprouvé un échec auprès du Mans ; celle de l'Est, loin de débloquer Belfort, a été rejetée vers la frontière suisse. On parle de négociations entamées par l'entremise de l'Angleterre.

26. — L'abattement règne dans Paris. Après quatre mois de résignation et de souffrances, tout espoir de salut est perdu. Mais le mot de capitulation fait horreur.

27. — Le gouvernement annonce qu'il est en voie de négocier un armistice avec ravitaillement pour la convocation d'une Assem-

blée nationale. Les derniers coups de canon sont échangés à minuit.

28. — Paris est vaincu par la famine. L'armée allemande occupera les forts pendant l'armistice, mais n'entrera pas dans l'enceinte de Paris. La garde nationale et une division de douze mille hommes conserveront leurs armes. Le reste des troupes régulières livreront les leurs, les officiers garderont leurs épées. Les collèges électoraux sont convoqués pour le 8 février. A la nouvelle de la signature de ces conventions, les partisans de la guerre à outrance s'agitent; le tocsin sonne à Saint-Laurent et à Saint-Nicolas. La tentative insurrectionnelle n'a pas de suites.

Ce fut avec une profonde douleur que s'effectua l'évacuation des forts. Il fallait faire à la patrie ce dernier sacrifice. Des prolongations successives de l'armistice permirent de consacrer tout le mois de février à discuter les préliminaires de la paix, qui furent enfin arrêtés le 27. Ils devront être soumis à l'approbation de l'Assemblée nationale. Le *Journal officiel* annonce, le 27 février, que pour arriver à cette sanction, il faut une nouvelle prolongation d'armistice, et qu'elle n'a pu être obtenue qu'à la condition d'une occupation partielle et momentanée. Les troupes allemandes entreront le 1er mars, au nombre de trente mille hommes seulement. Elles n'occuperont que l'espace compris entre la Seine et le faubourg Saint-Honoré, depuis la place de la Concorde jusqu'au quartier des Ternes. Les troupes françaises se retireront sur la rive gauche et la garde nationale maintiendra l'ordre dans le reste de la ville.

Docile à l'appel du gouvernement, la population parisienne conserva, en présence de l'ennemi, une attitude ferme et digne. Un cordon infranchissable fut formé par les gardes nationaux pour empêcher les Allemands de pénétrer dans la ville au delà des limites qui leur étaient assignées. Les journaux suspendirent leur publication ; les magasins restèrent fermés. Les drapeaux tricolores furent voilés d'un crêpe ; le deuil était général, mais calme. La ratification des préliminaires fut signée le 2 mars, et le lendemain, les Allemands évacuèrent la capitale où, pour satisfaire leur amour-propre, il avait fallu les laisser se glisser un instant. La conduite de Paris vaincu rendait son rôle plus glorieux que celui de ses adversaires victorieux. Un sentiment d'admiration pour la noble cité régnait dans tous les cœurs, et l'on pouvait encore adresser avec fierté à nos oppresseurs les stances suivantes, aujourd'hui beaucoup moins de saison :

> Allons ! soyez moins arrogants !
> Espérez-vous tromper l'histoire ?
> Vos obus seuls sont triomphants :
> La famine est votre victoire.
>
> Vous n'avez pu qu'un seul instant
> Camper sur les bords de la Seine.
> Vous n'avanciez qu'en hésitant,
> Comme un vil troupeau qu'on entraîne.
>
> Votre vieux berger aux abois
> N'osait vous guider dans la plaine,

Et tous vos chiens, princes et rois,
Tremblaient accouplés à sa chaîne.

Il répétait, la Bible en main :
« Mes pouvoirs sont évangéliques. »
Alors, qu'il soit donc plus humain
Et respecte nos basiliques.

Comme vous, jadis Attila
Mêla le sang à la prière ;
Mais lui, du moins, il recula
Devant la vierge de Nanterre.

Attendez, et bientôt la France,
Se souvenant de vos hauts faits,
A Berlin, par reconnaissance,
Ira vous payer vos bienfaits.

Lorsqu'au commencement du mois de mars nous écrivions ces vers que nous dictait l'indignation, nous pensions avoir fini notre tâche et pouvoir déposer notre plume. Quelques jours après, il nous fallait la reprendre en présence de la guerre civile.

SIÉGE DE PARIS

SOUS LA COMMUNE

SIÉGE DE PARIS SOUS LA COMMUNE

AVRIL ET MAI 1871

Paris était délivré de l'occupation étrangère, qui, malgré sa courte durée, n'avait pas été la phase la moins douloureuse de nos cinq mois de souffrances morales et physiques. Le commerce et l'industrie commençaient à renaître. Le travail reprenait, les ateliers rouvraient leurs portes. Il n'y avait ou ne devait plus y avoir qu'une seule pensée, cicatriser nos plaies et effacer les traces horribles de la guerre en attendant l'heure de la revanche. Cependant il s'était passé dans l'ombre des faits qui, quoique d'abord inaperçus, étaient gros de nuages et de tempêtes. Des bataillons de la garde nationale s'étaient rassemblés sans aucun ordre supérieur apparent, et ils avaient pris possession des parcs d'artillerie, établis à la barrière d'Italie, à Monceaux, aux buttes Montmartre et place des Vosges. C'était par crainte, disaient-ils, que l'on ne livrât aux Prussiens les pièces de canon fournies pendant le siége par des dons patriotiques. Après la retraite des

Allemands et l'évacuation des forts de la rive gauche de la Seine, le prétexte avait disparu. Les gardes nationaux continuaient néanmoins à faire sentinelle autour de leurs batteries et prétendaient les conserver en leur pouvoir. Le gouvernement parlementa avec eux. Plusieurs fois on eut l'espoir de faire rentrer les canons dans les arsenaux de l'État. On y serait parvenu si un comité central, composé de membres gardant encore l'anonyme et rejeton sans doute du comité de vigilance, fondé dès le 5 septembre dernier, n'eût provoqué secrètement à la résistance. Il fallut songer à employer des moyens coercitifs pour que force restât à la loi.

Le samedi matin, 18 mars, le tambour battit le rappel, mesure dont on avait plus d'une fois abusé. Les gardes nationaux, ignorant par qui et dans quel but ils étaient convoqués, mirent peu d'empressement à se rendre à leur poste. Le général Vinoy, réduit aux faibles ressources de ses troupes régulières, fit cerner les buttes Montmartre, où était le principal parc d'artillerie; la troupe s'en empara sans coup férir. On attendit des chevaux pour emmener les canons. Pendant ce temps, des bataillons de la garde nationale, opposés à cette mesure, se rassemblèrent et, s'étant mêlés ainsi que des femmes et des enfants aux rangs du 88e de marche, fraternisèrent avec les soldats, qui mirent la crosse en l'air. Un détachement de chasseurs d'Afrique fut accueilli sur la place Pigale à coups de fusil. Un de leurs capitaines est tué et les insurgés comptent aussi quelques victimes. Après une courte lutte, la troupe est obligée de se replier devant les masses toujours croissantes. Le général Lecomte, tombé au pouvoir des insurgés, et Clément Thomas, arrêté par eux en bourgeois, sont conduits au Château-Rouge. De là, une bande de scélérats les entraîne derrière l'église Montmartre, dans une maison de la rue des Rosiers, où siége un prétendu sous-comité, et où ils sont fusillés après un court interrogatoire. Les tentatives, faites aux parcs de la place des Vosges et de la barrière d'Italie pour reprendre les canons à la garde nationale, ont aussi complétement échoué; mais là du moins, la lutte n'a pas été sanglante.

Que faire? Par suite de la défection d'une partie des troupes, le gouvernement se trouvait presque désarmé en présence de plus de cent mille gardes nationaux. C'étaient des membres de la Société internationale, des républicains de bonne foi, qui craignaient des dangers pour leur idole politique, des Parisiens vaniteux, dont l'amour-propre était froissé par le transfert de l'Assemblée nationale à Versailles ou qui, ne voulant pas s'avouer vaincus, attribuaient la capitulation à la trahison de leurs chefs[1]. Dans leurs rangs, depuis

---

[1] Dans son remarquable rapport, relatif à l'enquête sur l'insurrection de Paris, M. Martial Delpit signale comme causes de l'exaltation des uns

le 4 septembre et surtout depuis l'armistice de février, s'étaient glissés des milliers de repris de justice et plus de trente mille aventuriers de tous les pays. L'ouverture des prisons allait y ajouter trois mille détenus, dont six cents forçats. Si le gouvernement tente immédiatement la lutte, il risque de succomber, et il met la société elle-même en péril. Il aime mieux temporiser, dissimuler la faiblesse de ses ressources, attendre le retour des prisonniers d'Allemagne et la réorganisation d'une armée, dont les conventions avec la Prusse ne lui permettent pas d'élever le chiffre au delà de quarante mille hommes. Il se retire à Versailles auprès de l'Assemblée nationale, avec les troupes restées fidèles et les principaux services administratifs.

Le Comité central prit alors possession de l'Hôtel de Ville, des ministères et de la plupart des mairies. Il révéla enfin, par des décrets et des proclamations, les noms de ses membres, dont les plus connus sont Assi, l'agitateur du Creuzot, et Charles Lullier, ancien officier de marine. Il lève l'état de siège ; il annonce les élections prochaines de la Commune qui, fixées

et de l'indifférence des autres, outre le fanatisme des adhérents de l'internationale, « la surexcitation causée par le siège, la longue durée de l'effort, la rigueur des privations, la déception et la douleur d'une capitulation qu'on avait, jusqu'à la fin, espéré conjurer ; l'habitude de vivre sur la place publique sans rien faire et de recevoir, comme autrefois la plèbe romaine, la solde et la nourriture sans les avoir gagnées. »

d'abord à trois jours de là, sont renvoyées ensuite au 26 mars. Les hauteurs de Montmartre et les buttes Chaumont, où l'on a monté l'artillerie de la place des Vosges et que l'on avait fortifiées pendant le siége précédent, sont protégées par des canons braqués contre le centre de Paris. Les abords de l'Hôtel de Ville et ceux de la place Vendôme, où se trouve l'état-major de la garde nationale, sont défendus par des barricades.

Cette attitude menaçante répand la crainte, gêne la circulation et arréte les transactions commerciales. Elle ne saurait durer sans les plus funestes conséquences. Le 22 mars, une manifestation en faveur de l'ordre et un appel à la conciliation furent tentés par des citoyens sans armes, qui, au nombre de cinq ou six mille, se dirigèrent vers la place Vendôme. On les accueillit par un roulement de tambours suivi presque immédiatement d'une vive fusillade. Le vicomte de Molinet, le frère du baron Baude et une quinzaine d'autres généreux citoyens sont tués. M. Hottinguer, banquier, M. Henri de Pène et une cinquantaine de personnes sont blessés. Si les fédérés comptent aussi quelques victimes, c'est que leurs derniers rangs ont par maladresse tiré sur les premiers.

Le lendemain le gouvernement de Versailles, qui ne se sent pas en état de tenter le sort des armes, nomme l'amiral Saisset commandant supérieur de la garde nationale de Paris avec le colonel Langlois pour chef d'état-major et le colonel Schœlcher à la tête de l'artillerie. Il invoque le concours des bataillons dévoués à l'ordre ; il cherche à ramener les autres par des concessions. Il promet le respect des franchises municipales, une loi sur les loyers, une modification du décret sur les échéances. La partie saine de la population parisienne, dont l'indifférence n'était pas encore suffisamment stimulée par les excès des fédérés, répond mollement à toutes ces avances.

Les élections de la Commune, le 26 mars, ne laissèrent plus d'illusion possible. L'insurrection était maîtresse de la capitale. Le drapeau rouge flotta sur les principaux monuments publics. Les forts du Sud et celui de Vincennes, que les Prussiens avaient évacués après la ratification des préliminaires de paix, restèrent au pouvoir des sectaires de la Commune et furent remis par eux en état de défense. On proclama Garibaldi général en chef de la garde nationale parisienne, honneur qu'il refusa du fond de son île de Caprera.

Le Comité central, quoique ayant résigné son autorité entre les mains de la Commune, continua de fonctionner dans l'ombre. Il occupa à Montmartre, en face de la mairie, une maison déjà connue par le suicide de son propriétaire, Levasseur, qui s'était fait sauter la cervelle deux ans auparavant à Maisons-Laffite. Des décrets proclamèrent l'abolition de la conscription; la remise aux locataires de trois termes de loyer; la suspension de la vente des objets déposés au Mont-de-Piété; la réorganisation des services publics; la défense d'afficher désormais dans Paris les actes officiels du gouvernement de Versailles. Les visites domiciliaires, les arrestations se multiplièrent. Les institutions de crédit, les grandes compagnies industrielles et quelques administrations privées furent mises à contribution.

Que faisait pendant ce temps le chef du pouvoir exécutif? Il se préparait à la lutte en concentrant des troupes autour de l'Assemblée nationale, en réorganisant des régiments où étaient incorporés les prisonniers revenus d'Allemagne; en négociant avec les Prussiens une convention qui nous permît d'avoir plus de quarante mille hommes de troupes aux alentours de Paris. Il rappelait, le 30 mars, à Versailles, le service des postes pour isoler la capitale et pour mettre obstacle à la correspondance entre elle et les provinces, dont la Commune de Paris cherchait à soulever les populations.

Le 1er avril, les avant-postes de l'armée régulière furent signalés du côté de Rueil et de Ville-d'Avray par les éclaireurs des fédérés. Dans la soirée, quelques coups de feu avaient été échangés entre les gendarmes et les insurgés. Le lendemain, six bataillons de la garde nationale furent envoyés à Puteaux et à Courbevoie, dont le rond-point était couronné par une forte barricade et par des travaux de terrassement. A peine y furent-ils installés qu'un détachement de troupes de ligne et de gendarmerie, soutenu par un escadron de chasseurs à cheval, fit une reconnaissance. Le chirurgien-major Pasquier les précédait en parlementaire ou, suivant une autre version, en directeur d'ambulance avec le brassard de la convention de Genève. Il est reçu à coups de fusil par les fédérés et tombe frappé mortellement. La troupe s'élance alors à l'assaut de la barricade et s'en rend maître. Les insurgés fuient en désordre, laissant quelques morts sur la place et près de deux cents prisonniers. Loin d'avouer leur échec, en rentrant dans Paris, ils n'accusent qu'une surprise. Ils prendront leur revanche en marchant le lendemain sur Versailles.

Toute la nuit on prépara un double mouvement. Les bataillons sortis par les portes du Sud se partageront en deux corps; l'un s'avancera par Meudon, l'autre par le Plessis-Piquet et Villacoublay. Ils attaqueront les troupes postées à Chaville et à Viroflay. A l'ouest, les fédérés, passant la Seine au pont de Neuilly, suivront l'ancienne route de Normandie, gagneront Nanterre, Rueil, les bois de Bougival et de la Celle-Saint-Cloud. Il leur faudra passer au pied du Mont-Valérien; mais les défenseurs de cette forteresse se sont prononcés, affirme-t-on, en faveur de la Commune ou du moins de la neutralité. Versailles se trouvera donc attaqué à la fois de deux côtés.

La colonne des fédérés, qui se dirige vers le sud, est vivement accueillie par le feu de la division du général Faron. Elle est culbutée, chassée de Meudon et rejetée sur les Moulineaux, le Val-Fleury et les bois de Clamart. Les marins du général Bruat et la brigade Deroga enlèvent la position du Petit-Bicêtre (hameau situé entre Villacoublay et le Plessis-Piquet). Ils poursuivent les insurgés et les forcent à se réfugier derrière la redoute de Châtillon.

L'attaque du côté de l'ouest parut débuter sous de meilleurs auspices. Le Mont-Valérien est muet. Les bataillons fédérés s'avancent sans obstacle. Leurs longues files s'étendent depuis Courbevoie jusqu'à Rueil et Bougival. Tout à coup le canon de la forteresse rompt le silence. En faveur de qui se prononce-t-il? L'incertitude n'est pas de longue durée. Les bombes et les obus portent la dévastation et la terreur dans les rangs du centre de la colonne qu'ils coupent en deux tronçons. Les derniers bataillons s'arrêtent et se replient en déroute sur Paris, où ils rentrent en criant : A la trahison! Ceux de l'avant-garde, attaqués de front par les troupes de Versailles et voyant que la retraite leur est fermée, s'enfuient vers le nord entre Rueil et Nanterre et se réfugient dans la plaine de Gennevilliers. Ils eussent été tous écrasés, si l'artillerie du Mont-Valérien n'eût ménagé son tir pour épargner le carnage. C'est ce double désastre que transforme en une victoire le compte rendu d'un colonel Bourgoin, un de ces officiers supérieurs qu'improvisait la Commune. « Bergeret et Flourens, disait son rapport, ont fait leur jonction ; ils marchent sur Versailles. Succès certain. » Le ridicule se mêlait au mensonge. L'*Officiel* de la Commune affirmait effrontément que les Vendéens de Charette et les Chouans de Cathelineau étaient dans les rangs des Versaillais, et qu'on avait enlevé deux drapeaux aux zouaves pontificaux, quoiqu'il n'y ait jamais eu une seule compagnie de ces divers corps dans l'armée de Versailles. Il ne parlait que de défections de la troupe, d'emploi de balles mâchées ou explosibles. Il nous annonçait que Bergeret opère *lui-même* à Neuilly et qu'il a eu deux chevaux tués, non sous lui, mais à l'attelage de sa calèche. Ce général de la Commune aime à guerroyer comme l'empereur, et il partage les goûts de son collègue Vésinier, qui, proposant à un éditeur de publier une brochure politique, disait : Je tiens surtout au format de celles de Napoléon III.

Le lendemain, 4 avril, la journée fut encore plus désastreuse pour les insurgés. La division du général Pellé emporta à la baïonnette la redoute de Châtillon. L'artillerie s'y installa et ouvrit le feu contre les forts d'Issy, de Vanves et de Montrouge. C'est de ce point et des hauteurs de Meudon que les Prussiens avaient naguère bombardé la capitale. Les communeux, refoulés vers Clamart, perdirent une centaine d'hommes et laissèrent entre les mains de l'armée un millier de prisonniers, au nombre desquels se trouve le général Henri Proudhomme. Le commandant en chef Duval est parmi les morts.

Du côté de l'ouest, les insurgés dispersés dans la plaine de Gennevilliers sont traqués par les troupes régulières. Flourens est tué à la gare de Rueil en résistant à ceux qui venaient l'arrêter, et près de deux mille hommes, ayant mis bas les armes, sont emmenés prisonniers à Versailles.

La Commune garde le silence sur ces défaites; mais elle s'en venge par un redoublement de rigueurs. La Trinité, Saint-Augustin, la Madeleine et plusieurs autres églises sont envahies. Mgr l'archevêque de Paris, l'abbé Deguerry, l'ancien sénateur Bonjean[1] et plus de trois cents membres du clergé sont jetés dans les cachots où ils sont gardés comme otages. On décrète

---

[1] Il est à remarquer que M. Bonjean est le seul membre du Sénat qui soit devenu une des victimes de la Commune. Il avait été après la révolution de juillet un des chefs les plus ardents de la société des droits de l'homme. Rallié à l'empire en 1852 et appelé à siéger au Luxembourg, il avait été chargé d'un rapport sur le projet de loi relatif à l'administration de la ville de Paris et il avait vivement attaqué toutes les tendances à l'établissement d'une Commune. C'était un double titre de recommandation à la haine de ses anciens amis.

la levée en masse de tous les hommes valides de dix-sept à quarante ans; la mise en accusation de MM. Thiers, Jules Favre, Picard, Dufaure, Jules Simon et l'amiral Polhuau; la séparation de l'Église et de l'État; la suppression du budget du clergé; la saisie des biens des congrégations religieuses. Toute personne prévenue de complicité, c'est-à-dire de relations avec le gouvernement de Versailles, sera immédiatement incarcérée et traduite en jugement. Le drapeau rouge, arboré déjà sur plusieurs édifices publics, est le seul reconnu par la Commune.

Les troupes de Versailles, poursuivant leurs succès, s'emparèrent du rond-point des Bergères, qu'elles avaient d'abord négligé d'occuper. De là, l'artillerie braque ses canons sur l'avenue de Neuilly et la porte Maillot. Le lendemain, 6 avril, la caserne et la ville de Courbevoie tombent au pouvoir de la brigade du général Besson et d'un régiment de gendarmerie. Les insurgés y essuient des pertes considérables. Après une lutte de deux jours, le pont de Neuilly est à son tour enlevé; mais ces avantages sont cruellement achetés. Le général Besson a été tué; les généraux Pechot et Montaudon sont blessés.

Pour bien comprendre le plan et la tactique du maréchal de Mac-Mahon, appelé alors au commandement en chef de l'armée de Versailles, il faut se reporter, par un coup d'œil rapide, sur le théâtre de la lutte,

Les Prussiens, qui, au premier coup de canon de la guerre civile, s'étaient rapprochés de la capitale par un mouvement rétrograde, étaient maîtres de tous les forts du Nord, depuis celui de la Briche jusqu'à celui de Charenton. Leurs avant-postes occupaient la plaine Saint-Denis, les communes des Lilas, de Romainville, de Bagnolet, de Charonne. Ils n'étaient séparés de l'enceinte de Paris que par une zone qui devait rester neutre. Ainsi l'attaque des Versaillais ne pouvait porter sur ces points. Il restait deux lignes abordables, dont l'une s'étendait du nord au sud, le long de la Seine depuis Asnières jusqu'au Bas-Meudon, et l'autre de l'ouest à l'est depuis Clamart jusqu'à Choisy-le-Roy. Le Mont-Valérien, seul fort resté au pouvoir du gouvernement, surveillait et dominait toute la première, tandis que la seconde était, au contraire, défendue par les forts d'Issy, de Vanves et de Montrouge; Il fallait donc chasser les insurgés de leurs positions d'Asnières, de Clichy, de Neuilly et de Boulogne pour attaquer les remparts de l'Ouest; il fallait réduire les forts du Sud pour battre en brèche l'enceinte qu'ils protégeaient. On arrivait ainsi à pouvoir donner, avec succès, l'assaut sur ces deux points. Tel fut l'objectif que se proposa le maréchal duc de Magenta.

Après la prise du pont de Neuilly les troupes s'étaient jetées dans les premières maisons de l'ancien parc et l'avenue de la Grande-Armée. Elles auraient pu chercher à s'y maintenir et à s'y établir fortement. Mais les insurgés, encore maîtres d'Asnières et du pont du chemin de fer, menaçaient par un mouvement tournant de revenir sur Courbevoie, et de couper la retraite aux colonnes versaillaises engagées trop avant. Il fallut donc reporter ses plus vigoureux efforts du côté de la presqu'île de Gennevilliers, afin d'en chasser les fédérés et de les rejeter sur la rive droite de la Seine. C'est alors que Dombrowski, appelé par la Commune à remplacer Bergeret (déclaré suspect et décrété d'accusation), voulut inaugurer sa campagne par un prétendu succès. Il télégraphia le 10 avril : « Nous occupons Asnières, l'ennemi est en fuite. » La vérité, c'était que les insurgés n'avaient jamais cessé d'occuper Asnières et que jamais la lutte n'avait été plus vive de ce côté ; c'était que, pour faire croire à de sérieux engagements et pour entretenir l'ardeur et l'espoir de leurs bataillons, les communeux multipliaient sans nécessité, sans but, le tir de l'artillerie des forts et des remparts. Voilà ce que nous apprenait une proclamation elle-même de Cluseret, qui le 19 avril blâmait la tendance à prodiguer les projectiles et les munitions.

Tandis que les bulletins de l'insurrection affirmaient que les assaillants battaient en retraite et qu'une de leurs colonnes se trouvait cernée dans l'île de la Grande-Jatte, la brigade Galliffet, soutenue par le tir de l'artillerie du Mont-Valérien, gagnait chaque jour du terrain et s'installait, le 17 avril, au château de Bécon [1], dont on faisait un poste important et où l'on établissait trois étages de batteries. Le lendemain les fédérés étaient délogés de Bois-Colombes et le jour suivant ils étaient chassés d'Asnières, dont la gare recevait plusieurs pièces de canons pour foudroyer Clichy, Levallois et les remparts du côté du bastion 45.

Neuilly n'avait pas cessé d'être aussi un centre d'opérations militaires. Les Versaillais s'avançaient lentement, il est vrai; mais il leur fallait faire le siége de chaque maison, s'introduire d'une cour dans une autre et se faire jour à travers les murailles. Ils avaient occupé successivement la tête du boulevard Bineau, l'avenue du Château et le côté occidental de la rue Chézy qui était devenue la ligne de démarcation des avant-postes. Les combattants se serraient de si près que le Mont-Valérien avait été obligé de suspendre son

---

[1] Plusieurs journaux disent que le château de Bécon fut emporté d'assaut à la baïonnette. C'est une erreur. Les insurgés l'avaient visité, c'est-à-dire pillé, à diverses reprises. Mais ils avaient négligé de s'y établir, parce que sa position, sur un versant tourné de leur côté, ne pouvait leur être d'aucune utilité. Quand le colonel Davout, duc d'Auerstædt, en prit possession, il n'y avait que le jardinier, sa femme et ses deux enfants. C'était sur les quais de la Seine et sur la route qui mène par la hauteur voisine de Courbevoie à Asnières qu'avait eu lieu une lutte sanglante pendant plusieurs jours de combats véritables et continuels.

feu pour ne pas tirer sur les siens. Dombrowski prétendait avoir repris le pont de Neuilly et avoir mis les Versaillais en pleine déroute. La suspension d'armes du 25 avril lui donna un cruel démenti. Les malheureux habitants de Neuilly, renfermés depuis 17 jours dans leurs caves, purent enfin sortir de leur asile. On reconnut alors que les deux tiers du boulevard Bineau et de l'avenue du Roule étaient au pouvoir de l'armée. Il existait une large brèche aux remparts voisins de la porte Maillot, qui ne présentait plus elle-même que des monceaux de ruines. On eut pu tenter immédiatement l'assaut, mais on espérait un mouvement dans l'intérieur de Paris ; on recevait chaque jour de nouveaux renforts des armées que le général Ducrot, dans l'ouest, le général Clinchant, dans le Nord, réorganisaient avec les prisonniers d'Allemagne, les vainqueurs de Gravelotte et les glorieux vaincus de Wissembourg et de Reichshoffen.

La lutte au midi de la capitale avait été jusque-là moins vive et les progrès moins rapides que du côté de Neuilly et du bois de Boulogne. Depuis le combat de Clamart du 6 avril, si l'on en excepte une tentative nocturne sur le fort de Vanves, restée infructueuse, et une attaque sur Bagneux, d'où les insurgés avaient été repoussés avec perte par deux compagnies du 46e de ligne, les faits militaires s'étaient bornés de ce côté à des feux de tirailleurs et à un duel violent d'artillerie entre les forts d'Issy, de Vanves et de Montrouge, et les batteries de Bellevue, de Meudon et de Châtillon. On poussa alors plus vivement les opérations. Le 26 avril on dirigea avec succès une reconnaissance vers Villejuif, dont la barricade était défendue par le 185e bataillon de la garde nationale. Trois jours après l'on s'empara de la gare du chemin de fer à Clamart. Le combat avait été sanglant et avait duré quarante-huit heures; mais sur la fin une panique des fédérés avait été telle, qu'ils avaient abandonné le fort d'Issy et qu'il avait fallu envoyer pour le reprendre les turcos de la Commune. Chaque défaite était marquée par des proscriptions et de nouvelles rigueurs. Cluseret, révoqué, décrété de prise de corps, est remplacé par Rossel comme délégué à la guerre. Le Comité de salut public est institué, sept journaux sont supprimés; six autres ne tarderont pas à l'être. La destruction de la chapelle expiatoire de Louis XVI, amende honorable à la royauté; celle de la colonne Vendôme souvenir de l'empire; celle de l'hôtel de M. Thiers, chef du pouvoir exécutif de la république, sont décrétées. Il n'est plus question que de complots, de perquisitions, d'arrestations, d'enrôlements forcés. On persécute, on expulse des écoles et des ambulances, les membres des congrégations religieuses et on les accuse ensuite d'avoir abandonné leur poste. On fouille les anciens cimetières qui jadis entouraient les églises; on en déterre les ossements que l'on prétend être ceux de victimes récentes de la débauche ou du fanatisme.

Le 4 mai la redoute du moulin Saquet avait été emportée par la troupe. Le fort d'Issy, sommé de se rendre, résiste encore; mais des tranchées l'isolent des forts de Vanves et de Montrouge. La canonnade des batteries de Meudon et de Châtillon continue à les démanteler tous les trois. Le parc et le château d'Issy (incendié) sont au pouvoir de l'armée de Versailles. La position du fort n'est plus tenable pour les assiégés. Les obus ont réduit les murs en poudre et fouillé jusqu'au fond des casemates. Le 9 mai le drapeau tricolore flotte sur le fort d'Issy que les insurgés avaient abandonné la veille. Le 13 mai un bataillon du 46° de ligne, commandant de Pontécoulant, débusque les insurgés de la succursale du couvent des Oiseaux. La lutte a été des plus énergiques et des plus glorieuses pour la troupe. Les ruines de l'église d'Issy et des maisons qui l'avoisinent sont là pour l'attester.

Les canonnières des fédérés, embossées sous le viaduc du Point-du-Jour et maltraitées par l'artillerie de Montretout et de l'île Saint-Germain, remontent la Seine et vont jeter l'ancre près du pont de la Concorde, laissant *l'Estoc* coulée en avant du pont de Grenelle. Le fort de Vanves est foudroyé par les feux convergents de celui d'Issy et des batteries volantes de Bellevue et de Meudon. Le 16 mai la garnison forcée de l'abandonner se sauve par les catacombes. Cette perte entraîne celle des villages du Petit-Vanves et de Malakoff. De ce côté comme de celui du bois de Boulogne et de Neuilly les tranchées des assiégeants ne sont plus qu'à quelques mètres de l'enceinte. On craint que les troupes n'arrivent par des galeries à faire jouer la mine. Elles préparent, dit-on, des échelles pour un assaut qui doit être livré le 23 mai. L'explosion de la cartoucherie de l'avenue Rapp (19 mai) et une attaque sans grands résultats du côté de Bagneux, de Bicêtre et des Hautes-Bruyères sont les derniers événements qui précèdent l'entrée de l'armée dans Paris.

La Commune est aux abois. Les suppressions de journaux s'étaient multipliées au nom de la liberté de la presse. On avait brûlé l'échafaud en lui substituant le revolver et la fusillade, aboli la conscription en décrétant une levée en masse, ravagé les églises, pillé les biens du clergé et des couvents, et emprisonné les prêtres en proclamant la liberté religieuse, supprimé le serment politique en exigeant l'adhésion à la Commune. On médita de terribles adieux en prévoyance d'une chute prochaine. Les otages, dont regorgeaient les prisons, furent voués à la mort. On organisa des compagnies de fuséens, c'est-à-dire d'incendiaires qui, à l'aide du pétrole, de fourneaux de mine, de barils de poudre déposés dans les caves, devaient mettre le feu ou faire sauter les monuments publics et brûler les maisons particulières (une sur trois seulement, laissant aux progrès des flammes le soin d'atteindre les deux autres).

Tel était, le dimanche matin 21 mai, l'état de la capitale, dont plus d'un tiers de la population avait fui devant l'approche de la lutte suprême. Dans l'après-midi, la porte de Saint-Cloud était déserte. Les fédérés chargés de sa défense s'étaient repliés sur le Point-du-Jour, ou dispersés dans les maisons voisines pour la maraude, ou pour se mettre à l'abri du feu des batteries volantes et des tirailleurs. Soudain les assiégeants aperçurent les signaux de Jules Ducatel, simple piqueur du service municipal, qui, du haut du bastion 64, les invitait à s'approcher. Entraînés par l'exemple du capitaine de frégate Trève, les marins se glissent le long de la contrescarpe et franchissent l'enceinte. Des détachements de ligne de la division du général Douay volent sur leurs traces; le drapeau tricolore flotte sur les remparts. Ce premier mouvement, si inopiné, se borne d'abord à l'occupation de l'espace triangulaire entre la Seine, le viaduc et les fortifications. De nouvelles troupes surviennent, s'étendent à droite et vont donner la main à celles du général Courtot de Cissey, qui entrent par les portes du Bas-Meudon, de Sèvres et de Vaugirard. Pendant la nuit, plus de quarante mille hommes se précipitèrent comme une avalanche par ces diverses issues.

Le lundi matin, 22 mai, l'armée de Versailles, devenue l'armée de Paris, poursuit sa marche dans l'intérieur de la capitale. La lutte prend un nouvel aspect; la ville se hérisse de barricades. Chaque coin de rue est un redan, chaque carrefour une batterie, chaque maison une petite forteresse. Il est donc difficile d'embrasser d'un seul coup d'œil cette foule de combats partiels livrés sur tant de points différents. Presque partout ils présentent des caractères généraux. Si une position est faible et mal gardée, la troupe l'aborde en tirailleurs, et, après avoir débusqué ses défenseurs, s'en empare à la baïonnette. Mais si elle est défendue par des ouvrages munis de canons et par des masses nombreuses de communeux, on tire dessus à mitraille, et lorsque la mort et la fuite ont éclairci les rangs des insurgés, on l'attaque de front, ou, si c'est possible, on la tourne en s'ouvrant une route de maisons en maisons. Souvent cette opération est d'autant plus facile que les fédérés eux-mêmes, en prévision d'une retraite, se sont ménagé un chemin couvert à travers les murailles. D'ailleurs, si l'abus des liqueurs fortes, si la fatigue d'une lutte continuelle, si les exhortations des cantinières et de quelques femmes qui prêchent d'exemple et font même le coup de feu, ont surexcité les défenseurs de la Commune et leur ont donné le courage du désespoir, l'absence d'unité dans le commandement, la fuite d'une partie de leurs chefs, l'isolement de leurs divers bataillons, réduisent presque à l'impuissance leurs efforts ou, pour mieux dire, leurs accès de rage. C'est alors qu'ils signalent par la destruction, le pillage et l'incendie, leurs mouvements rétrogrades. Tandis que les soldats sont accueillis en libérateurs par la population parisienne, qui agite ses mouchoirs, crie : Vive la ligne ! et arbore aux fenêtres des drapeaux tricolores, c'est portant d'une main des bonbonnes d'essence minérale et de l'autre des torches allumées, que les insurgés s'éloignent du théâtre de leurs exploits, laissant derrière eux des ruines et des cendres. Les plus humains en apparence préviennent es habitants des maisons avant d'y porter la flamme. Mais il ne faut pas s'y tromper : c'est un moyen d'écarter de leurs déprédations tout témoin dangereux et de se livrer à leur aise au pillage pendant plusieurs heures. Quelques journaux anglais ont traité de fiction l'emploi du pétrole. Il leur suffirait, s'ils sont de bonne foi, de lire la lettre touchante que deux petits ramoneurs adressèrent au comte de C..., l'un des protecteurs de l'œuvre en faveur de cette classe d'enfants. Leurs maîtres ayant été chassés et leur institution ayant été fermée, ils furent armés de pétrole par les communeux. Pris en flagrant délit d'incendie, ils obtinrent, avant d'être fusillés, la grâce d'écrire à leur bienfaiteur : « Nous demandons bien pardon à Dieu et aux hommes de ce que nous avons fait. Nous regrettons vivement de nous être montrés si indignes de vos bons conseils. Les insurgés nous ont offert de l'or; nous en avions jusque-là si peu vu que nous nous sommes laissés séduire. »

La division du général Cissey, chassant devant elle les fédérés, avait occupé, le 22 mai, Vaugirard et Grenelle. Ses lignes s'étendirent depuis la gare Montparnasse jusqu'à l'École militaire, où elle prit à revers les défenseurs de la Commune, qui, attaqués par une colonne du général Douay du côté du pont d'Iéna, avaient formé une espèce de bataillon carré au centre du Champ de Mars autour de leur parc d'artillerie. Les insurgés cherchèrent à se retrancher derrière les décombres de la cartoucherie de l'avenue Rapp. Ils furent encore obligés d'abandonner le Gros-Caillou et de battre en retraite au delà des Invalides jusqu'à la hauteur de la rue du Bac. C'est là qu'un lieutenant-colonel de la garde nationale, le brave Durouchoux, ayant rallié autour de lui quelques partisans de l'ordre, tint en échec les fuyards et les rejeta du côté de la Seine. Les fédérés, pris entre deux feux, prolongèrent encore la lutte au faubourg Saint-Germain pendant vingt-quatre heures, et ne se retirèrent du côté des Tuileries et du Luxembourg qu'en faisant sauter les munitions entassées au manége de l'École d'état-major, en brûlant des maisons dans la rue du Bac et au carrefour de la Croix-Rouge, en réduisant en cendres le palais de la Légion d'honneur, les autres monuments publics du quai d'Orsay et plusieurs hôtels particuliers de la rue de Lille.

Le 23 mai, l'insurrection occupait encore le quartier du Luxembourg ; mais elle perdait d'heure en heure du terrain. L'explosion de la poudrière de la rue de l'Ouest et l'incendie de plusieurs maisons au coin des rues Vavin et Notre-Dame-des-Champs signalèrent la retraite des partisans de la Commune. Du pétrole avait été préparé dans les caves du palais du Sénat, quoiqu'il fût transformé en ambulance pour les insurgés ; mais les fédérés, surpris par la troupe, ne réalisèrent pas leur sinistre projet. Ils se retirèrent du côté du Panthéon, dont les approches étaient défendues par de formidables barricades et par des canons braqués contre le palais de Marie de Médicis. Mais, le lendemain, une colonne, qui débouchait par Montrouge et le faubourg Saint-Jacques, menaça de leur couper la retraite, et les marins montèrent quatre pièces de canon au troisième étage de l'aile gauche du Luxembourg pour plonger leur feu sur les barricades de la rue Soufflot. Après une vive résistance, les insurgés se retirèrent par la rue Mouffetard, où ils mirent le feu à la manufacture des Gobelins.

De ce côté, leur dernier refuge, leur mont Aventin, fut la Butte-aux-Cailles, position élevée et dominant à pic le cours de la Bièvre et les marais de la Glacière.

Les assaillants, s'ils l'attaquaient de face par le boulevard d'Italie, avaient à gravir une rampe rapide et fortifiée pour en atteindre le plateau dont la possession ne pourrait être achetée que par des pertes sérieuses. Tandis que, par devant, une vive canonnade tenait les insurgés en haleine, le général du Barail, à la tête de la cavalerie, s'étant rendu maître des forts de Montrouge, de Bicêtre et d'Ivry, aborde la Butte-aux-Cailles par la langue de terre qui la relie de plain-pied à la butte du Moulin-des-Prés et au sol avoisinant. Les fédérés sont alors écrasés et il en est fait un horrible carnage, punition exemplaire du massacre des Dominicains d'Arcueil, dont la barrière d'Italie venait d'être le théâtre.

L'aile gauche du général Cissey avait poursuivi sa marche du côté du pont Neuf et du carrefour Buci. Après une résistance aussi vive qu'à la rue du Bac, il arriva par la rue Saint-André-des-Arts jusqu'à la place Saint-Michel, dont les puissantes barricades furent tournées en passant par les maisons qui la séparent de la rue Git-le-Cœur. Les fédérés, surpris là comme au Luxembourg et au Panthéon, n'eurent pas le temps d'exécuter leur plan de destruction. La prise du Jardin des plantes acheva la reddition des quartiers de la rive gauche.

L'armée du général Douay, chargée de l'attaque du centre, avait, dès le 22 mai, chassé les insurgés du château de la Muette et des hauteurs d'Auteuil et de Passy. Le lendemain, elle s'était divisée en plusieurs colonnes. L'une, arrivée par le Trocadéro, avait uni ses efforts à ceux du général Cissey contre le Champ de Mars. L'autre s'était portée par un mouvement rapide vers l'arc de triomphe de l'Étoile. Là elle se fractionna de nouveau. Une partie descendit par l'avenue des Champs-Élysées et s'installa dans le palais de l'Industrie, d'où son artillerie riposta à celle des deux terrasses des Tuileries et battit en brèche les barricades élevées à l'entrée des rues Royale et de Rivoli. L'autre colonne suivit les boulevards Friedland et Haussmann, où elle soutint une lutte sérieuse contre les communeux, retranchés avec canons et mitrailleuses devant la caserne de la Pépinière, la Trinité, Notre-Dame-de-Lorette et la mairie de la rue Drouot. Elle atteint le nouvel Opéra, d'où elle attaque, par la rue de la Paix, le quartier de la place Vendôme et prend en flanc les défenseurs des barricades de la rue de Rivoli et du palais des Tuileries.

Les fédérés battent en retraite; mais ils se vengent de leur défaite en procédant à la destruction du ministère des finances, des Tuileries et du Palais-Royal. Toujours poursuivis par les troupes du général Douay, ils sont attaqués en flanc par celles du général Cissey, qui s'est emparé de la Cité, sans toutefois arriver à temps pour sauver de la ruine le Palais de Justice et la Préfecture de police. L'Hôtel de Ville et plusieurs maisons du voisinage sont livrés aux flammes par les insurgés avant de se retirer vers la place de la Bastille.

De leur côté, les généraux Clinchant et Ladmirault avaient occupé dès la matinée du 23 les Batignolles, le quartier des Martyrs et la gare du Nord. Les buttes Montmartre, protégées par l'avantage de la position et par une nombreuse artillerie, offriront sans doute une vive résistance. Le général Montaudon, venu par Clichy et Saint-Ouen prend à revers la montagne du côté du nord, monte par la rue du Ruisseau et surprend les fédérés tellement à l'improviste qu'il n'est pas tiré un seul coup de fusil. Aussitôt l'artillerie tourne ses canons contre les buttes Chaumont et le Père-Lachaise, où les fédérés ont de puissantes batteries. La prise de la porte Saint-Martin, d'où une mitrailleuse de la Commune balayait les boulevards jusqu'à la rue Richelieu, coûta la ruine du théâtre et d'une maison attenante, devenus la proie du pétrole.

Le 25 mai, l'insurrection n'est plus maîtresse que des quartiers situés entre le Château-d'Eau, la Bastille et les hauteurs de Belleville et de Ménilmontant. Le cercle où elle est renfermée se resserre de plus en plus. Les troupes redescendent de Montmartre par Clignancourt et le boulevard Magenta. Dombrowski, blessé rue Myrrha, expire à l'hospice de la Riboisière en déclarant qu'il est tombé sous les coups d'agents de

Berlin, chargés de faire disparaître par sa mort les traces de ses connivences avec la Prusse.

La place du Château-d'Eau, attaquée de trois côtés, par les boulevards Magenta et Saint-Martin, et par la rue Turbigo, fut défendue avec énergie et ne fut évacuée que la nuit suivante. La prise des barricades de la Bastille exigea des efforts encore plus terribles. Il fallut revenir à l'assaut à plusieurs reprises. Le général Leroy de Dais fut frappé mortellement. Le commandant Segoyer du 26e bataillon de chasseurs à pied étant tombé au pouvoir des insurgés du côté de Ménilmontant, fut inondé de pétrole et brûlé vif. Refoulés le long du canal, les fédérés ne quittent le champ de bataille qu'après avoir incendié les greniers d'abondance, les bâtiments de la direction des poudres et salpêtres, et plusieurs maisons des place Mazas et de la Bastille. Leur quartier général est établi à la prison de la Roquette, où ils ont emmené leurs otages et où ils ont fusillé Mgr l'archevêque de Paris, l'abbé Deguerry, le sénateur Bonjean, une dizaine de prêtres et une cinquantaine de gardes de Paris.

Du haut des buttes Chaumont et du Père-Lachaise les batteries des insurgés, sous prétexte de riposter à celles de Montmartre ou de déloger les Versaillais de leurs principales positions, lançaient des bombes et des obus à toute volée et au hasard sur les divers quartiers de la capitale. Le 25 et le 26 une trentaine de leurs projectiles avaient, même malgré la distance, atteint le Panthéon et trois étaient tombés sur la Bibliothèque de Sainte-Geneviève. Il faut, coûte que coûte, éteindre ce feu dévastateur. Le général Douay monte vers les hauteurs de Belleville par le faubourg du Temple [1], tandis que le général Clinchant arrive par la Villette, dont les docks viennent d'être incendiés par les pétroleuses ; car dans l'accomplissement de leur œuvre infernale ils s'adjoignent des femmes et des enfants. Il y avait là à peu près pour trente millions de marchandises, et, un mois plus tard, le feu couvait encore sous les décombres.

Les buttes Chaumont étant tombées au pouvoir de l'armée le 27 mai, il ne reste plus à réduire que le Père-Lachaise, et les quartiers Ménilmontant et Popincourt. Dans le cimetière se sont retranchés des communeux, au nombre desquels on compte beaucoup de Polonais. Le mausolé conique du baron Félix Beaujour leur sert de cantine. Dans la tombe du duc de Morny qui lui fait face, on a placé des barils de poudre. Heureusement, là encore, les horribles plans de la Commune échouèrent faute de temps ou peut-être aussi par les hésitations et les répugnances

---

[1] C'est dans cette circonstance que le colonel Davout, autorisé le 17 septembre 1864 à relever le titre de duc d'Auerstædt, de son oncle le maréchal Davout, prince d'Eckmulh, s'est distingué par l'intrépidité avec laquelle il a conduit l'attaque. Il a été mis à l'ordre du jour et mentionné dans le rapport fait à l'Assemblée nationale.

invincibles que leur exécution inspirait aux scélérats les plus endurcis. Le cimetière fut abandonné par les insurgés qui, après avoir engagé une vive fusillade avec la troupe, s'échappèrent pendant la nuit en escaladant les murs du côté de Charonne.

Le dimanche 28 mai, des groupes d'insurgés occupaient encore le quartier de Ménilmontant; sans canons, ils ne pouvaient soutenir une longue lutte. Vers le milieu de la journée, des coups de fusils échangés furent les derniers, sauf cependant quelques-uns tirés isolément le soir et le lendemain contre des officiers ou des sentinelles.

Le fort de Vincennes avait une garnison de fédérés, sous les ordres de La Cécilia. Le général Vinoy fait des préparatifs de siége. Mais le lundi 29 mai, avant de commencer les opérations, il somme la place de se rendre. Un des principaux chefs, La Cécilia, avait pris la fuite; un autre s'était brûlé la cervelle. Les communeux ouvrirent les portes et se rendirent à discrétion.

Ainsi furent terminés ce siége de deux mois et cette bataille d'une semaine, qui coûtèrent à l'armée cinq à six mille hommes tués ou blessés, aux insurgés vingt à vingt-cinq mille morts et plus de quarante mille prisonniers.

TABLE DES MATIÈRES

I. Labiénus marche sur Lutèce. — Il n'ose pas attaquer Camulogène, retranché dans les marais voisins. — Il s'empare de Melun, passe la Seine et la redescend par l'autre rive. — A son approche, les Gaulois brûlent la ville, coupent les ponts et viennent camper en face de lui pour défendre le passage du fleuve. — Labiénus, à la nouvelle des désastres de César devant Gergovie, songe à la retraite. — Il use d'un stratagème, et, favorisé par un orage, il traverse la Seine, engage le combat, triomphe de l'armée de Camulogène et va rejoindre César. 1

II. Lutèce est lente à se relever de sa ruine. — Julien l'Apostat y est proclamé empereur. — Gratien est battu sous ses murs par Maxime. — Invasion d'Attila. — Clovis s'empare de Lutèce et y établit sa résidence. — Les fils de Clotaire se disputent sa possession. — Chilpéric et Frédégonde s'en rendent maîtres.— Le jeune Childebert s'échappe de ses murs. — Baptême de Clotaire II à Rueil.. 19

III. Les fils de Louis le Débonnaire se disputent la possession de Paris. — Lothaire s'en empare. — La ville rentre dans le devoir et ouvre ses portes à Charles le Chauve. — Invasions des Normands. — Mœurs et caractères de ces peuples. — Une de leurs flottes attaque Paris en 845. — Charles le Chauve achète leur retraite. — Nouvelles invasions en 856 et 861. — Les Normands, forcés de capituler, prennent leur revanche en 868.— Robert le Fort, bisaïeul de Hugues Capet, et premier auteur de la maison de France, est tué à Brissarthe en les poursuivant avec trop d'ardeur.. 33

IV. Godefroi, chef des Normands et gendre du duc de Lorraine, est assassiné par trahison. — Sa mort exaspère ses compatriotes. — Ils viennent par terre mettre le siége devant la ville de Paris. — Après deux assauts infructueux, ils le transforment en blocus. — Inondation et destruction de la tour du Petit-Pont. — Henri de Bavière amène des renforts. — Il périt dans une embûche. — Charles le Gros, à la tête d'une forte armée, vient au secours de Paris. — Il campe à Montmartre et n'ose livrer bataille. — Il conclut un traité honteux, qui prépare sa déchéance. — Le comte de Paris écrase les Normands dans leur retraite par les défilés de l'Argonne.. 53

V. Siéges de Paris par Rollon, en 911. — Le chef scandinave négocie et obtient de Charles le Simple la cession de la Normandie. — Othon II, empereur d'Allemagne, vient camper à Montmartre en 978. — Il est forcé d'abandonner le siége. — Guillaume le Conquérant menace Paris en 1087. 69

VI. Saint Louis, sur le point de tomber au pouvoir des seigneurs mécontents, est sauvé par les Parisiens en 1227. — Édouard III, roi d'Angleterre, menace Paris, en 1346. — Après la bataille de Crécy, au lieu de venir l'attaquer, il va mettre le siége devant Calais. — Vainqueur à Poitiers, en 1356, il reste trois ans avant de marcher sur Paris. — Il dévaste les environs de la capitale, mais il est obligé de négocier. — Traité de Brétigny. — Expédition de Robert Knolles en 1370.. 78

VII. Troubles de la minorité de Charles VI. — Révolte des Maillotins. — Factions des Bourguignons et des Armagnacs. — Paris est au pouvoir des cabochiens. — Le duc de Bourgogne s'allie aux Anglais. — Siége de Paris par le duc d'Orléans, en 1411. — Traité de Troyes. — Jeanne d'Arc assiége Paris en 1429. — Elle est blessée sur les remparts. — Les assiégeants se retirent. — Le traité d'Arras rouvre à Charles VII les portes de Paris.. 99

VIII. Guerre du Bien public. — Le comte de Charolais établit son quartier général à Saint-Denis. — Il tente plusieurs attaques contre la capitale. — Il va à Longjumeau au-devant des ducs de Berri et de Bretagne. — Louis XI vole au secours de Paris.— Bataille de Montlhéry. — Les princes viennent de nouveau assiéger la capitale. — Le roi se jette dans la place et les force à négocier. — Armistice et traité de Conflans. 120

IX. Charles-Quint et Henri VIII menacent Paris en 1544. — On fortifie la butte Montmartre. — Traité de Crespy. — La prise de Saint-Quentin, en 1557, répand la terreur dans la capitale. — Premiers troubles de la Réforme. — Paix de Cateau-Cambrésis. — Le massacre de Vassy, en 1562, allume la guerre civile. — Les huguenots s'approchent de Paris. — Négociations infructueuses au Port-à-l'Anglais. — Attaque du faubourg Saint-Marceau. — Nouvelles conférences au moulin de ce faubourg. — Les huguenots lèvent le siége et se retirent vers Dreux, où ils éprouvent une défaite. — Paix d'Amboise 134

X. Charles IX est menacé d'être enlevé à Meaux par les religionnaires. — Il rentre à Paris, poursuivi par l'armée de Condé jusqu'au Bourget. — Les confédérés investissent la capitale. — Le connétable de Montmorency, chargé de la défense, temporise avec sagesse. — Il est accusé de trahison par les assiégés. — Il cède au vœu général et livre bataille dans la plaine de Saint-Denis. — Il est blessé mortellement. — L'armée royale reste maîtresse du champ de bataille. — Le lendemain, Condé offre de nouveau le combat. — Assaut infructueux du moulin Guerry. — Paix de Longjumeau, dite *Boiteuse* et *Malassise*. 148

XI. Guerre des Trois Henris. — Les Allemands menacent Paris en 1587. — Journée des Barricades. — Le meurtre du duc de Guise rallume la sédition dans la capitale. — Transport du siége du gouvernement à Tours. — Henri III et le roi de Navarre se concertent pour attaquer Paris. — Blocus de la capitale. — Assassinat de Henri III. — Duel de Marivaut et de Marolles. — Levée du siége par Henri IV. 159

XII. Bataille d'Arques. — Prétendu billet de Henri IV : Pends-toi, brave Crillon. — Fausses nouvelles pour relever le courage des Parisiens. — Consternation à l'approche de l'armée royale. — Attaque et prise des faubourgs. — Mayenne se jette dans la place. — Henri IV est obligé de lever le siége. — Bataille d'Ivry. 180

XIII. Henri IV, vainqueur à Ivry, revient assiéger la capitale. — Il consent à négocier, mais les ligueurs ne cherchent qu'à gagner du temps. — Plaisanterie de Givry, l'un des envoyés du roi. — Investissement de Paris. — Préparatifs de la défense. — Approvisionnement insuffisant. — Attaque des faubourgs. — Tentative infructueuse sur le fort de Vincennes. — Prise de Saint-Denis. — Plus de vingt mille personnes meurent de faim dans Paris. — Arrivée de l'armée du duc de Parme à Chelles. — Henri IV va au-devant de lui. — Ne pouvant le forcer à livrer bataille, il s'éloigne de la capitale.. 188

XIV. Henri IV essaye de prendre Paris par surprise. — La ruse est découverte. — Tentative nocturne des Parisiens contre la ville de Saint-Denis. — Journées des farines. — Excès des Seize. — Convocation des états généraux à Paris. — Triste position et misère de la capitale. — Conférences de Suresnes. — Brissac ouvre au roi les portes de Paris. — La Bastille et Vincennes capitulent. 215

XV. Paris est menacé par l'invasion des Allemands en 1636. — Préparatifs de défense. — Une levée de 40,000 hommes arrête la marche de l'ennemi. — Commencement des troubles de la Fronde en 1648. — Blocus de Paris. — Condé est chargé de faire le siége de la capitale. — Première aux Corinthiens. — L'investissement est complété par la prise du fort de Charenton. — Évasion du Roi des halles. — La famine commence à sévir. — Négociations des parlementaires. — Prise de Brie-Comte-Robert. — Conférences de Rueil et conclusion de la paix.. 240

XVI. Mazarin, jaloux de la gloire de Condé et blessé par ses manières hautaines, le fait arrêter et enfermer à Vincennes. — Après treize mois de captivité, le prince sort de prison et se met à la tête d'un troisième parti, également ennemi de la Fronde et de la Cour. — Il se retire dans son gouvernement de Guienne. — Revenu pour lutter contre Turenne, il remporte un avantage à Bléneau et se jette dans la capitale. — Il repousse une attaque du pont de Saint-Cloud. — Le duc de Lorraine s'avance de son côté, jusqu'aux environs de Paris. — La cour achète sa retraite. — Condé, cerné par Turenne, voit la capitale lui fermer ses portes. — Combat du faubourg Saint-

Antoine. — Condé rentre dans Paris. — Une sédition éclate.— L'Hôtel de Ville est pris d'assaut. — Les Parisiens, fatigués de l'anarchie, font leur paix avec la Cour.. 261

XVII. Prise de la Bastille. — Massacres du 10 août. — La prise de Longwy et de Verdun jette l'effroi dans Paris. — On propose de transférer l'Assemblée législative au delà de la Loire. — Journée du 13 vendémiaire. — Campagne de France en 1814. — Combat des buttes Chaumont. —Défense de la barrière de Clichy et du faubourg Saint-Antoine. — Armistice et capitulation. — État de la défense de Paris en 1815 283

SIÉGE DE PARIS PAR LES PRUSSIENS 309

SIÉGE DE PARIS SOUS LA COMMUNE. 343

PARIS. — IMP. SIMON RAÇON ET COMP., RUE D'ERFURTH, 1.

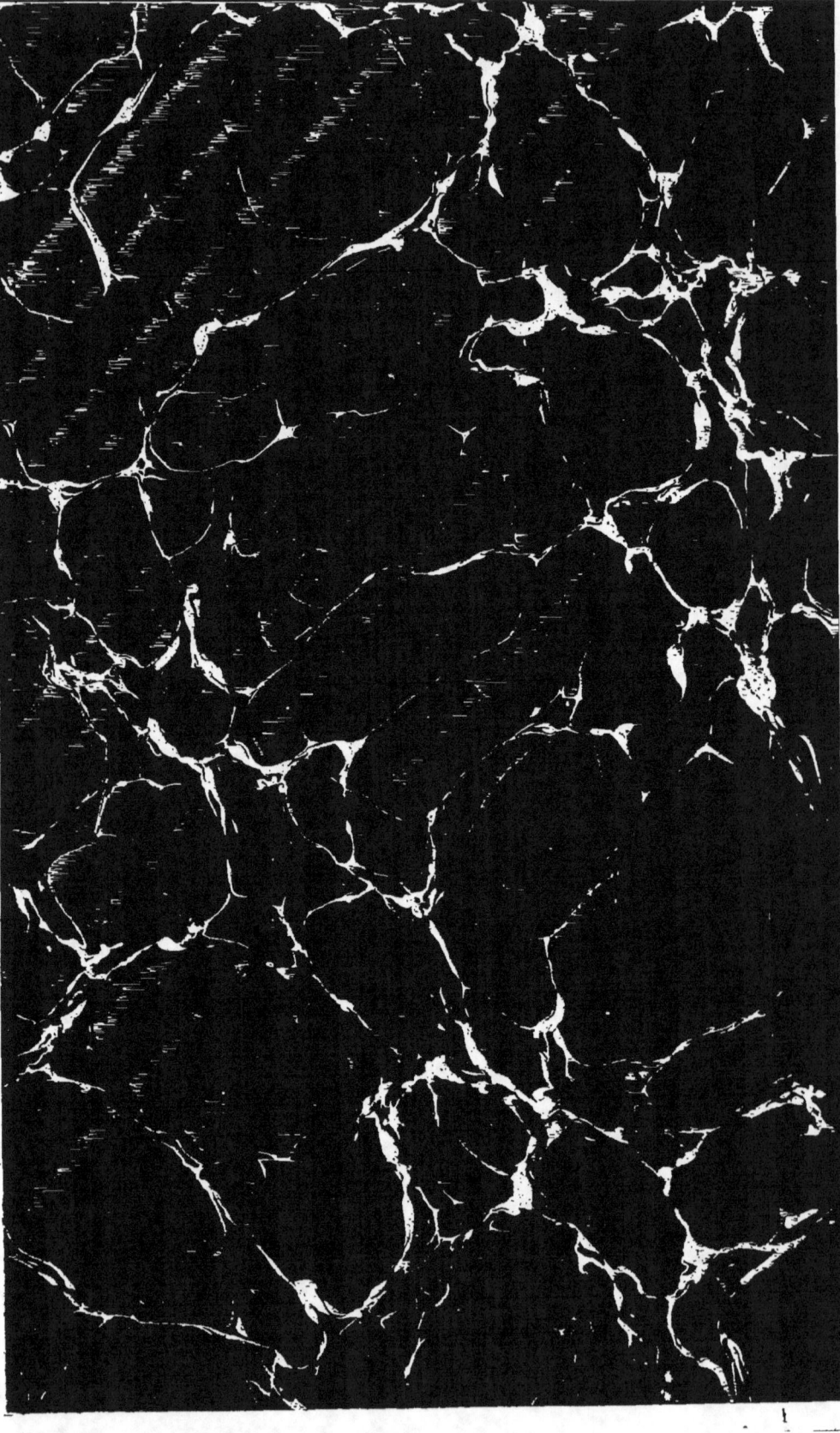

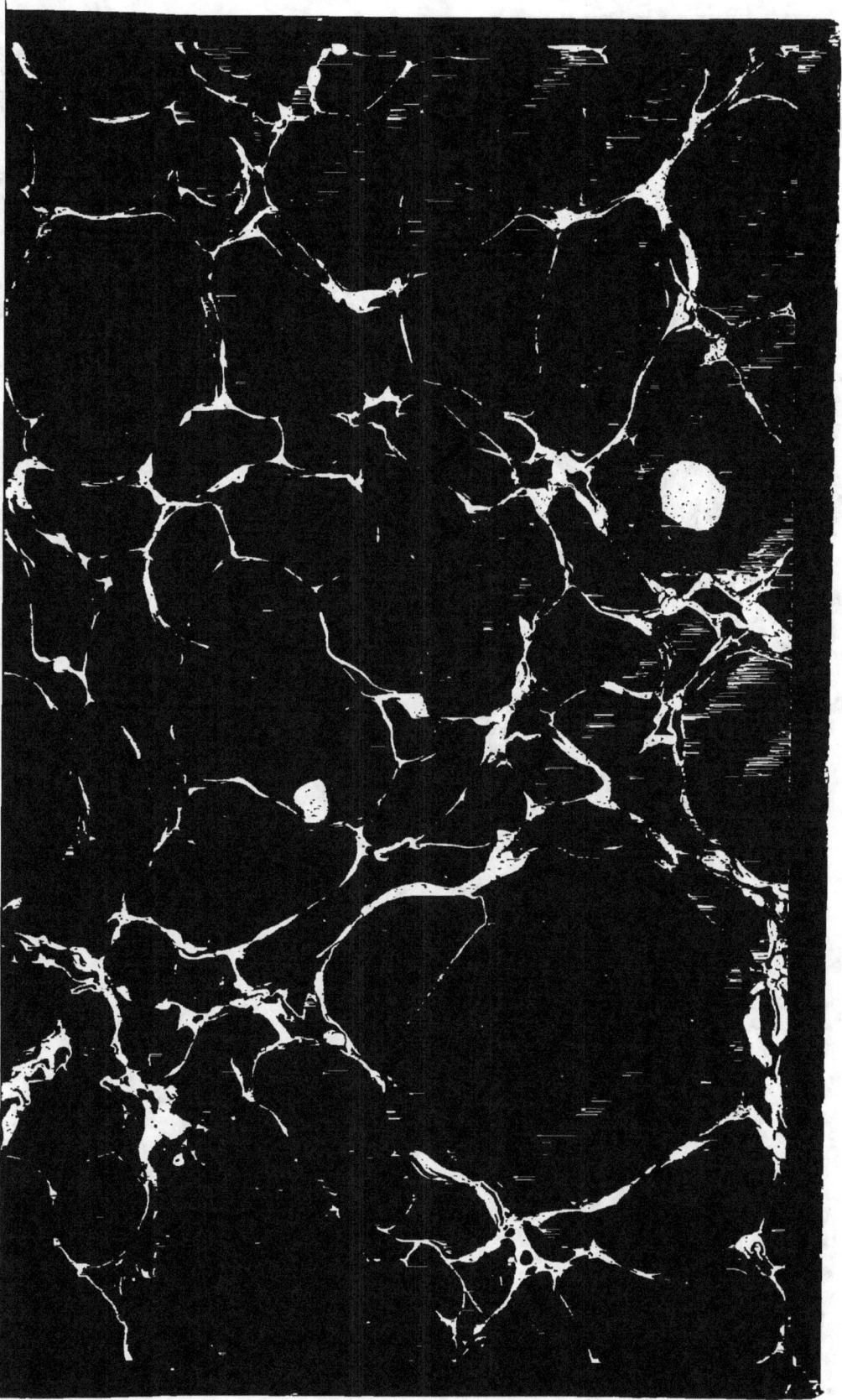

www.ingramcontent.com/pod-product-compliance
Lightning Source LLC
Chambersburg PA
CBHW070823250426
43671CB00036B/1707